위 漢文(한문) 한글 기본3법전

민법·형법·헌법

머 리 말

『한문 위 한글 기본3법전』은 한문으로 구성되어 있는 법 조문을 읽기 어려워하는 학생들을 위해서 한문 위에 작은 글자로 한글을 병기하여 조문과 한문을 동시에 익히기 위한 교재로 만들었다.

한문을 익히기 위한 용도로 어느 범위의 법전을 수록하면 좋을까 고민하다 이른바 기본 3법인 민법, 형법, 헌법 정도만 익히면 충분하다는 결론에 도달하였다.

법전의 수록 순서는 수험생들이 가장 어려워하고 방대한 민법부터 먼저 수록하고, 그다음 형법, 헌법의 순서로 수록하였다.

가장 최근에 개정된 조문의 경우 조문제목 앞에 ★를 표시하였다.

『한문 위 한글 기본3법전』이 한문과 조문을 동시에 익히는데 길잡이가 되어 학습시에는 물론이고 특히 사례형 시험에서 조문을 활용하는데 도움이 되길 바란다. 독자들의 건강과 행운을 빈다.

2018년 1월 18일

수북 법전연구회

민법

第1編 總則

第1章 通則 ……………………………………………………… 1
第2章 人 ………………………………………………………… 1
第1節 能力 …………………………………………………… 1
第2節 住所 …………………………………………………… 4
第3節 不在와 失踪 ………………………………………… 4
第3章 法人 ……………………………………………………… 5
第1節 總則 …………………………………………………… 5
第2節 設立 …………………………………………………… 6
第3節 機關 …………………………………………………… 8
第4節 解散 …………………………………………………… 10
第5節 罰則 …………………………………………………… 12
第4章 物件 ……………………………………………………… 12
第5章 法律行爲 ………………………………………………… 12
第1節 總則 …………………………………………………… 12
第2節 意思表示 ……………………………………………… 13
第3節 代理 …………………………………………………… 14
第4節 無效와 取消 ………………………………………… 16
第5節 條件과 期限 ………………………………………… 17
第6章 期間 ……………………………………………………… 18
第7章 消滅時效 ………………………………………………… 18

第2編 物權

第1章 總則 ……………………………………………………… 21
第2章 占有權 …………………………………………………… 22
第3章 所有權 …………………………………………………… 24
第1節 所有權의 限界 ……………………………………… 24
第2節 所有權의 取得 ……………………………………… 26

第3節 共同所有 …………………………………………………… 30
第4章 地上權 ………………………………………………………… 31
第5章 地役權 ………………………………………………………… 33
第6章 傳貰權 ………………………………………………………… 34
第7章 留置權 ………………………………………………………… 36
第8章 質權 …………………………………………………………… 37
　第1節 動産質權 …………………………………………………… 37
　第2節 權利質權 …………………………………………………… 39
第9章 抵當權 ………………………………………………………… 40
第3編 債權
第1章 總則 …………………………………………………………… 42
　第1節 債權의 目的 ……………………………………………… 42
　第2節 債權의 效力 ……………………………………………… 43
　第3節 數人의 債權者 및 債務者 ……………………………… 46
　　第1款 總則 …………………………………………………… 46
　　第2款 不可分債權과 不可分債務 ………………………… 46
　　第3款 連帶債務 …………………………………………… 46
　　第4款 保證債務 …………………………………………… 48
　第4節 債權의 讓渡 ……………………………………………… 51
　第5節 債務의 引受 ……………………………………………… 52
　第6節 債權의 消滅 ……………………………………………… 52
　　第1款 辨濟 …………………………………………………… 52
　　第2款 供託 …………………………………………………… 56
　　第3款 相計 …………………………………………………… 56
　　第4款 更改 …………………………………………………… 57
　　第5款 免除 …………………………………………………… 58
　　第6款 混同 …………………………………………………… 58
　第7節 指示債權 …………………………………………………… 58

　　　　　第8節 無記名債權 ……………………………………………… 59
第2章 契約 ……………………………………………………………… 60
　　第1節 總則 ………………………………………………………… 60
　　　　第1款 契約의 成立 …………………………………………… 60
　　　　第2款 契約의 效力 …………………………………………… 60
　　　　第3款 契約의 解止, 解除 …………………………………… 61
　　第2節 贈與 ………………………………………………………… 62
　　第3節 賣買 ………………………………………………………… 63
　　　　第1款 總則 …………………………………………………… 63
　　　　第2款 賣買의 效力 …………………………………………… 64
　　　　第3款 還買 …………………………………………………… 67
　　第4節 交換 ………………………………………………………… 67
　　第5節 消費貸借 …………………………………………………… 68
　　第6節 使用貸借 …………………………………………………… 69
　　第7節 賃貸借 ……………………………………………………… 69
　　第8節 雇傭 ………………………………………………………… 73
　　第9節 都給 ………………………………………………………… 75
　　제9절의2 여행계약 ……………………………………………… 76
　　第10節 懸賞廣告 ………………………………………………… 77
　　第11節 委任 ……………………………………………………… 78
　　第12節 任置 ……………………………………………………… 80
　　第13節 組合 ……………………………………………………… 81
　　第14節 終身定期金 ……………………………………………… 82
　　第15節 和解 ……………………………………………………… 83
第3章 事務管理 ………………………………………………………… 83
第4章 不當利得 ………………………………………………………… 84
第5章 不法行爲 ………………………………………………………… 85

第4編 親族

第1章 總則 ·· 87
第2章 가족의 범위와 자의 성과 본 ······························ 88
第3章 婚姻 ·· 89
第1節 約婚 ··· 89
第2節 婚姻의 成立 ··· 90
第3節 婚姻의 無效와 取消 ·· 90
第4節 婚姻의 效力 ··· 92
第1款 一般的 效力 ·· 92
第2款 財産上 效力 ·· 92
第5節 離婚 ··· 93
第1款 協議上 離婚 ·· 93
第2款 裁判上 離婚 ·· 95
第4章 父母와 子 ·· 96
第1節 親生子 ·· 96
제2절 양자(養子) ··· 98
제1관 입양의 요건과 효력 ······································ 98
제2관 입양의 무효와 취소 ···································· 100
제3관 파양(罷養) ··· 102
제1항 협의상 파양 ··· 102
제2항 재판상 파양 ··· 102
제4관 친양자 ··· 103
第3節 親權 ··· 104
第1款 總則 ·· 104
第2款 親權의 效力 ··· 106
제3관 친권의 상실, 일시 정지 및 일부 제한 ········· 108
第5章 後見 ·· 110
제1절 미성년후견과 성년후견 ·································· 110

　　　　제1관 후견인 ··· 110
　　　　제2관 후견감독인 ··· 110
　　　　제3관 후견인의 임무 ··· 113
　　　　제4관 후견의 종료 ·· 116
　　제2절 한정후견과 특정후견 ································· 116
　　제3절 후견계약 ·· 118
第6章 (친족회)삭제 ·· 119
第7章 扶養 ·· 119
第8章 (호주승계)삭제 ·· 120

第5編 相續
　第1章 相續 ·· 120
　　第1節 總則 ·· 120
　　第2節 相續人 ·· 120
　　第3節 相續의 效力 ·· 121
　　　第1款 一般的 效力 ·· 121
　　　第2款 相續分 ·· 122
　　　第3款 相續財産의 分割 ······································ 123
　　第4節 相續의 承認 및 抛棄 ·································· 123
　　　第1款 總則 ·· 123
　　　第2款 單純承認 ·· 124
　　　第3款 限定承認 ·· 125
　　　第4款 抛棄 ·· 127
　　第5節 財産의 分離 ·· 127
　　第6節 相續人의 不存在 ·· 128
　第2章 遺言 ·· 129
　　第1節 總則 ·· 129
　　第2節 遺言의 方式 ·· 129

第3節 遺言의 效力 ··· 130
第4節 遺言의 執行 ··· 132
第5節 遺言의 撤回 ··· 134
第3章 遺留分 ·· 135

형법

第1編 總則
第1章 刑法의 適用範圍 ·· 136
第2章 罪 ·· 136
 第1節 罪의 成立과 刑의 減免 ································· 137
 第2節 未遂犯 ·· 138
 第3節 共犯 ·· 138
 第4節 累犯 ·· 139
 第5節 競合犯 ·· 139
第3章 刑 ·· 140
 第1節 刑의 種類와 輕重 ·· 140
 第2節 刑의 量定 ··· 141
 第3節 刑의 宣告猶豫 ·· 143
 第4節 刑의 執行猶豫 ·· 143
 第5節 刑의 執行 ··· 144
 第6節 假釋放 ·· 145
 第7節 刑의 時效 ··· 145
 第8節 刑의 消滅 ··· 146
第4章 期間 ··· 146

第2編 各則
第1章 內亂의 罪 ·· 146
第2章 外患의 罪 ·· 147

第3章 國旗에 關한 罪 ……………………………………… 148
第4章 國交에 關한 罪 ……………………………………… 148
제5장 공안(公安)을 해하는 죄 …………………………… 149
第6章 爆發物에 關한 罪 …………………………………… 150
第7章 公務員의 職務에 關한 罪 ………………………… 150
第8章 公務妨害에 關한 罪 ……………………………… 152
第9章 逃走와 犯人隱匿의 罪 …………………………… 153
第10章 僞證과 證據湮滅의 罪 …………………………… 154
第11章 誣告의 罪 …………………………………………… 154
第12章 信仰에 關한 罪 …………………………………… 154
第13章 放火와 失火의 罪 ………………………………… 155
第14章 溢水와 水利에 關한 罪 ………………………… 157
第15章 交通妨害의 罪 …………………………………… 158
第16章 飮用水에 關한 罪 ………………………………… 158
第17章 阿片에 關한 罪 …………………………………… 159
第18章 通貨에 關한 罪 …………………………………… 160
第19章 有價證券, 郵票와 印紙에 關한 罪 …………… 160
第20章 文書에 關한 罪 …………………………………… 161
第21章 印章에 關한 罪 …………………………………… 163
第22章 性風俗에 관한 罪 ………………………………… 163
제23장 도박과 복표에 관한 죄 ………………………… 164
第24章 殺人의 罪 …………………………………………… 164
第25章 傷害와 暴行의 罪 ………………………………… 165
第26章 過失致死傷의 罪 ………………………………… 166
第27章 落胎의 罪 …………………………………………… 166
第28章 遺棄와 虐待의 罪 ………………………………… 167
第29章 逮捕와 監禁의 罪 ………………………………… 168
第30章 脅迫의 罪 …………………………………………… 168

第31장 약취(略取), 유인(誘引) 및 인신매매의 죄 ············· 169
第32章 强姦과 醜行의 罪 ·· 170
第33章 名譽에 關한 罪 ·· 171
第34章 信用, 業務와 競賣에 關한 罪 ································ 172
第35章 秘密侵害의 罪 ·· 172
第36章 住居侵入의 罪 ·· 173
第37章 權利行使를 妨害하는 罪 ·· 173
第38章 竊盜와 强盜의 罪 ·· 174
第39章 詐欺와 恐喝의 罪 ·· 175
第40章 橫領과 背任의 罪 ·· 177
第41章 贓物에 關한 罪 ·· 177
第42章 損壞의 罪 ·· 178

헌법

前文 ·· 179
第1章 總綱 ·· 179
第2章 國民의 權利와 義務 ·· 180
第3章 國會 ·· 184
第4章 政府 ·· 187
  第1節 大統領 ·· 187
  第2節 行政府 ·· 189
    第1款 國務總理와 國務委員 ·· 189
    第2款 國務會議 ·· 190
    第3款 行政各部 ·· 191
    第4款 監査院 ·· 191
第5章 法院 ·· 191
第6章 憲法裁判所 ·· 192
第7章 選擧管理 ·· 193

第8章 地方自治(地方自治) ……………………………………… 194
第9章 經濟(경제) ……………………………………………… 194
第10章 憲法改正(헌법개정) …………………………………… 195

민법

[시행 2018.2.1.]
[법률 제14965호, 2017.10.31. 일부개정]

第1編 總則

第1章 通則

第1條 (法源) 民事에 關하여 法律에 規定이 없으면 慣習法에 依하고 慣習法이 없으면 條理에 依한다.

제2조 (信義誠實) ① 權利의 行使와 義務의 履行은 信義에 좇아 誠實히 하여야 한다.
② 權利는 濫用하지 못한다.

第2章 人

第1節 能力

제3조 (權利能力의 存續期間) 사람은 生存한 동안 權利와 義務의 主體가 된다.

제4조 (성년) 사람은 19세로 성년에 이르게 된다. [전문개정 2011.3.7.]

제5조 (未成年者의 能力) ① 未成年者가 法律行爲를 함에는 法定代理人의 同意를 얻어야 한다. 그러나 權利만을 얻거나 義務만을 免하는 行爲는 그러하지 아니하다.
② 前項의 規定에 違反한 行爲는 取消할 수 있다.

제6조 (處分을 許諾한 財産) 法定代理人이 範圍를 定하여 處分을 許諾한 財産은 未成年者가 任意로 處分할 수 있다.

제7조 (同意와 許諾의 取消) 法定代理人은 未成年者가 아직 法律行爲를 하기 前에는 前2조의 同意와 許諾을 取消할 수 있다.

제8조 (營業의 許諾) ① 未成年者가 法定代理人으로부터 許諾을 얻은 特定한 營業에 關하여는 成年者와 同一한 行爲能力이 있다.
② 法定代理人은 前項의 許諾을 取消 또는 制限할 수 있다. 그러나 善意의 第三者에게 對抗하지 못한다.

제9조 (성년후견개시의 심판) ① 가정법원은 질병, 장애, 노령, 그 밖의 사유로 인한 정신적 제약으로 사무를 처리할 능력이 지속적으로 결여된 사람에 대하여 본인, 배우자, 4촌 이내의 친족, 미성년후견인, 미성년후견감독인, 한정후견인, 한정후견감독인, 특정후견인, 특정후견감독인, 검사 또는 지방자치단체의 장의 청구에 의하여 성년후견개시의 심판을 한다.
② 가정법원은 성년후견개시의 심판을 할 때 본인의 의사를 고려하여야 한다.
[전문개정 2011.3.7.]

제10조 (피성년후견인의 행위와 취소) ① 피성년후견인의 법률행위는 취소할 수 있다.

② 제1항에도 불구하고 가정법원은 취소할 수 없는 피성년후견인의 법률행위의 범위를 정할 수 있다.

③ 가정법원은 본인, 배우자, 4촌 이내의 친족, 성년후견인, 성년후견감독인, 검사 또는 지방자치단체의 장의 청구에 의하여 제2항의 범위를 변경할 수 있다.

④ 제1항에도 불구하고 일용품의 구입 등 일상생활에 필요하고 그 대가가 과도하지 아니한 법률행위는 성년후견인이 취소할 수 없다. [전문개정 2011.3.7.]

제11조 (성년후견종료의 심판) 성년후견개시의 원인이 소멸된 경우에는 가정법원은 본인, 배우자, 4촌 이내의 친족, 성년후견인, 성년후견감독인, 검사 또는 지방자치단체의 장의 청구에 의하여 성년후견종료의 심판을 한다.
[전문개정 2011.3.7.]

제12조 (한정후견개시의 심판) ① 가정법원은 질병, 장애, 노령, 그 밖의 사유로 인한 정신적 제약으로 사무를 처리할 능력이 부족한 사람에 대하여 본인, 배우자, 4촌 이내의 친족, 미성년후견인, 미성년후견감독인, 성년후견인, 성년후견감독인, 특정후견인, 특정후견감독인, 검사 또는 지방자치단체의 장의 청구에 의하여 한정후견개시의 심판을 한다.

② 한정후견개시의 경우에 제9조제2항을 준용한다. [전문개정 2011.3.7.]

제13조 (피한정후견인의 행위와 동의) ① 가정법원은 피한정후견인이 한정후견인의 동의를 받아야 하는 행위의 범위를 정할 수 있다.

② 가정법원은 본인, 배우자, 4촌 이내의 친족, 한정후견인, 한정후견감독인, 검사 또는 지방자치단체의 장의 청구에 의하여 제1항에 따른 한정후견인의 동의를 받아야만 할 수 있는 행위의 범위를 변경할 수 있다.

③ 한정후견인의 동의를 필요로 하는 행위에 대하여 한정후견인이 피한정후견인의 이익이 침해될 염려가 있음에도 그 동의를 하지 아니하는 때에는 가정법원은 피한정후견인의 청구에 의하여 한정후견인의 동의를 갈음하는 허가를 할 수 있다.

④ 한정후견인의 동의가 필요한 법률행위를 피한정후견인이 한정후견인의 동의 없이 하였을 때에는 그 법률행위를 취소할 수 있다. 다만, 일용품의 구입 등 일상생활에 필요하고 그 대가가 과도하지 아니한 법률행위에 대하여는 그러하지 아니하다. [전문개정 2011.3.7.]

제14조 (한정후견종료의 심판) 한정후견개시의 원인이 소멸된 경우에는 가정법원은 본인, 배우자, 4촌 이내의 친족, 한정후견인, 한정후견감독인, 검사 또는 지방자치단체의 장의 청구에 의하여 한정후견종료의 심판을 한다.
[전문개정 2011.3.7.]

제14조의2 (특정후견의 심판) ① 가정법원은 질병, 장애, 노령, 그 밖의 사유로 인한 정신적 제약으로 일시적 후원 또는 특정한 사무에 관한 후원이 필요한 사람에 대하여 본인, 배우자, 4촌 이내의 친족, 미성년후견인, 미성년후견감독인, 검사 또는 지방자치단체의 장의 청구에 의하여 특정후견의 심판을 한다.
② 특정후견은 본인의 의사에 반하여 할 수 없다.
③ 특정후견의 심판을 하는 경우에는 특정후견의 기간 또는 사무의 범위를 정하여야 한다. [본조신설 2011.3.7.]

제14조의3 (심판 사이의 관계) ① 가정법원이 피한정후견인 또는 피특정후견인에 대하여 성년후견개시의 심판을 할 때에는 종전의 한정후견 또는 특정후견의 종료 심판을 한다.
② 가정법원이 피성년후견인 또는 피특정후견인에 대하여 한정후견개시의 심판을 할 때에는 종전의 성년후견 또는 특정후견의 종료 심판을 한다.
[본조신설 2011.3.7.]

제15조 (제한능력자의 상대방의 확답을 촉구할 권리) ① 제한능력자의 상대방은 제한능력자가 능력자가 된 후에 그에게 1개월 이상의 기간을 정하여 그 취소할 수 있는 행위를 추인할 것인지 여부의 확답을 촉구할 수 있다. 능력자로 된 사람이 그 기간 내에 확답을 발송하지 아니하면 그 행위를 추인한 것으로 본다.
② 제한능력자가 아직 능력자가 되지 못한 경우에는 그의 법정대리인에게 제1항의 촉구를 할 수 있고, 법정대리인이 그 정하여진 기간 내에 확답을 발송하지 아니한 경우에는 그 행위를 추인한 것으로 본다.
③ 특별한 절차가 필요한 행위는 그 정하여진 기간 내에 그 절차를 밟은 확답을 발송하지 아니하면 취소한 것으로 본다. [전문개정 2011.3.7.]

제16조 (제한능력자의 상대방의 철회권과 거절권) ① 제한능력자가 맺은 계약은 추인이 있을 때까지 상대방이 그 의사표시를 철회할 수 있다. 다만, 상대방이 계약 당시에 제한능력자임을 알았을 경우에는 그러하지 아니하다.
② 제한능력자의 단독행위는 추인이 있을 때까지 상대방이 거절할 수 있다.
③ 제1항의 철회나 제2항의 거절의 의사표시는 제한능력자에게도 할 수 있다. [전문개정 2011.3.7.]

제17조 (제한능력자의 속임수) ① 제한능력자가 속임수로써 자기를 능력자로 믿게 한 경우에는 그 행위를 취소할 수 없다.
② 미성년자나 피한정후견인이 속임수로써 법정대리인의 동의가 있는 것으로 믿게 한 경우에도 제1항과 같다.
[전문개정 2011.3.7.]

第2節 住所

제18조 (住所) ① 生活의 根據되는 곳을 住所로 한다.
② 住所는 同時에 두 곳 以上 있을 수 있다.

제19조 (居所) 住所를 알 수 없으면 居所를 住所로 본다.

제20조 (居所) 國內에 住所없는 者에 對하여는 國內에 있는 居所를 住所로 본다.

제21조 (假住所) 어느 行爲에 있어서 假住所를 定한 때에는 그 行爲에 關하여는 이를 住所로 본다.

第3節 不在와 失踪

제22조 (不在者의 財産의 管理) ① 從來의 住所나 居所를 떠난 者가 財産管理人을 定하지 아니한 때에는 法院은 利害關係人이나 檢事의 請求에 依하여 財産管理에 關하여 必要한 處分을 命하여야 한다. 本人의 不在 中 財産管理人의 權限이 消滅한 때에도 같다.
② 本人이 그 後에 財産管理人을 定한 때에는 法院은 本人, 財産管理人, 利害關係人 또는 檢事의 請求에 依하여 前項의 命令을 取消하여야 한다.

제23조 (管理人의 改任) 不在者가 財産管理人을 定한 境遇에 不在者의 生死가 分明하지 아니한 때에는 法院은 財産管理人, 利害關係人 또는 檢事의 請求에 依하여 財産管理人을 改任할 수 있다.

제24조 (管理人의 職務) ① 法院이 選任한 財産管理人은 管理할 財産目錄을 作成하여야 한다.
② 法院은 그 選任한 財産管理人에 對하여 不在者의 財産을 保存하기 爲하여 必要한 處分을 命할 수 있다.
③ 不在者의 生死가 分明하지 아니한 境遇에 利害關係人이나 檢事의 請求가 있는 때에는 法院은 不在者가 定한 財産管理人에게 前2項의 處分을 命할 수 있다.
④ 前3項의 境遇에 그 費用은 不在者의 財産으로써 支給한다.

제25조 (管理人의 權限) 法院이 選任한 財産管理人이 제118조에 規定한 權限을 넘는 行爲를 함에는 法院의 許可를 얻어야 한다. 不在者의 生死가 分明하지 아니한 境遇에 不在者가 定한 財産管理人이 權限을 넘는 行爲를 할 때에도 같다.

제26조 (管理人의 擔保提供, 報酬) ① 法院은 그 選任한 財産管理人으로 하여금 財産의 管理 및 返還에 關하여 相當한 擔保를 提供하게 할 수 있다.
② 法院은 그 選任한 財産管理人에 對하여 不在者의 財産으로 相當한 報酬를 支給할 수 있다.
③ 前2項의 規定은 不在者의 生死가 分明하지 아니한 境遇에 不在者가 定한 財産管理人에 準用한다.

제27조 (失踪의 宣告) ① 不在者의 生死가 5年間 分明하지 아니한 때에는 法院은 利害關係人이나 檢事의 請求에 依하여 失踪宣告를 하여야 한다.
② 戰地에 臨한 者, 沈沒한 船舶 중에 있던 者, 墜落한 航空機 중에 있던 者 기타 死亡의 原因이 될 危難을 당한 者의 生死가 戰爭終止後 또는 船舶의 沈沒, 航空機의 墜落 기타 危難이 終了한 後 1年間 分明하지 아니한 때에도 제1항과 같다.

제28조 (失踪宣告의 效果) 失踪宣告를 받은 者는 前條의 期間이 滿了한 때에 死亡한 것으로 본다.

제29조 (失踪宣告의 取消) ① 失踪者의 生存한 事實 또는 前條의 規定과 相異한 때에 死亡한 事實의 證明이 있으면 法院은 本人, 利害關係人 또는 檢事의 請求에 依하여 失踪宣告를 取消하여야 한다. 그러나 失踪宣告後 그 取消前에 善意로 한 行爲의 效力에 影響을 미치지 아니한다.
② 失踪宣告의 取消가 있을 때에 失踪의 宣告를 直接原因으로 하여 財産을 取得한 者가 善意인 境遇에는 그 받은 利益이 現存하는 限度에서 返還할 義務가 있고 惡意인 境遇에는 그 받은 利益에 利子를 붙여서 返還하고 損害가 있으면 이를 賠償하여야 한다.

제30조 (同時死亡) 2人 以上이 同一한 危難으로 死亡한 境遇에는 同時에 死亡한 것으로 推定한다.

第3章 法人

第1節 總則

제31조 (法人成立의 準則) 法人은 法律의 規定에 依함이 아니면 成立하지 못한다.

제32조 (非營利法人의 設立과 許可) 學術, 宗敎, 慈善, 技藝, 社交 其他 營利아닌 事業을 目的으로 하는 社團 또는 財團은 主務官廳의 許可를 얻어 이를 法人으로 할 수 있다.

제33조 (法人設立의 登記) 法人은 그 主된 事務所의 所在地에서 設立登記를 함으로써 成立한다.

제34조 (法人의 權利能力) 法人은 法律의 規定에 좇아 定款으로 定한 目的의 範圍內에서 權利와 義務의 主體가 된다.

제35조 (法人의 不法行爲能力) ① 法人은 理事 其他 代表者가 그 職務에 關하여 他人에게 加한 損害를 賠償할 責任이 있다. 理事 其他 代表者는 이로 因하여 自己의 損害賠償責任을 免하지 못한다.
② 法人의 目的範圍外의 行爲로 因하여 他人에게 損害를 加한 때에는 그 事項의 議決에 贊成하거나 그 議決을 執行한 社員, 理事 및 其他 代表者가 連帶하여 賠償하여야 한다.

제36조 (法人의 住所) 法人의 住所는 그 主된 事務所의 所在地에 있는 것으로 한다.

제37조 (法人의 事務의 檢査, 監督) 法人의 事務는 主務官廳이 檢査, 監督한다.

제38조 (法人의 設立許可의 取消) 法人이 目的 以外의 事業을 하거나 設立許可의 條件에 違反하거나 其他 公益을 害하는 行爲를 한 때에는 主務官廳은 그 許可를 取消할 수 있다.

제39조 (營利法人) ① 營利를 目的으로 하는 社團은 商事會社設立의 條件에 좇아 이를 法人으로 할 수 있다.
② 前項의 社團法人에는 모두 商事會社에 關한 規定을 準用한다.

第2節 設立

제40조 (社團法人의 定款) 社團法人의 設立者는 다음 各號의 事項을 記載한 定款을 作成하여 記名捺印하여야 한다.
1. 目的
2. 名稱
3. 事務所의 所在地
4. 資産에 關한 規定
5. 理事의 任免에 關한 規定
6. 社員資格의 得失에 關한 規定
7. 存立時期나 解散事由를 定하는 때에는 그 時期 또는 事由

제41조 (理事의 代表權에 對한 制限) 理事의 代表權에 대한 制限은 이를 定款에 記載하지 아니하면 그 效力이 없다.

제42조 (社團法人의 定款의 變更) ① 社團法人의 定款은 總社員 3分의 2 以上의 同意가 있는 때에 限하여 이를 變更할 수 있다. 그러나 定數에 關하여 定款에 다른 規定이 있는 때에는 그 規定에 依한다.
② 定款의 變更은 主務官廳의 許可를 얻지 아니하면 그 效力이 없다.

제43조 (財團法人의 定款) 財團法人의 設立者는 一定한 財産을 出捐하고 제40조 제1호 乃至 第5號의 事項을 記載한 定款을 作成하여 記名捺印하여야 한다.

제44조 (財團法人의 定款의 補充) 財團法人의 設立者가 그 名稱, 事務所所在地 또는 理事任免의 方法을 定하지 아니하고 死亡한 때에는 利害關係人 또는 檢事의 請求에 依하여 法院이 이를 定한다.

제45조 (財團法人의 定款變更) ① 財團法人의 定款은 그 變更方法을 定款에 定한 때에 限하여 變更할 수 있다.
② 財團法人의 目的達成 또는 그 財産의 保全을 爲하여 適當한 때에는 前項의 規定에 不拘하고 名稱 또는 事務所의 所在地를 變更할 수 있다.
③ 제42조제2항의 規定은 前項의 境遇에 準用한다.

제46조 (財團法人의 目的 其他의 變更) 財團法人의 目的을 達成할 수 없는 때에는 設立者나 理事는 主務官廳의 許可를 얻

어 設立의 趣旨를 參酌하여 그 目的 其他 定款의 規定을 變更할 수 있다.

제47조 (贈與, 遺贈에 關한 規定의 準用) ① 生前處分으로 財團法人을 設立하는 때에는 贈與에 關한 規定을 準用한다.
② 遺言으로 財團法人을 設立하는 때에는 遺贈에 關한 規定을 準用한다.

제48조 (出捐財産의 歸屬時期) ① 生前處分으로 財團法人을 設立하는 때에는 出捐財産은 法人이 成立된 때로부터 法人의 財産이 된다.
② 遺言으로 財團法人을 設立하는 때에는 出捐財産은 遺言의 效力이 發生한 때로부터 法人에 歸屬한 것으로 본다.

제49조 (法人의 登記事項) ① 法人設立의 許可가 있는 때에는 3週間內에 主된 事務所所在地에서 設立登記를 하여야 한다.
② 前項의 登記事項은 다음과 같다.
1. 目的
2. 名稱
3. 事務所
4. 設立許可의 年月日
5. 存立時期나 解散理由를 定한 때에는 그 時期 또는 事由
6. 資産의 總額
7. 出資의 方法을 定한 때에는 그 方法
8. 理事의 姓名, 住所
9. 理事의 代表權을 制限한 때에는 그 制限

제50조 (分事務所設置의 登記) ① 法人이 分事務所를 設置한 때에는 主事務所所在地에서는 3週間內에 分事務所를 設置한 것을 登記하고 그 分事務所所在地에서는 同期間內에 前條제2항의 事項을 登記하고 다른 分事務所所在地에서는 同期間內에 그 分事務所를 設置한 것을 登記하여야 한다.
② 主事務所 또는 分事務所의 所在地를 管轄하는 登記所의 管轄區域內에 分事務所를 設置한 때에는 前項의 期間內에 그 事務所를 設置한 것을 登記하면 된다.

제51조 (事務所移轉의 登記) ① 法人이 그 事務所를 移轉하는 때에는 舊所在地에서는 3週間內에 移轉登記를 하고 新所在地에서는 同期間內에 제49조제2항에 揭記한 事項을 登記하여야 한다.
② 同一한 登記所의 管轄區域內에서 事務所를 移轉한 때에는 그 移轉한 것을 登記하면 된다.

제52조 (變更登記) 제49조제2항의 事項 中에 變更이 있는 때에는 3週間內에 變更登記를 하여야 한다.

제52조의2 (직무집행정지 등 가처분의 등기) 이사의 직무집행을 정지하거나 직무대행자를 선임하는 가처분을 하거나 그 가처분을 변경·취소하는 경우에는 주사무소와 분사무소가 있는 곳의 등기소에서 이를 등기하여야 한다.

[본조신설 2001.12.29.]
제53조 (登記期間의 起算) 前3조의 規定에 依하여 登記할 事項으로 官廳의 許可를 要하는 것은 그 許可書가 到着한 날로부터 登記의 期間을 起算한다.

제54조 (設立登記 以外의 登記의 效力과 登記事項의 公告) ① 設立登記 以外의 本節의 登記事項은 그 登記後가 아니면 第三者에게 對抗하지 못한다.
② 登記한 事項은 法院이 遲滯없이 公告하여야 한다.

제55조 (財産目錄과 社員名簿) ① 法人은 成立한 때 및 每年 3月內에 財産目錄을 作成하여 事務所에 備置하여야 한다. 事業年度를 定한 法人은 成立한 때 및 그 年度末에 이를 作成하여야 한다.
② 社團法人은 社員名簿를 備置하고 社員의 變更이 있는 때에는 이를 記載하여야 한다.

제56조 (社員權의 讓渡, 相續禁止) 社團法人의 社員의 地位는 讓渡 또는 相續할 수 없다.

第3節 機關

제57조 (理事) 法人은 理事를 두어야 한다.

제58조 (理事의 事務執行) ① 理事는 法人의 事務를 執行한다.
② 理事가 數人인 境遇에는 定款에 다른 規定이 없으면 法人의 事務執行은 理事의 過半數로써 決定한다.

제59조 (理事의 代表權) ① 理事는 法人의 事務에 關하여 各自 法人을 代表한다. 그러나 定款에 規定한 趣旨에 違反할 수 없고 特히 社團法人은 總會의 議決에 依하여야 한다.
② 法人의 代表에 關하여는 代理에 關한 規定을 準用한다.

제60조 (理事의 代表權에 對한 制限의 對抗要件) 理事의 代表權에 對한 制限은 登記하지 아니하면 第三者에게 對抗하지 못한다.

제60조의2 (직무대행자의 권한) ① 제52조의2의 직무대행자는 가처분명령에 다른 정함이 있는 경우 외에는 법인의 통상사무에 속하지 아니한 행위를 하지 못한다. 다만, 법원의 허가를 얻은 경우에는 그러하지 아니하다.
② 직무대행자가 제1항의 규정에 위반한 행위를 한 경우에도 법인은 선의의 제3자에 대하여 책임을 진다.
[본조신설 2001.12.29.]

제61조 (理事의 注意義務) 理事는 善良한 管理者의 注意로 그 職務를 行하여야 한다.

제62조 (理事의 代理人 選任) 理事는 定款 또는 總會의 決議로 禁止하지 아니한 事項에 限하여 他人으로 하여금 特定한 行爲를 代理하게 할 수 있다.

제63조 (臨時理事의 選任) 理事가 없거나

缺員이 있는 境遇에 이로 因하여 損害가 생길 念慮 있는 때에는 法院은 利害關係人이나 檢事의 請求에 依하여 臨時理事를 選任하여야 한다.

제64조 (特別代理人의 選任) 法人과 理事의 利益이 相反하는 事項에 關하여는 理事는 代表權이 없다. 이 境遇에는 前條의 規定에 依하여 特別代理人을 選任하여야 한다.

제65조 (理事의 任務懈怠) 理事가 그 任務를 懈怠한 때에는 그 理事는 法人에 對하여 連帶하여 損害賠償의 責任이 있다.

제66조 (監事) 法人은 定款 또는 總會의 決議로 監事를 둘 수 있다.

제67조 (監事의 職務) 監事의 職務는 다음과 같다.
1. 法人의 財産狀況을 監査하는 일
2. 理事의 業務執行의 狀況을 監査하는 일
3. 財産狀況 또는 業務執行에 關하여 不正, 不備한 것이 있음을 發見한 때에는 이를 總會 또는 主務官廳에 報告하는 일
4. 前號의 報告를 하기 爲하여 必要있는 때에는 總會를 召集하는 일

제68조 (總會의 權限) 社團法人의 事務는 定款으로 理事 또는 其他 任員에게 委任한 事項外에는 總會의 決議에 依하여야 한다.

제69조 (通常總會) 社團法人의 理事는 每年 1回 以上 通常總會를 召集하여야 한다.

제70조 (臨時總會) ① 社團法人의 理事는 必要하다고 認定한 때에는 臨時總會를 召集할 수 있다.
② 總社員의 5分의 1 以上으로부터 會議의 目的事項을 提示하여 請求한 때에는 理事는 臨時總會를 召集하여야 한다. 이 定數는 定款으로 增減할 수 있다.
③ 前項의 請求있는 後 2週間內에 理事가 總會召集의 節次를 밟지 아니한 때에는 請求한 社員은 法院의 許可를 얻어 이를 召集할 수 있다.

제71조 (總會의 召集) 總會의 召集은 1週間前에 그 會議의 目的事項을 記載한 通知를 發하고 其他 定款에 定한 方法에 依하여야 한다.

제72조 (總會의 決議事項) 總會는 前條의 規定에 依하여 通知한 事項에 關하여서만 決議할 수 있다. 그러나 定款에 다른 規定이 있는 때에는 그 規定에 依한다.

제73조 (社員의 決議權) ① 各 社員의 決議權은 平等으로 한다.
② 社員은 書面이나 代理人으로 決議權을 行使할 수 있다.
③ 前2항의 規定은 定款에 다른 規定이 있는 때에는 適用하지 아니한다.

제74조 (社員이 決議權없는 境遇) 社團法人

과 어느 社員과의 關係事項을 議決하는 境遇에는 그 社員은 決議權이 없다.

제75조 (總會의 決議方法) ① 總會의 決議는 本法 또는 定款에 다른 規定이 없으면 社員 過半數의 出席과 出席社員의 決議權의 過半數로써 한다.
② 제73조제2항의 境遇에는 當該社員은 出席한 것으로 한다.

제76조 (總會의 議事錄) ① 總會의 議事에 關하여는 議事錄을 作成하여야 한다.
② 議事錄에는 議事의 經過, 要領 및 結果를 記載하고 議長 및 出席한 理事가 記名捺印하여야 한다.
③ 理事는 議事錄을 主된 事務所에 備置하여야 한다.

第4節 解散

제77조 (解散事由) ① 法人은 存立期間의 滿了, 法人의 目的의 達成 또는 達成의 不能 其他 定款에 定한 解散事由의 發生, 破産 또는 設立許可의 取消로 解散한다.
② 社團法人은 社員이 없게 되거나 總會의 決議로도 解散한다.

제78조 (社團法人의 解散決議) 社團法人은 總社員 4分의 3 以上의 同意가 없으면 解散을 決議하지 못한다. 그러나 定款에 다른 規定이 있는 때에는 그 規定에 依한다.

제79조 (破産申請) 法人이 債務를 完濟하지 못하게 된 때에는 理事는 遲滯없이 破産申請을 하여야 한다.

제80조 (殘餘財産의 歸屬) ① 解散한 法人의 財産은 定款으로 指定한 者에게 歸屬한다.
② 定款으로 歸屬權利者를 指定하지 아니하거나 이를 指定하는 方法을 定하지 아니한 때에는 理事 또는 淸算人은 主務官廳의 許可를 얻어 그 法人의 目的에 類似한 目的을 爲하여 그 財産을 處分할 수 있다. 그러나 社團法人에 있어서는 總會의 決議가 있어야 한다.
③ 前2항의 規定에 依하여 處分되지 아니한 財産은 國庫에 歸屬한다.

제81조 (淸算法人) 解散한 法人은 淸算의 目的範圍內에서만 權利가 있고 義務를 負擔한다.

제82조 (淸算人) 法人이 解散한 때에는 破産의 境遇를 除하고는 理事가 淸算人이 된다. 그러나 定款 또는 總會의 決議로 달리 定한 바가 있으면 그에 依한다.

제83조 (法院에 依한 淸算人의 選任) 前條의 規定에 依하여 淸算人이 될 者가 없거나 淸算人의 缺員으로 因하여 損害가 생길 念慮가 있는 때에는 法院은 職權 또는 利害關係人이나 檢事의 請求에 依하여 淸算人을 選任할 수 있다.

제84조 (法院에 依한 淸算人의 解任) 重要한 事由가 있는 때에는 法院은 職權 또는 利害關係人이나 檢事의 請求에 依하

여 淸算人을 解任할 수 있다.

제85조 (解散登記) ① 淸算人은 破産의 境遇를 除하고는 그 就任後 3週間內에 解散의 事由 및 年月日, 淸算人의 姓名 및 住所와 淸算人의 代表權을 制限한 때에는 그 制限을 主된 事務所 및 分事務所 所在地에서 登記하여야 한다.
② 제52조의 規定은 前項의 登記에 準用한다.

제86조 (解散申告) ① 淸算人은 破産의 境遇를 除하고는 그 就任後 3週間內에 前條제1항의 事項을 主務官廳에 申告하여야 한다.
② 淸算中에 就任한 淸算人은 그 姓名 및 住所를 申告하면 된다.

제87조 (淸算人의 職務) ① 淸算人의 職務는 다음과 같다.
1. 現存事務의 終結
2. 債權의 推尋 및 債務의 辨濟
3. 殘餘財産의 引渡
② 淸算人은 前項의 職務를 行하기 爲하여 必要한 모든 行爲를 할 수 있다.

제88조 (債權申告의 公告) ① 淸算人은 就任한 날로부터 2月內에 3回 以上의 公告로 債權者에 對하여 一定한 期間內에 그 債權을 申告할 것을 催告하여야 한다. 그 期間은 2月 以上이어야 한다.
② 前項의 公告에는 債權者가 期間內에 申告하지 아니하면 淸算으로부터 除外될 것을 表示하여야 한다.

③ 제1항의 公告는 法院의 登記事項의 公告와 同一한 方法으로 하여야 한다.

제89조 (債權申告의 催告) 淸算人은 알고 있는 債權者에게 對하여는 各各 그 債權申告를 催告하여야 한다. 알고 있는 債權者는 淸算으로부터 除外하지 못한다.

제90조 (債權申告期間內의 辨濟禁止) 淸算人은 제88조제1항의 債權申告期間內에는 債權者에 對하여 辨濟하지 못한다. 그러나 法人은 債權者에 對한 遲延損害賠償의 義務를 免하지 못한다.

제91조 (債權辨濟의 特例) ① 淸算 中의 法人은 辨濟期에 이르지 아니한 債權에 對하여도 辨濟할 수 있다.
② 前項의 境遇에는 條件있는 債權, 存續期間의 不確定한 債權 其他 價額의 不確定한 債權에 關하여는 法院이 選任한 鑑定人의 評價에 依하여 辨濟하여야 한다.

제92조 (淸算으로부터 除外된 債權) 淸算으로부터 除外된 債權者는 法人의 債務를 完濟한 後 歸屬權利者에게 引渡하지 아니한 財産에 對하여서만 辨濟를 請求할 수 있다.

제93조 (淸算中의 破産) ① 淸算中 法人의 財産이 그 債務를 完濟하기에 不足한 것이 分明하게 될 때에는 淸算人은 遲滯없이 破産宣告를 申請하고 이를 公告하여야 한다.

② 淸算人은 破産管財人에게 그 事務를 引繼함으로써 그 任務가 終了한다.
③ 제88조제3항의 規定은 제1항의 公告에 準用한다.

제94조 (淸算終結의 登記와 申告) 淸算이 終結한 때에는 淸算人은 3週間內에 이를 登記하고 主務官廳에 申告하여야 한다.

제95조 (解散, 淸算의 檢査, 監督) 法人의 解散 및 淸算은 法院이 檢査, 監督한다.

제96조 (準用規定) 제58조제2항, 제59조 乃至 제62조, 제64조, 제65조 및 제70조의 規定은 淸算人에 이를 準用한다.

第5節 罰則

제97조 (罰則) 法人의 理事, 監事 또는 淸算人은 다음 各號의 境遇에는 500만원 이하의 過怠料에 處한다.
1. 本章에 規定한 登記를 懈怠한 때
2. 제55조의 規定에 違反하거나 財産目錄 또는 社員名簿에 不正記載를 한 때
3. 제37조, 제95조에 規定한 檢査, 監督을 妨害한 때
4. 主務官廳 또는 總會에 對하여 事實 아닌 申告를 하거나 事實을 隱蔽한 때
5. 제76조와 제90조의 規定에 違反한 때
6. 제79조, 제93조의 規定에 違反하여 破産宣告의 申請을 懈怠한 때
7. 제88조, 제93조에 定한 公告를 懈怠

하거나 不正한 公告를 한 때

第4章 物件

제98조 (物件의 定義) 本法에서 物件이라 함은 有體物 및 電氣 其他 管理할 수 있는 自然力을 말한다.

제99조 (不動産, 動産) ① 土地 및 그 定着物은 不動産이다.
② 不動産 以外의 物件은 動産이다.

제100조 (主物, 從物) ① 物件의 所有者가 그 物件의 常用에 供하기 爲하여 自己 所有인 다른 物件을 이에 附屬하게 한 때에는 그 附屬物은 從物이다.
② 從物은 主物의 處分에 따른다.

제101조 (天然果實, 法定果實) ① 物件의 用法에 依하여 收取하는 産出物은 天然果實이다.
② 物件의 使用對價로 받는 金錢 其他의 物件은 法定果實로 한다.

제102조 (果實의 取得) ① 天然果實은 그 元物로부터 分離하는 때에 이를 收取할 權利者에게 屬한다.
② 法定果實은 收取할 權利의 存續期間 日數의 比率로 取得한다.

第5章 法律行爲

第1節 總則

제103조 (反社會秩序의 法律行爲) 善良한 風俗 其他 社會秩序에 違反한 事項을

內容으로 하는 法律行爲는 無效로 한다.

제104조 (不公正한 法律行爲) 當事者의 窮迫, 輕率 또는 無經驗으로 因하여 顯著하게 公正을 잃은 法律行爲는 無效로 한다.

제105조 (任意規定) 法律行爲의 當事者가 法令 中의 善良한 風俗 其他 社會秩序에 關係없는 規定과 다른 意思를 表示한 때에는 그 意思에 依한다.

제106조 (事實인 慣習) 法令 中의 善良한 風俗 其他 社會秩序에 關係없는 規定과 다른 慣習이 있는 境遇에 當事者의 意思가 明確하지 아니한 때에는 그 慣習에 依한다.

第2節 意思表示

제107조 (眞意 아닌 意思表示) ① 意思表示는 表意者가 眞意아님을 알고 한 것이라도 그 效力이 있다. 그러나 相對方이 表意者의 眞意아님을 알았거나 이를 알 수 있었을 境遇에는 無效로 한다.
② 前項의 意思表示의 無效는 善意의 第三者에게 對抗하지 못한다.

제108조 (通情한 虛僞의 意思表示) ① 相對方과 通情한 虛僞의 意思表示는 無效로 한다.
② 前項의 意思表示의 無效는 善意의 第三者에게 對抗하지 못한다.

제109조 (錯誤로 因한 意思表示) ① 意思表示는 法律行爲의 內容의 重要部分에 錯誤가 있는 때에는 取消할 수 있다. 그러나 그 錯誤가 表意者의 重大한 過失로 因한 때에는 取消하지 못한다.
② 前項의 意思表示의 取消는 善意의 第三者에게 對抗하지 못한다.

제110조 (詐欺, 强迫에 依한 意思表示) ① 詐欺나 强迫에 依한 意思表示는 取消할 수 있다.
② 相對方있는 意思表示에 關하여 第三者가 詐欺나 强迫을 行한 境遇에는 相對方이 그 事實을 알았거나 알 수 있었을 境遇에 限하여 그 意思表示를 取消할 수 있다.
③ 前2항의 意思表示의 取消는 善意의 第三者에게 對抗하지 못한다.

제111조 (의사표시의 효력발생시기) ① 상대방이 있는 의사표시는 상대방에게 도달한 때에 그 효력이 생긴다.
② 의사표시자가 그 통지를 발송한 후 사망하거나 제한능력자가 되어도 의사표시의 효력에 영향을 미치지 아니한다. [전문개정 2011.3.7.]

제112조 (제한능력자에 대한 의사표시의 효력) 의사표시의 상대방이 의사표시를 받은 때에 제한능력자인 경우에는 의사표시자는 그 의사표시로써 대항할 수 없다. 다만, 그 상대방의 법정대리인이 의사표시가 도달한 사실을 안 후에는 그러하지 아니하다. [전문개정 2011.3.7.]

제113조 (意思表示의 公示送達) 表意者가 過失없이 相對方을 알지 못하거나 相對方의 所在를 알지 못하는 境遇에는 意思表示는 民事訴訟法 公示送達의 規定에 依하여 送達할 수 있다.

第3節 代理

제114조 (代理行爲의 效力) ① 代理人이 그 權限內에서 本人을 爲한 것임을 表示한 意思表示는 直接 本人에게 對하여 效力이 생긴다.
② 前項의 規定은 代理人에게 對한 第三者의 意思表示에 準用한다.

제115조 (本人을 爲한 것임을 表示하지 아니한 行爲) 代理人이 本人을 爲한 것임을 表示하지 아니한 때에는 그 意思表示는 自己를 爲한 것으로 본다. 그러나 相對方이 代理人으로서 한 것임을 알았거나 알 수 있었을 때에는 前條제1항의 規定을 準用한다.

제116조 (代理行爲의 瑕疵) ① 意思表示의 效力이 意思의 欠缺, 詐欺, 强迫 또는 어느 事情을 알았거나 過失로 알지 못한 것으로 因하여 影響을 받을 境遇에 그 事實의 有無는 代理人을 標準하여 決定한다.
② 特定한 法律行爲를 委任한 境遇에 代理人이 本人의 指示에 좇아 그 行爲를 한 때에는 本人은 自己가 안 事情 또는 過失로 因하여 알지 못한 事情에 關하여 代理人의 不知를 主張하지 못한다.

제117조 (代理人의 行爲能力) 代理人은 行爲能力者임을 要하지 아니한다.

제118조 (代理權의 範圍) 權限을 定하지 아니한 代理人은 다음 各號의 行爲만을 할 수 있다.
1. 保存行爲
2. 代理의 目的인 物件이나 權利의 性質을 變하지 아니하는 範圍에서 그 利用 또는 改良하는 行爲

제119조 (各自代理) 代理人이 數人인 때에는 各自가 本人을 代理한다. 그러나 法律 또는 授權行爲에 다른 定한 바가 있는 때에는 그러하지 아니하다.

제120조 (任意代理人의 復任權) 代理權이 法律行爲에 依하여 付與된 境遇에는 代理人은 本人의 承諾이 있거나 不得已한 事由있는 때가 아니면 復代理人을 選任하지 못한다.

제121조 (任意代理人의 復代理人選任의 責任) ① 前條의 規定에 依하여 代理人이 復代理人을 選任한 때에는 本人에게 對하여 그 選任監督에 關한 責任이 있다.
② 代理人이 本人의 指名에 依하여 復代理人을 選任한 境遇에는 그 不適任 또는 不誠實함을 알고 本人에게 對한 通知나 그 解任을 怠慢한 때가 아니면 責任이 없다.

제122조 (法定代理人의 復任權과 그 責任)

法定代理人은 그 責任으로 復代理人을 選任할 수 있다. 그러나 不得已한 事由로 因한 때에는 前條제1항에 定한 責任만이 있다.

제123조 (復代理人의 權限) ① 復代理人은 그 權限內에서 本人을 代理한다.

② 復代理人은 本人이나 第三者에 對하여 代理人과 同一한 權利義務가 있다.

제124조 (自己契約, 雙方代理) 代理人은 本人의 許諾이 없으면 本人을 爲하여 自己와 法律行爲를 하거나 同一한 法律行爲에 關하여 當事者雙方을 代理하지 못한다. 그러나 債務의 履行은 할 수 있다.

제125조 (代理權授與의 表示에 依한 表見代理) 第三者에 對하여 他人에게 代理權을 授與함을 表示한 者는 그 代理權의 範圍內에서 行한 그 他人과 그 第三者間의 法律行爲에 對하여 責任이 있다. 그러나 第三者가 代理權없음을 알았거나 알 수 있었을 때에는 그러하지 아니하다.

제126조 (權限을 넘은 表見代理) 代理人이 그 權限外의 法律行爲를 한 境遇에 第三者가 그 權限이 있다고 믿을 만한 正當한 理由가 있는 때에는 本人은 그 行爲에 對하여 責任이 있다.

제127조 (대리권의 소멸사유) 대리권은 다음 각 호의 어느 하나에 해당하는 사유가 있으면 소멸된다.

1. 본인의 사망
2. 대리인의 사망, 성년후견의 개시 또는 파산 [전문개정 2011.3.7.]

제128조 (任意代理의 終了) 法律行爲에 依하여 授與된 代理權은 前條의 境遇外에 그 原因된 法律關係의 終了에 依하여 消滅한다. 法律關係의 終了前에 本人이 授權行爲를 撤回한 境遇에도 같다.

제129조 (代理權消滅後의 表見代理) 代理權의 消滅은 善意의 第三者에게 對抗하지 못한다. 그러나 第三者가 過失로 因하여 그 事實을 알지 못한 때에는 그러하지 아니하다.

제130조 (無權代理) 代理權없는 者가 他人의 代理人으로 한 契約은 本人이 이를 追認하지 아니하면 本人에 對하여 效力이 없다.

제131조 (相對方의 催告權) 代理權없는 者가 他人의 代理人으로 契約을 한 境遇에 相對方은 相當한 期間을 定하여 本人에게 그 追認與否의 確答을 催告할 수 있다. 本人이 그 期間內에 確答을 發하지 아니한 때에는 追認을 拒絶한 것으로 본다.

제132조 (追認, 拒絶의 相對方) 追認 또는 拒絶의 意思表示는 相對方에 對하여 하지 아니하면 그 相對方에 對抗하지 못한다. 그러나 相對方이 그 事實을 안 때에는 그러하지 아니하다.

제133조 (追認의 效力) 追認은 다른 意思

表示가 없는 때에는 契約時에 遡及하여 그 效力이 생긴다. 그러나 第三者의 權利를 害하지 못한다.

제134조 (相對方의 撤回權) 代理權없는 者가 한 契約은 本人의 追認이 있을 때까지 相對方은 本人이나 그 代理人에 對하여 이를 撤回할 수 있다. 그러나 契約當時에 相對方이 代理權 없음을 안 때에는 그러하지 아니하다.

제135조 (상대방에 대한 무권대리인의 책임) ① 다른 자의 대리인으로서 계약을 맺은 자가 그 대리권을 증명하지 못하고 또 본인의 추인을 받지 못한 경우에는 그는 상대방의 선택에 따라 계약을 이행할 책임 또는 손해를 배상할 책임이 있다.
② 대리인으로서 계약을 맺은 자에게 대리권이 없다는 사실을 상대방이 알았거나 알 수 있었을 때 또는 대리인으로서 계약을 맺은 사람이 제한능력자일 때에는 제1항을 적용하지 아니한다.
[전문개정 2011.3.7.]

제136조 (單獨行爲와 無權代理) 單獨行爲에는 그 行爲當時에 相對方이 代理人이라 稱하는 者의 代理權없는 行爲에 同意하거나 그 代理權을 다투지 아니한 때에 限하여 前6조의 規定을 準用한다. 代理權없는 者에 對하여 그 同意를 얻어 單獨行爲를 한 때에도 같다.

第4節 無效와 取消

제137조 (法律行爲의 一部無效) 法律行爲의 一部分이 無效인 때에는 그 全部를 無效로 한다. 그러나 그 無效部分이 없더라도 法律行爲를 하였을 것이라고 認定될 때에는 나머지 部分은 無效가 되지 아니한다.

제138조 (無效行爲의 轉換) 無效인 法律行爲가 다른 法律行爲의 要件을 具備하고 當事者가 그 無效를 알았더라면 다른 法律行爲를 하는 것을 意慾하였으리라고 認定될 때에는 다른 法律行爲로서 效力을 가진다.

제139조 (無效行爲의 追認) 無效인 法律行爲는 追認하여도 그 效力이 생기지 아니한다. 그러나 當事者가 그 無效임을 알고 追認한 때에는 새로운 法律行爲로 본다.

제140조 (법률행위의 취소권자) 취소할 수 있는 법률행위는 제한능력자, 착오로 인하거나 사기·강박에 의하여 의사표시를 한 자, 그의 대리인 또는 승계인만이 취소할 수 있다. [전문개정 2011.3.7.]

제141조 (취소의 효과) 취소된 법률행위는 처음부터 무효인 것으로 본다. 다만, 제한능력자는 그 행위로 인하여 받은 이익이 현존하는 한도에서 상환(償還)할 책임이 있다. [전문개정 2011.3.7.]

제142조 (取消의 相對方) 取消할 수 있는 法律行爲의 相對方이 確定한 境遇에는

그 取消는 그 相對方에 對한 意思表示로 하여야 한다.

제143조 (追認의 方法, 效果) ① 取消할 수 있는 法律行爲는 제140조에 規定한 者가 追認할 수 있고 追認後에는 取消하지 못한다.

② 前條의 規定은 前項의 境遇에 準用한다.

제144조 (추인의 요건) ① 추인은 취소의 원인이 소멸된 후에 하여야만 효력이 있다.

② 제1항은 법정대리인 또는 후견인이 추인하는 경우에는 적용하지 아니한다.

제145조 (法定追認) 取消할 수 있는 法律行爲에 關하여 前條의 規定에 依하여 追認할 수 있는 後에 다음 各號의 事由가 있으면 追認한 것으로 본다. 그러나 異議를 保留한 때에는 그러하지 아니하다.

1. 全部나 一部의 履行
2. 履行의 請求
3. 更改
4. 擔保의 提供
5. 取消할 수 있는 行爲로 取得한 權利의 全部나 一部의 讓渡
6. 强制執行

제146조 (取消權의 消滅) 取消權은 追認할 수 있는 날로부터 3年內에 法律行爲를 한 날로부터 10年內에 行使하여야 한다.

第5節 條件과 期限

제147조 (條件成就의 效果) ① 停止條件있는 法律行爲는 條件이 成就한 때부터 그 效力이 생긴다.

② 解除條件있는 法律行爲는 條件이 成就한 때부터 그 效力을 잃는다.

③ 當事者가 條件成就의 效力을 그 成就前에 遡及하게 할 意思를 表示한 때에는 그 意思에 依한다.

제148조 (條件附權利의 侵害禁止) 條件있는 法律行爲의 當事者는 條件의 成否가 未定한 동안에 條件의 成就로 因하여 생길 相對方의 利益을 害하지 못한다.

제149조 (條件附權利의 處分 等) 條件의 成就가 未定한 權利義務는 一般規定에 依하여 處分, 相續, 保存 또는 擔保로 할 수 있다.

제150조 (條件成就, 不成就에 對한 反信義行爲) ① 條件의 成就로 因하여 不利益을 받을 當事者가 信義誠實에 反하여 條件의 成就를 妨害한 때에는 相對方은 그 條件이 成就한 것으로 主張할 수 있다.

② 條件의 成就로 因하여 利益을 받을 當事者가 信義誠實에 反하여 條件을 成就시킨 때에는 相對方은 그 條件이 成就하지 아니한 것으로 主張할 수 있다.

제151조 (不法條件, 旣成條件) ① 條件이 善良한 風俗 其他 社會秩序에 違反한 것인 때에는 그 法律行爲는 無效로 한

다.
② 條件이 法律行爲의 當時 이미 成就한 것인 境遇에는 그 條件이 停止條件이면 條件없는 法律行爲로 하고 解除條件이면 그 法律行爲는 無效로 한다.
③ 條件이 法律行爲의 當時에 이미 成就할 수 없는 것인 境遇에는 그 條件이 解除條件이면 條件없는 法律行爲로 하고 停止條件이면 그 法律行爲는 無效로 한다.

제152조 (期限到來의 效果) ① 始期있는 法律行爲는 期限이 到來한 때로부터 그 效力이 생긴다.
② 終期있는 法律行爲는 期限이 到來한 때로부터 그 效力을 잃는다.

제153조 (期限의 利益과 그 抛棄) ① 期限은 債務者의 利益을 爲한 것으로 推定한다.
② 期限의 利益은 이를 抛棄할 수 있다. 그러나 相對方의 利益을 害하지 못한다.

제154조 (期限附權利와 準用規定) 제148조와 제149조의 規定은 期限있는 法律行爲에 準用한다.

第6章 期間

제155조 (本章의 適用範圍) 期間의 計算은 法令, 裁判上의 處分 또는 法律行爲에 다른 定한 바가 없으면 本章의 規定에 依한다.

제156조 (期間의 起算點) 期間을 時, 分, 秒로 定한 때에는 卽時로부터 起算한다.

제157조 (期間의 起算點) 期間을 日, 週, 月 또는 年으로 定한 때에는 期間의 初日은 算入하지 아니한다. 그러나 그 期間이 午前 零時로부터 始作하는 때에는 그러하지 아니하다.

제158조 (年齡의 起算點) 年齡計算에는 出生日을 算入한다.

제159조 (期間의 滿了點) 期間을 日, 週, 月 또는 年으로 定한 때에는 期間末日의 終了로 期間이 滿了한다.

제160조 (曆에 依한 計算) ① 期間을 週, 月 또는 年으로 定한 때에는 曆에 依하여 計算한다.
② 週, 月 또는 年의 처음으로부터 期間을 起算하지 아니하는 때에는 最後의 週, 月 또는 年에서 그 起算日에 該當한 날의 前日로 期間이 滿了한다.
③ 月 또는 年으로 定한 境遇에 最終의 月에 該當日이 없는 때에는 그 月의 末日로 期間이 滿了한다.

제161조 (공휴일 등과 期間의 滿了點) 期間의 末日이 토요일 또는 공휴일에 該當한 때에는 期間은 그 翌日로 滿了한다.

第7章 消滅時效

제162조 (債權, 財産權의 消滅時效) ① 債權은 10年間 行使하지 아니하면 消滅時

效가 完成한다.
② 債權 및 所有權 以外의 財産權은 20年間 行使하지 아니하면 消滅時效가 完成한다.

제163조 (3年의 短期消滅時效) 다음 各號의 債權은 3年間 行使하지 아니하면 消滅時效가 完成한다.
1. 利子, 扶養料, 給料, 使用料 其他 1年 以內의 期間으로 定한 金錢 또는 物件의 支給을 目的으로 한 債權
2. 醫師, 助産師, 看護師 및 藥師의 治療, 勤勞 및 調劑에 關한 債權
3. 都給받은 者, 技師 其他 工事의 設計 또는 監督에 從事하는 者의 工事에 關한 債權
4. 辯護士, 辨理士, 公證人, 公認會計士 및 法務士에 對한 職務上 保管한 書類의 返還을 請求하는 債權
5. 辯護士, 辨理士, 公證人, 公認會計士 및 法務士의 職務에 關한 債權
6. 生産者 및 商人이 販賣한 生産物 및 商品의 代價
7. 手工業者 및 製造者의 業務에 關한 債權

제164조 (1年의 短期消滅時效) 다음 各號의 債權은 1年間 行使하지 아니하면 消滅時效가 完成한다.
1. 旅館, 飮食店, 貸席, 娛樂場의 宿泊料, 飮食料, 貸席料, 入場料, 消費物의 代價 및 替當金의 債權
2. 衣服, 寢具, 葬具 其他 動産의 使用料의 債權
3. 勞役人, 演藝人의 賃金 및 그에 供給한 物件의 代金債權
4. 學生 및 修業者의 敎育, 衣食 및 留宿에 關한 校主, 塾主, 敎師의 債權

제165조 (判決 等에 依하여 確定된 債權의 消滅時效) ① 判決에 依하여 確定된 債權은 短期의 消滅時效에 該當한 것이라도 그 消滅時效는 10年으로 한다.
② 破産節次에 依하여 確定된 債權 및 裁判上의 和解, 調停 其他 判決과 同一한 效力이 있는 것에 依하여 確定된 債權도 前項과 같다.
③ 前2項의 規定은 判決確定當時에 辨濟期가 到來하지 아니한 債權에 適用하지 아니한다.

제166조 (消滅時效의 起算點) ① 消滅時效는 權利를 行使할 수 있는 때로부터 進行한다.
② 不作爲를 目的으로 하는 債權의 消滅時效는 違反行爲를 한 때로부터 進行한다.

제167조 (消滅時效의 遡及效) 消滅時效는 그 起算日에 遡及하여 效力이 생긴다.

제168조 (消滅時效의 中斷事由) 消滅時效는 다음 各號의 事由로 因하여 中斷된다.
1. 請求
2. 押留 또는 假押留, 假處分

3. 承認(승인)
제169조 (時效中斷의 效力) 時效의 中斷은 當事者 및 그 承繼人間에만 效力이 있다.
제170조 (裁判上의 請求와 時效中斷) ① 裁判上의 請求는 訴訟의 却下, 棄却 또는 取下의 境遇에는 時效中斷의 效力이 없다.
② 前項의 境遇에 6月內에 裁判上의 請求, 破産節次參加, 押留 또는 假押留, 假處分을 한 때에는 時效는 最初의 裁判上 請求로 因하여 中斷된 것으로 본다.
제171조 (破産節次參加와 時效中斷) 破産節次參加는 債權者가 이를 取消하거나 그 請求가 却下된 때에는 時效中斷의 效力이 없다.
제172조 (支給命令과 時效中斷) 支給命令은 債權者가 法定期間內에 假執行申請을 하지 아니함으로 因하여 그 效力을 잃은 때에는 時效中斷의 效力이 없다.
제173조 (和解를 爲한 召喚, 任意出席과 時效中斷) 和解를 爲한 召喚은 相對方이 出席하지 아니 하거나 和解가 成立되지 아니한 때에는 1月內에 訴를 提起하지 아니하면 時效中斷의 效力이 없다. 任意出席의 境遇에 和解가 成立되지 아니한 때에도 그러하다.
제174조 (催告와 時效中斷) 催告는 6月內에 裁判上의 請求, 破産節次參加, 和解를 爲한 召喚, 任意出席, 押留 또는 假押留, 假處分을 하지 아니하면 時效中斷의 效力이 없다.
제175조 (押留, 假押留, 假處分과 時效中斷) 押留, 假押留 및 假處分은 權利者의 請求에 依하여 또는 法律의 規定에 따르지 아니함으로 因하여 取消된 때에는 時效中斷의 效力이 없다.
제176조 (押留, 假押留, 假處分과 時效中斷) 押留, 假押留 및 假處分은 時效의 利益을 받은 者에 對하여 하지 아니한 때에는 이를 그에게 通知한 後가 아니면 時效中斷의 效力이 없다.
제177조 (承認과 時效中斷) 時效中斷의 效力있는 承認에는 相對方의 權利에 關한 處分의 能力이나 權限있음을 要하지 아니한다.
제178조 (中斷後에 時效進行) ① 時效가 中斷된 때에는 中斷까지에 經過한 時效期間은 이를 算入하지 아니하고 中斷事由가 終了한 때로부터 새로이 進行한다.
② 裁判上의 請求로 因하여 中斷한 時效는 前項의 規定에 依하여 裁判이 確定된 때로부터 새로이 進行한다.
제179조 (제한능력자의 시효정지) 소멸시효의 기간만료 전 6개월 내에 제한능력자에게 법정대리인이 없는 경우에는 그가 능력자가 되거나 법정대리인이 취임한 때부터 6개월 내에는 시효가 완성되지 아니한다. [전문개정 2011.3.7.]

제180조 (재산관리자에 대한 제한능력자의 권리, 부부 사이의 권리와 시효정지) ① 재산을 관리하는 아버지, 어머니 또는 후견인에 대한 제한능력자의 권리는 그가 능력자가 되거나 후임 법정대리인이 취임한 때부터 6개월 내에는 소멸시효가 완성되지 아니한다.

② 부부 중 한쪽이 다른 쪽에 대하여 가지는 권리는 혼인관계가 종료된 때부터 6개월 내에는 소멸시효가 완성되지 아니한다. [전문개정 2011.3.7.]

제181조 (相續財産에 關한 權利와 時效停止) 相續財産에 屬한 權利나 相續財産에 對한 權利는 相續人의 確定, 管理人의 選任 또는 破産宣告가 있는 때로부터 6月內에는 消滅時效가 完成하지 아니한다.

제182조 (天災 其他 事變과 時效停止) 天災 其他 事變으로 因하여 消滅時效를 中斷할 수 없을 때에는 그 事由가 終了한 때로부터 1月內에는 時效가 完成하지 아니한다.

제183조 (從屬된 權利에 對한 消滅時效의 效力) 主된 權利의 消滅時效가 完成한 때에는 從屬된 權利에 그 效力이 미친다.

제184조 (時效의 利益의 抛棄 其他) ① 消滅時效의 利益은 미리 抛棄하지 못한다.

② 消滅時效는 法律行爲에 依하여 이를 排除, 延長 또는 加重할 수 없으나 이를 短縮 또는 輕減할 수 있다.

第2編 物權

第1章 總則

제185조 (物權의 種類) 物權은 法律 또는 慣習法에 依하는 外에는 任意로 創設하지 못한다.

제186조 (不動産物權變動의 效力) 不動産에 關한 法律行爲로 因한 物權의 得失變更은 登記하여야 그 效力이 생긴다.

제187조 (登記를 要하지 아니하는 不動産物權取得) 相續, 公用徵收, 判決, 競賣 其他 法律의 規定에 依한 不動産에 關한 物權의 取得은 登記를 要하지 아니한다. 그러나 登記를 하지 아니하면 이를 處分하지 못한다.

제188조 (動産物權讓渡의 效力, 簡易引渡) ① 動産에 關한 物權의 讓渡는 그 動産을 引渡하여야 效力이 생긴다.

② 讓受人이 이미 그 動産을 占有한 때에는 當事者의 意思表示만으로 그 效力이 생긴다.

제189조 (占有改定) 動産에 關한 物權을 讓渡하는 境遇에 當事者의 契約으로 讓渡人이 그 動産의 占有를 繼續하는 때에는 讓受人이 引渡받은 것으로 본다.

제190조 (目的物返還請求權의 讓渡) 第三者가 占有하고 있는 動産에 關한 物權

을 讓渡하는 境遇에는 讓渡人이 그 第三者에 對한 返還請求權을 讓受人에게 讓渡함으로써 動産을 引渡한 것으로 본다.

제191조 (混同으로 因한 物權의 消滅) ① 同一한 物件에 對한 所有權과 다른 物權이 同一한 사람에게 歸屬한 때에는 다른 物權은 消滅한다. 그러나 그 物權이 第三者의 權利의 目的이 된 때에는 消滅하지 아니한다.
② 前項의 規定은 所有權以外의 物權과 그를 目的으로 하는 다른 權利가 同一한 사람에게 歸屬한 境遇에 準用한다.
③ 占有權에 關하여는 前2항의 規定을 適用하지 아니한다.

第2章 占有權

제192조 (占有權의 取得과 消滅) ① 物件을 事實上 支配하는 者는 占有權이 있다.
② 占有者가 物件에 對한 事實上의 支配를 喪失한 때에는 占有權이 消滅한다. 그러나 제204조의 規定에 依하여 占有를 回收한 때에는 그러하지 아니하다.

제193조 (相續으로 因한 占有權의 移轉) 占有權은 相續人에 移轉한다.

제194조 (間接占有) 地上權, 傳貰權, 質權, 使用貸借, 賃貸借, 任置 其他의 關係로 他人으로 하여금 物件을 占有하게 한 者는 間接으로 占有權이 있다.

제195조 (占有補助者) 家事上, 營業上 其他 類似한 關係에 依하여 他人의 指示를 받아 物件에 對한 事實上의 支配를 하는 때에는 그 他人만을 占有者로 한다.

제196조 (占有權의 讓渡) ① 占有權의 讓渡는 占有物의 引渡로 그 效力이 생긴다.
② 前項의 占有權의 讓渡에는 제188조 제2항, 제189조, 제190조의 規定을 準用한다.

제197조 (占有의 態樣) ① 占有者는 所有의 意思로 善意, 平穩 및 公然하게 占有한 것으로 推定한다.
② 善意의 占有者라도 本權에 關한 訴에 敗訴한 때에는 그 訴가 提起된 때로부터 惡意의 占有者로 본다.

제198조 (占有繼續의 推定) 前後兩時에 占有한 事實이 있는 때에는 그 占有는 繼續한 것으로 推定한다.

제199조 (占有의 承繼의 主張과 그 效果) ① 占有者의 承繼人은 自己의 占有만을 主張하거나 自己의 占有와 前占有者의 占有를 아울러 主張할 수 있다.
② 前占有者의 占有를 아울러 主張하는 境遇에는 그 瑕疵도 繼承한다.

제200조 (權利의 適法의 推定) 占有者가 占有物에 對하여 行使하는 權利는 適法하게 保有한 것으로 推定한다.

제201조 (占有者와 果實) ① 善意의 占有者는 占有物의 果實을 取得한다.

② 惡意의 占有者는 收取한 果實을 返還하여야 하며 消費하였거나 過失로 因하여 毁損 또는 收取하지 못한 境遇에는 그 果實의 代價를 補償하여야 한다.
③ 前項의 規定은 暴力 또는 隱秘에 依한 占有者에 準用한다.

제202조 (占有者의 回復者에 對한 責任) 占有物이 占有者의 責任있는 事由로 因하여 滅失 또는 毁損한 때에는 惡意의 占有者는 그 損害의 全部를 賠償하여야 하며 善意의 占有者는 利益이 現存하는 限度에서 賠償하여야 한다. 所有의 意思가 없는 占有者는 善意인 境遇에도 損害의 全部를 賠償하여야 한다.

제203조 (占有者의 償還請求權) ① 占有者가 占有物을 返還할 때에는 回復者에 對하여 占有物을 保存하기 爲하여 支出한 金額 其他 必要費의 償還을 請求할 수 있다. 그러나 占有者가 果實을 取得한 境遇에는 通常의 必要費는 請求하지 못한다.
② 占有者가 占有物을 改良하기 爲하여 支出한 金額 其他 有益費에 關하여는 그 價額의 增加가 現存한 境遇에 限하여 回復者의 選擇에 좇아 그 支出金額이나 增加額의 償還을 請求할 수 있다.
③ 前項의 境遇에 法院은 回復者의 請求에 依하여 相當한 償還期間을 許與할 수 있다.

제204조 (占有의 回收) ① 占有者가 占有의 侵奪을 當한 때에는 그 物件의 返還 및 損害의 賠償을 請求할 수 있다.
② 前項의 請求權은 侵奪者의 特別承繼人에 對하여는 行使하지 못한다. 그러나 承繼人이 惡意인 때에는 그러하지 아니하다.
③ 제1항의 請求權은 侵奪을 當한 날로부터 1年內에 行使하여야 한다.

제205조 (占有의 保有) ① 占有者가 占有의 妨害를 받은 때에는 그 妨害의 除去 및 損害의 賠償을 請求할 수 있다.
② 前項의 請求權은 妨害가 終了한 날로부터 1年內에 行使하여야 한다.
③ 工事로 因하여 占有의 妨害를 받은 境遇에는 工事着手後 1年을 經過하거나 그 工事가 完成한 때에는 妨害의 除去를 請求하지 못한다.

제206조 (占有의 保全) ① 占有者가 占有의 妨害를 받을 念慮가 있는 때에는 그 妨害의 豫防 또는 損害賠償의 擔保를 請求할 수 있다.
② 工事로 因하여 占有의 妨害를 받을 念慮가 있는 境遇에는 前條제3항의 規定을 準用한다.

제207조 (間接占有의 保護) ① 前3조의 請求權은 제194조의 規定에 依한 間接占有者도 이를 行使할 수 있다.
② 占有者가 占有의 侵奪을 當한 境遇에 間接占有者는 그 物件을 占有者에게 返還할 것을 請求할 수 있고 占有者가

그 物件의 返還을 받을 수 없거나 이를 願하지 아니하는 때에는 自己에게 返還할 것을 請求할 수 있다.

제208조 (占有의 訴와 本權의 訴와의 關係) ① 占有權에 基因한 訴와 本權에 基因한 訴는 서로 影響을 미치지 아니한다.
② 占有權에 基因한 訴는 本權에 關한 理由로 裁判하지 못한다.

제209조 (自力救濟) ① 占有者는 그 占有를 不正히 侵奪 또는 妨害하는 行爲에 對하여 自力으로써 이를 防衛할 수 있다.
② 占有物이 侵奪되었을 境遇에 不動産일 때에는 占有者는 侵奪後 直時 加害者를 排除하여 이를 奪還할 수 있고 動産일 때에는 占有者는 現場에서 또는 追跡하여 加害者로부터 이를 奪還할 수 있다.

제210조 (準占有) 本章의 規定은 財産權을 事實上 行使하는 境遇에 準用한다.

第3章 所有權

第1節 所有權의 限界

제211조 (所有權의 內容) 所有者는 法律의 範圍內에서 그 所有物을 使用, 收益, 處分할 權利가 있다.

제212조 (土地所有權의 範圍) 土地의 所有權은 正當한 利益있는 範圍內에서 土地의 上下에 미친다.

제213조 (所有物返還請求權) 所有者는 그 所有에 屬한 物件을 占有한 者에 對하여 返還을 請求할 수 있다. 그러나 占有者가 그 物件을 占有할 權利가 있는 때에는 返還을 拒否할 수 있다.

제214조 (所有物妨害除去, 妨害豫防請求權) 所有者는 所有權을 妨害하는 者에 對하여 妨害의 除去를 請求할 수 있고 所有權을 妨害할 念慮있는 行爲를 하는 者에 對하여 그 豫防이나 損害賠償의 擔保를 請求할 수 있다.

제215조 (建物의 區分所有) ① 數人이 한 채의 建物을 區分하여 各各 그 一部分을 所有한 때에는 建物과 그 附屬物中 共用하는 部分은 그의 共有로 推定한다.
② 共用部分의 保存에 關한 費用 其他의 負擔은 各者의 所有部分의 價額에 比例하여 分擔한다.

제216조 (隣地使用請求權) ① 土地所有者는 境界나 그 近傍에서 담 또는 建物을 築造하거나 修繕하기 爲하여 必要한 範圍內에서 이웃 土地의 使用을 請求할 수 있다. 그러나 이웃 사람의 承諾이 없으면 그 住居에 들어가지 못한다.
② 前項의 境遇에 이웃 사람이 損害를 받은 때에는 補償을 請求할 수 있다.

제217조 (煤煙 等에 依한 隣地에 對한 妨害禁止) ① 土地所有者는 煤煙, 熱氣體, 液體, 音響, 振動 其他 이에 類似한 것

으로 이웃 土地의 使用을 妨害하거나 이웃 居住者의 生活에 苦痛을 주지 아니하도록 適當한 措處를 할 義務가 있다.

② 이웃 居住者는 前項의 事態가 이웃 土地의 通常의 用途에 適當한 것인 때에는 이를 忍容할 義務가 있다.

제218조 (水道 等 施設權) ① 土地所有者는 他人의 土地를 通過하지 아니하면 必要한 水道, 疏水管, 까스管, 電線 等을 施設할 수 없거나 過多한 費用을 要하는 境遇에는 他人의 土地를 通過하여 이를 施設할 수 있다. 그러나 이로 因한 損害가 가장 적은 場所와 方法을 選擇하여 이를 施設할 것이며 他土地의 所有者의 要請에 依하여 損害를 補償하여야 한다.

② 前項에 依한 施設을 한 後 事情의 變更이 있는 때에는 他土地의 所有者는 그 施設의 變更을 請求할 수 있다. 施設變更의 費用은 土地所有者가 負擔한다.

제219조 (周圍土地通行權) ① 어느 土地와 公路사이에 그 土地의 用途에 必要한 通路가 없는 境遇에 그 土地所有者는 周圍의 土地를 通行 또는 通路로 하지 아니하면 公路에 出入할 수 없거나 過多한 費用을 要하는 때에는 그 周圍의 土地를 通行할 수 있고 必要한 境遇에는 通路를 開設할 수 있다. 그러나 이로 因한 損害가 가장 적은 場所와 方法을 選擇하여야 한다.

② 前項의 通行權者는 通行地所有者의 損害를 補償하여야 한다.

제220조 (分割, 一部讓渡와 周圍通行權) ① 分割로 因하여 公路에 通하지 못하는 土地가 있는 때에는 그 土地所有者는 公路에 出入하기 爲하여 다른 分割者의 土地를 通行할 수 있다. 이 境遇에는 補償의 義務가 없다.

② 前項의 規定은 土地所有者가 그 土地의 一部를 讓渡한 境遇에 準用한다.

제221조 (自然流水의 承水義務와 權利) ① 土地所有者는 이웃 土地로부터 自然히 흘러오는 물을 막지 못한다.

② 高地所有者는 이웃 低地에 自然히 흘러 내리는 이웃 低地에서 必要한 물을 自己의 正當한 使用範圍를 넘어서 이를 막지 못한다.

제222조 (疏通工事權) 흐르는 물이 低地에서 閉塞된 때에는 高地所有者는 自費로 疏通에 必要한 工事를 할 수 있다.

제223조 (貯水, 排水, 引水를 爲한 工作物에 對한 工事請求權) 土地所有者가 貯水, 排水 또는 引水하기 爲하여 工作物을 設置한 境遇에 工作物의 破損 또는 閉塞으로 他人의 土地에 損害를 加하거나 加할 念慮가 있는 때에는 他人은 그 工作物의 補修, 閉塞의 疏通 또는 豫防에 必要한 請求를 할 수 있다.

제224조 (慣習에 依한 費用負擔) 前2조의

境遇에 費用負擔에 關한 慣習이 있으면 그 慣習에 依한다.

제225조 (처마물에 對한 施設義務) 土地所有者는 처마물이 이웃에 直接 落下하지 아니하도록 適當한 施設을 하여야 한다.

제226조 (餘水疏通權) ① 高地所有者는 浸水地를 乾燥하기 爲하여 또는 家用이나 農, 工業用의 餘水를 疏通하기 爲하여 公路, 公流 또는 下水道에 達하기까지 低地에 물을 通過하게 할 수 있다.
② 前項의 境遇에는 低地의 損害가 가장 적은 場所와 方法을 選擇하여야 하며 損害를 補償하여야 한다.

제227조 (流水用工作物의 使用權) ① 土地所有者는 그 所有地의 물을 疏通하기 爲하여 이웃 土地所有者의 施設한 工作物을 使用할 수 있다.
② 前項의 工作物을 使用하는 者는 그 利益을 받는 比率로 工作物의 設置와 保存의 費用을 分擔하여야 한다.

제228조 (餘水給與請求權) 土地所有者는 過多한 費用이나 勞力을 要하지 아니하고는 家用이나 土地利用에 必要한 물을 얻기 困難한 때에는 이웃 土地所有者에게 補償하고 餘水의 給與를 請求할 수 있다.

제229조 (水流의 變更) ① 溝渠 其他 水流地의 所有者는 對岸의 土地가 他人의 所有인 때에는 그 水路나 水流의 幅을 變更하지 못한다.
② 兩岸의 土地가 水流地所有者의 所有인 때에는 所有者는 水路와 水流의 幅을 變更할 수 있다. 그러나 下流는 自然의 水路와 一致하도록 하여야 한다.
③ 前2항의 規定은 다른 慣習이 있으면 그 慣習에 依한다.

제230조 (堰의 設置, 利用權) ① 水流地의 所有者가 堰을 設置할 必要가 있는 때에는 그 堰을 對岸에 接觸하게 할 수 있다. 그러나 이로 因한 損害를 補償하여야 한다.
② 對岸의 所有者는 水流地의 一部가 自己所有인 때에는 그 堰을 使用할 수 있다. 그러나 그 利益을 받는 比率로 堰의 設置, 保存의 費用을 分擔하여야 한다.

제231조 (公有河川用水權) ① 公有河川의 沿岸에서 農, 工業을 經營하는 者는 이에 利用하기 爲하여 他人의 用水를 妨害하지 아니하는 範圍內에서 必要한 引水를 할 수 있다.
② 前項의 引水를 하기 爲하여 必要한 工作物을 設置할 수 있다.

제232조 (下流 沿岸의 用水權保護) 前條의 引水나 工作物로 因하여 下流沿岸의 用水權을 妨害하는 때에는 그 用水權者는 妨害의 除去 및 損害의 賠償을 請求할 수 있다.

제233조 (用水權의 承繼) 農, 工業의 經營

에 利用하는 水路 其他 工作物의 所有者나 蒙利者의 特別承繼人은 그 用水에 關한 前所有者나 蒙利者의 權利義務를 承繼한다.

제234조 (用水權에 關한 다른 慣習) 前3조의 規定은 다른 慣習이 있으면 그 慣習에 依한다.

제235조 (共用水의 用水權) 相隣者는 그 共用에 屬하는 源泉이나 水道를 各 需要의 程度에 應하여 他人의 用水를 妨害하지 아니하는 範圍內에서 各各 用水할 權利가 있다.

제236조 (用水障害의 工事와 損害賠償, 原狀回復) ① 必要한 用途나 收益이 있는 源泉이나 水道가 他人의 建築 其他 工事로 因하여 斷水, 減水 其他 用途에 障害가 생긴 때에는 用水權者는 損害賠償을 請求할 수 있다.
② 前項의 工事로 因하여 飮料水 其他 生活上 必要한 用水에 障害가 있을 때에는 原狀回復을 請求할 수 있다.

제237조 (境界標, 담의 設置權) ① 隣接하여 土地를 所有한 者는 共同費用으로 通常의 境界標나 담을 設置할 수 있다.
② 前項의 費用은 雙方이 折半하여 負擔한다. 그러나 測量費用은 土地의 面積에 比例하여 負擔한다.
③ 前2항의 規定은 다른 慣習이 있으면 그 慣習에 依한다.

제238조 (담의 特殊施設權) 隣地所有者는 自己의 費用으로 담의 材料를 通常보다 良好한 것으로 할 수 있으며 그 높이를 通常보다 높게 할 수 있고 또는 防火壁 其他 特殊施設을 할 수 있다.

제239조 (境界標 等의 共有推定) 境界에 設置된 境界標, 담, 溝渠 等은 相隣者의 共有로 推定한다. 그러나 境界標, 담, 溝渠 等이 相隣者一方의 單獨費用으로 設置되었거나 담이 建物의 一部인 境遇에는 그러하지 아니하다.

제240조 (樹枝, 木根의 除去權) ① 隣接地의 樹木가지가 境界를 넘은 때에는 그 所有者에 對하여 가지의 除去를 請求할 수 있다.
② 前項의 請求에 應하지 아니한 때에는 請求者가 그 가지를 除去할 수 있다.
③ 隣接地의 樹木뿌리가 境界를 넘은 때에는 任意로 除去할 수 있다.

제241조 (土地의 深掘禁止) 土地所有者는 隣接地의 地盤이 崩壞할 程度로 自己의 土地를 深掘하지 못한다. 그러나 充分한 防禦工事를 한 때에는 그러하지 아니하다.

제242조 (境界線附近의 建築) ① 建物을 築造함에는 特別한 慣習이 없으면 境界로부터 半미터 以上의 距離를 두어야 한다.
② 隣接地所有者는 前項의 規定에 違反한 者에 對하여 建物의 變更이나 撤去를 請求할 수 있다. 그러나 建築에 着手

한 後 1年을 經過하거나 建物이 完成된 後에는 損害賠償만을 請求할 수 있다.

제243조 (遮面施設義務) 境界로부터 2미터 以內의 距離에서 이웃 住宅의 內部를 觀望할 수 있는 窓이나 마루를 設置하는 境遇에는 適當한 遮面施設을 하여야 한다.

제244조 (地下施設 等에 對한 制限) ① 우물을 파거나 用水, 下水 또는 汚物 等을 貯置할 地下施設을 하는 때에는 境界로부터 2미터 以上의 距離를 두어야 하며 貯水池, 溝渠 또는 地下室工事에는 境界로부터 그 깊이의 半 以上의 距離를 두어야 한다.
② 前項의 工事를 함에는 土砂가 崩壞하거나 下水 또는 汚液이 이웃에 흐르지 아니하도록 適當한 措處를 하여야 한다.

第2節 所有權의 取得

제245조 (占有로 因한 不動産所有權의 取得期間) ① 20年間 所有의 意思로 平穩, 公然하게 不動産을 占有하는 者는 登記함으로써 그 所有權을 取得한다.
② 不動産의 所有者로 登記한 者가 10年間 所有의 意思로 平穩, 公然하게 善意이며 過失없이 그 不動産을 占有한 때에는 所有權을 取得한다.

제246조 (占有로 因한 動産所有權의 取得期間) ① 10年間 所有의 意思로 平穩, 公然하게 動産을 占有한 者는 그 所有權을 取得한다.
② 前項의 占有가 善意이며 過失없이 開始된 境遇에는 5年을 經過함으로써 그 所有權을 取得한다.

제247조 (所有權取得의 遡及效, 中斷事由) ① 前2조의 規定에 依한 所有權取得의 效力은 占有를 開始한 때에 遡及한다.
② 消滅時效의 中斷에 關한 規定은 前2조의 所有權取得期間에 準用한다.

제248조 (所有權 以外의 財産權의 取得時效) 前3조의 規定은 所有權 以外의 財産權의 取得에 準用한다.

제249조 (善意取得) 平穩, 公然하게 動産을 讓受한 者가 善意이며 過失없이 그 動産을 占有한 境遇에는 讓渡人이 正當한 所有者가 아닌 때에도 卽時 그 動産의 所有權을 取得한다.

제250조 (盜品, 遺失物에 對한 特例) 前條의 境遇에 그 動産이 盜品이나 遺失物인 때에는 被害者 또는 遺失者는 盜難 또는 遺失한 날로부터 2年內에 그 物件의 返還을 請求할 수 있다. 그러나 盜品이나 遺失物이 金錢인 때에는 그러하지 아니하다.

제251조 (盜品, 遺失物에 對한 特例) 讓受人이 盜品 또는 遺失物을 競賣나 公開市場에서 또는 同種類의 物件을 販賣하는 商人에게서 善意로 買受한 때에는 被害者 또는 遺失者는 讓受人이 支給한

代價를 辨償하고 그 物件의 返還을 請求할 수 있다.

제252조 (無主物의 歸屬) ① 無主의 動産을 所有의 意思로 占有한 者는 그 所有權을 取得한다.
② 無主의 不動産은 國有로 한다.
③ 野生하는 動物은 無主物로 하고 飼養하는 野生動物도 다시 野生狀態로 돌아가면 無主物로 한다.

제253조 (遺失物의 所有權取得) 遺失物은 法律에 定한 바에 依하여 公告한 後 6개월 내에 그 所有者가 權利를 主張하지 아니하면 拾得者가 그 所有權을 取得한다. 〈개정 2013.4.5.〉

제254조 (埋藏物의 所有權取得) 埋藏物은 法律에 定한 바에 依하여 公告한 後 1年 內에 그 所有者가 權利를 主張하지 아니하면 發見者가 그 所有權을 取得한다. 그러나 他人의 土地 其他 物件으로부터 發見한 埋藏物은 그 土地 其他 物件의 所有者와 發見者가 折半하여 取得한다.

제255조 (文化財의 國有) ① 學術, 技藝 또는 考古의 重要한 材料가 되는 物件에 對하여는 제252조제1항 및 前2조의 規定에 依하지 아니하고 國有로 한다.
② 前項의 境遇에 拾得者, 發見者 및 埋藏物이 發見된 土地 其他 物件의 所有者는 國家에 對하여 適當한 報償을 請求할 수 있다.

제256조 (不動産에의 附合) 不動産의 所有者는 그 不動産에 附合한 物件의 所有權을 取得한다. 그러나 他人의 權原에 依하여 附屬된 것은 그러하지 아니하다.

제257조 (動産間의 附合) 動産과 動産이 附合하여 毁損하지 아니하면 分離할 수 없거나 그 分離에 過多한 費用을 要할 境遇에는 그 合成物의 所有權은 主된 動産의 所有者에게 屬한다. 附合한 動産의 主從을 區別할 수 없는 때에는 動産의 所有者는 附合當時의 價額의 比率로 合成物을 共有한다.

제258조 (混和) 前條의 規定은 動産과 動産이 混和하여 識別할 수 없는 境遇에 準用한다.

제259조 (加工) ① 他人의 動産에 加工한 때에는 그 物件의 所有權은 原材料의 所有者에게 屬한다. 그러나 加工으로 因한 價額의 增加가 原材料의 價額보다 顯著히 多額인 때에는 加工者의 所有로 한다.
② 加工者가 材料의 一部를 提供하였을 때에는 그 價額은 前項의 增加額에 加算한다.

제260조 (添附의 效果) ① 前4조의 規定에 依하여 動産의 所有權이 消滅한 때에는 그 動産을 目的으로 한 다른 權利도 消滅한다.
② 動産의 所有者가 合成物, 混和物 또

는 加工物의 單獨所有者가 된 때에는 前項의 權利는 合成物, 混和物 또는 加工物에 存續하고 그 共有者가 된 때에는 그 持分에 存續한다.
제261조 (添附로 因한 求償權) 前5조의 境遇에 損害를 받은 者는 不當利得에 關한 規定에 依하여 補償을 請求할 수 있다.

第3節 共同所有

제262조 (物件의 共有) ① 物件이 持分에 依하여 數人의 所有로 된 때에는 共有로 한다.
② 共有者의 持分은 均等한 것으로 推定한다.
제263조 (共有持分의 處分과 共有物의 使用, 收益) 共有者는 그 持分을 處分할 수 있고 共有物 全部를 持分의 비율로 使用, 收益할 수 있다.
제264조 (共有物의 處分, 變更) 共有者는 다른 共有者의 同意없이 共有物을 處分하거나 變更하지 못한다.
제265조 (共有物의 管理, 保存) 共有物의 管理에 關한 事項은 共有者의 持分의 過半數로써 決定한다. 그러나 保存行爲는 各自가 할 수 있다.
제266조 (共有物의 負擔) ① 共有者는 그 持分의 비율로 共有物의 管理費用 其他 義務를 負擔한다.
② 共有者가 1年 以上 前項의 義務履行

을 遲滯한 때에는 다른 共有者는 相當한 價額으로 持分을 買受할 수 있다.
제267조 (持分抛棄 等의 境遇의 歸屬) 共有者가 그 持分을 抛棄하거나 相續人없이 死亡한 때에는 그 持分은 다른 共有者에게 各 持分의 비율로 歸屬한다.
제268조 (共有物의 分割請求) ① 共有者는 共有物의 分割을 請求할 수 있다. 그러나 5年內의 期間으로 分割하지 아니할 것을 約定할 수 있다.
② 前項의 契約을 更新한 때에는 그 期間은 更新한 날로부터 5年을 넘지 못한다.
③ 前2항의 規定은 제215조, 제239조의 共有物에는 適用하지 아니한다.
제269조 (分割의 方法) ① 分割의 方法에 關하여 協議가 成立되지 아니한 때에는 共有者는 法院에 그 分割을 請求할 수 있다.
② 現物로 分割할 수 없거나 分割로 因하여 顯著히 그 價額이 減損될 念慮가 있는 때에는 法院은 物件의 競賣를 命할 수 있다.
제270조 (分割로 因한 擔保責任) 共有者는 다른 共有者가 分割로 因하여 取得한 物件에 對하여 그 持分의 비율로 賣渡人과 同一한 擔保責任이 있다.
제271조 (物件의 合有) ① 法律의 規定 또는 契約에 依하여 數人이 組合體로서 物件을 所有하는 때에는 合有로 한다.

合有者의 權利는 合有物 全部에 미친다.
② 合有에 關하여는 前項의 規定 또는 契約에 依하는 外에 다음 3조의 規定에 依한다.

제272조 (合有物의 處分, 變更과 保存) 合有物을 處分 또는 變更함에는 合有者 全員의 同意가 있어야 한다. 그러나 保存行爲는 各自가 할 수 있다.

제273조 (合有持分의 處分과 合有物의 分割禁止) ① 合有者는 全員의 同意없이 合有物에 對한 持分을 處分하지 못한다.
② 合有者는 合有物의 分割을 請求하지 못한다.

제274조 (合有의 終了) ① 合有는 組合體의 解散 또는 合有物의 讓渡로 因하여 終了한다.
② 前項의 境遇에 合有物의 分割에 關하여는 共有物의 分割에 關한 規定을 準用한다.

제275조 (物件의 總有) ① 法人이 아닌 社團의 社員이 集合體로서 物件을 所有할 때에는 總有로 한다.
② 總有에 關하여는 社團의 定款 其他 契約에 依하는 外에 다음 2조의 規定에 依한다.

제276조 (總有物의 管理, 處分과 使用, 收益) ① 總有物의 管理 및 處分은 社員總會의 決議에 依한다.
② 各 社員은 定款 其他 規約에 좇아 總有物을 使用, 收益할 수 있다.

제277조 (總有物에 關한 權利義務의 得喪) 總有物에 關한 社員의 權利義務는 社員의 地位를 取得喪失함으로써 取得喪失된다.

제278조 (準共同所有) 本節의 規定은 所有權 以外의 財産權에 準用한다. 그러나 다른 法律에 特別한 規定이 있으면 그에 依한다.

第4章 地上權

제279조 (地上權의 內容) 地上權者는 他人의 土地에 建物 其他 工作物이나 樹木을 所有하기 爲하여 그 土地를 使用하는 權利가 있다.

제280조 (存續期間을 約定한 地上權) ① 契約으로 地上權의 存續期間을 定하는 境遇에는 그 期間은 다음 年限보다 短縮하지 못한다.
1. 石造, 石灰造, 煉瓦造 또는 이와 類似한 堅固한 建物이나 樹木의 所有를 目的으로 하는 때에는 30年
2. 前號以外의 建物의 所有를 目的으로 하는 때에는 15年
3. 建物以外의 工作物의 所有를 目的으로 하는 때에는 5年
② 前項의 期間보다 短縮한 期間을 定한 때에는 前項의 期間까지 延長한다.

제281조 (存續期間을 約定하지 아니한 地上權) ① 契約으로 地上權의 存續期間을

定하지 아니한 때에는 그 期間은 前條의 最短存續期間으로 한다.
② 地上權設定當時에 工作物의 種類와 構造를 定하지 아니한 때에는 地上權은 前條제2號의 建物의 所有를 目的으로 한 것으로 본다.

제282조 (地上權의 讓渡, 賃貸) 地上權者는 他人에게 그 權利를 讓渡하거나 그 權利의 存續期間 內에서 그 土地를 賃貸할 수 있다.

제283조 (地上權者의 更新請求權, 買受請求權) ① 地上權이 消滅한 境遇에 建物 其他 工作物이나 樹木이 現存한 때에는 地上權者는 契約의 更新을 請求할 수 있다.
② 地上權設定者가 契約의 更新을 願하지 아니하는 때에는 地上權者는 相當한 價額으로 前項의 工作物이나 樹木의 買受를 請求할 수 있다.

제284조 (更新과 存續期間) 當事者가 契約을 更新하는 境遇에는 地上權의 存續期間은 更新한 날로부터 제280조의 最短存續期間보다 短縮하지 못한다. 그러나 當事者는 이보다 長期의 期間을 定할 수 있다.

제285조 (收去義務, 買受請求權) ① 地上權이 消滅한 때에는 地上權者는 建物 其他 工作物이나 樹木을 收去하여 土地를 原狀에 回復하여야 한다.
② 前項의 境遇에 地上權設定者가 相當한 價額을 提供하여 그 工作物이나 樹木의 買受를 請求한 때에는 地上權者는 正當한 理由없이 이를 拒絶하지 못한다.

제286조 (地料增減請求權) 地料가 土地에 關한 租稅 其他 負擔의 增減이나 地價의 變動으로 因하여 相當하지 아니하게 된 때에는 當事者는 그 增減을 請求할 수 있다.

제287조 (地上權消滅請求權) 地上權者가 2年 以上의 地料를 支給하지 아니한 때에는 地上權設定者는 地上權의 消滅을 請求할 수 있다.

제288조 (地上權消滅請求와 抵當權者에 對한 通知) 地上權이 抵當權의 目的인 때 또는 그 土地에 있는 建物, 樹木이 抵當權의 目的이 된 때에는 前條의 請求는 抵當權者에게 通知한 後 相當한 期間이 經過함으로써 그 效力이 생긴다.

제289조 (强行規定) 제280조 乃至 제287조의 規定에 違反되는 契約으로 地上權者에게 불리한 것은 그 效力이 없다.

제289조의2 (區分地上權) ① 地下 또는 地上의 空間은 上下의 범위를 정하여 建物 기타 工作物을 所有하기 위한 地上權의 目的으로 할 수 있다. 이 경우 設定行爲로써 地上權의 行使를 위하여 土地의 사용을 제한할 수 있다.
② 제1항의 規定에 의한 區分地上權은 제3자가 土地를 사용·收益할 權利를

가진 때에도 그 權利者 및 그 權利를 目的으로 하는 權利를 가진 者 全員의 承諾이 있으면 이를 設定할 수 있다. 이 경우 土地를 사용·收益할 權利를 가진 제3자는 그 地上權의 行使를 방해하여서는 아니된다.

제290조 (準用規定) ① 제213조, 제214조, 제216조 乃至 제244조의 規定은 地上權者間 또는 地上權者와 隣地所有者間에 이를 準用한다.

② 제280조 내지 제289조 및 제1항의 規定은 제289조의2의 規定에 의한 區分地上權에 관하여 이를 準用한다.

第5章 地役權

제291조 (地役權의 內容) 地役權者는 一定한 目的을 爲하여 他人의 土地를 自己土地의 便益에 利用하는 權利가 있다.

제292조 (附從性) ① 地役權은 要役地所有權에 附從하여 移轉하며 또는 要役地에 對한 所有權以外의 權利의 目的이 된다. 그러나 다른 約定이 있는 때에는 그 約定에 依한다.

② 地役權은 要役地와 分離하여 讓渡하거나 다른 權利의 目的으로 하지 못한다.

제293조 (共有關係, 一部讓渡와 不可分性) ① 土地共有者의 1人은 持分에 關하여 그 土地를 爲한 地役權 또는 그 土地가 負擔한 地役權을 消滅하게 하지 못한다.

② 土地의 分割이나 土地의 一部讓渡의 境遇에는 地役權은 要役地의 各 部分을 爲하여 또는 그 承役地의 各部分에 存續한다. 그러나 地役權이 土地의 一部分에만 關한 것인 때에는 다른 部分에 對하여는 그러하지 아니하다.

제294조 (地役權取得期間) 地役權은 繼續되고 表現된 것에 限하여 제245조의 規定을 準用한다.

제295조 (取得과 不可分性) ① 共有者의 1人이 地役權을 取得한 때에는 다른 共有者도 이를 取得한다.

② 占有로 因한 地役權取得期間의 中斷은 地役權을 行使하는 모든 共有者에 對한 事由가 아니면 그 效力이 없다.

제296조 (消滅時效의 中斷, 停止와 不可分性) 要役地가 數人의 共有인 境遇에 그 1人에 依한 地役權消滅時效의 中斷 또는 停止는 다른 共有者를 爲하여 效力이 있다.

제297조 (用水地役權) ① 用水承役地의 水量이 要役地 및 承役地의 需要에 不足한 때에는 그 需要程度에 依하여 먼저 家用에 供給하고 다른 用途에 供給하여야 한다. 그러나 設定行爲에 다른 約定이 있는 때에는 그 約定에 依한다.

② 承役地에 數個의 用水地役權이 設定된 때에는 後順位의 地役權者는 先順位의 地役權者의 用水를 妨害하지 못한

제298조 (承役地所有者의 義務와 承繼) 契約에 依하여 承役地所有者가 自己의 費用으로 地役權의 行使를 爲하여 工作物의 設置 또는 修繕의 義務를 負擔한 때에는 承役地所有者의 特別承繼人도 그 義務를 負擔한다.

제299조 (委棄에 依한 負擔免除) 承役地의 所有者는 地役權에 必要한 部分의 土地所有權을 地役權者에게 委棄하여 前條의 負擔을 免할 수 있다.

제300조 (工作物의 共同使用) ① 承役地의 所有者는 地役權의 行使를 妨害하지 아니하는 範圍內에서 地役權者가 地役權의 行使를 爲하여 承役地에 設置한 工作物을 使用할 수 있다.
② 前項의 境遇에 承役地의 所有者는 受益程度의 比率로 工作物의 設置, 保存의 費用을 分擔하여야 한다.

제301조 (準用規定) 제214조의 規定은 地役權에 準用한다.

제302조 (特殊地役權) 어느 地域의 住民이 集合體의 關係로 各自가 他人의 土地에서 草木, 野生物 및 土砂의 採取, 放牧 其他의 收益을 하는 權利가 있는 境遇에는 慣習에 依하는 外에 本章의 規定을 準用한다.

第6章 傳貰權

제303조 (傳貰權의 內容) ① 傳貰權者는 傳貰金을 支給하고 他人의 不動産을 占有하여 그 不動産의 用途에 좇아 사용·收益하며, 그 不動産 全部에 대하여 後順位權利者 기타 債權者보다 傳貰金의 優先辨濟를 받을 權利가 있다.
② 農耕地는 傳貰權의 目的으로 하지 못한다.

제304조 (建物의 傳貰權, 地上權, 賃借權에 對한 效力) ① 他人의 土地에 있는 建物에 傳貰權을 設定한 때에는 傳貰權의 效力은 그 建物의 所有를 目的으로 한 地上權 또는 賃借權에 미친다.
② 前項의 境遇에 傳貰權設定者는 傳貰權者의 同意없이 地上權 또는 賃借權을 消滅하게 하는 行爲를 하지 못한다.

제305조 (建物의 傳貰權과 法定地上權) ① 垈地와 建物이 同一한 所有者에 屬한 境遇에 建物에 傳貰權을 設定한 때에는 그 垈地所有權의 特別承繼人은 傳貰權設定者에 對하여 地上權을 設定한 것으로 본다. 그러나 地料는 當事者의 請求에 依하여 法院이 이를 定한다.
② 前項의 境遇에 垈地所有者는 他人에게 그 垈地를 賃貸하거나 이를 目的으로 한 地上權 또는 傳貰權을 設定하지 못한다.

제306조 (傳貰權의 讓渡, 賃貸 等) 傳貰權者는 傳貰權을 他人에게 讓渡 또는 擔保로 提供할 수 있고 그 存續期間內에서 그 目的物을 他人에게 轉傳貰 또는

賃貸할 수 있다. 그러나 設定行爲로 이를 禁止한 때에는 그러하지 아니하다.

제307조 (傳貰權讓渡의 效力) 傳貰權讓受人은 傳貰權設定者에 對하여 傳貰權讓渡人과 同一한 權利義務가 있다.

제308조 (轉傳貰 等의 境遇의 責任) 傳貰權의 目的物을 轉傳貰 또는 賃貸한 境遇에는 傳貰權者는 轉傳貰 또는 賃貸하지 아니하였으면 免할 수 있는 不可抗力으로 因한 損害에 對하여 그 責任을 負擔한다.

제309조 (傳貰權者의 維持, 修繕義務) 傳貰權者는 目的物의 現狀을 維持하고 그 通常의 管理에 屬한 修繕을 하여야 한다.

제310조 (傳貰權者의 償還請求權) ① 傳貰權者가 目的物을 改良하기 爲하여 支出한 金額 其他 有益費에 關하여는 그 價額의 增加가 現存한 境遇에 限하여 所有者의 選擇에 좇아 그 支出額이나 增加額의 償還을 請求할 수 있다.
② 前項의 境遇에 法院은 所有者의 請求에 依하여 相當한 償還期間을 許與할 수 있다.

제311조 (傳貰權의 消滅請求) ① 傳貰權者가 傳貰權設定契約 또는 그 目的物의 性質에 依하여 定하여진 用法으로 이를 使用, 收益하지 아니한 境遇에는 傳貰權設定者는 傳貰權의 消滅을 請求할 수 있다.

② 前項의 境遇에는 傳貰權設定者는 傳貰權者에 對하여 原狀回復 또는 損害賠償을 請求할 수 있다.

제312조 (傳貰權의 存續期間) ① 傳貰權의 存續期間은 10年을 넘지 못한다. 當事者의 約定期間이 10年을 넘는 때에는 이를 10年으로 短縮한다.
② 建物에 대한 傳貰權의 存續期間을 1年 미만으로 정한 때에는 이를 1年으로 한다.
③ 傳貰權의 設定은 이를 更新할 수 있다. 그 期間은 更新한 날로부터 10年을 넘지 못한다.
④ 建物의 傳貰權設定者가 傳貰權의 存續期間 滿了前 6月부터 1月까지 사이에 傳貰權者에 대하여 更新拒絶의 통지 또는 條件을 變更하지 아니하면 更新하지 아니한다는 뜻의 통지를 하지 아니한 경우에는 그 期間이 滿了된 때에 前傳貰權과 同一한 條件으로 다시 傳貰權을 設定한 것으로 본다. 이 경우 傳貰權의 存續期間은 그 정함이 없는 것으로 본다.

제312조의2 (傳貰金 增減請求權) 傳貰金이 目的 不動産에 관한 租稅・公課金 기타 負擔의 增減이나 經濟事情의 變動으로 인하여 상당하지 아니하게 된 때에는 當事者는 將來에 대하여 그 增減을 請求할 수 있다. 그러나 增額의 경우에는 大統領令이 정하는 基準에 따른 比率을

초과하지 못한다.

제313조 (傳貰權의 消滅通告) 傳貰權의 存續期間을 約定하지 아니한 때에는 各 當事者는 언제든지 相對方에 對하여 傳貰權의 消滅을 通告할 수 있고 相對方이 이 通告를 받은 날로부터 6月이 經過하면 傳貰權은 消滅한다.

제314조 (不可抗力으로 因한 滅失) ① 傳貰權의 目的物의 全部 또는 一部가 不可抗力으로 因하여 滅失된 때에는 그 滅失된 部分의 傳貰權은 消滅한다.

② 前項의 一部滅失의 境遇에 傳貰權者가 그 殘存部分으로 傳貰權의 目的을 達成할 수 없는 때에는 傳貰權設定者에 對하여 傳貰權全部의 消滅을 通告하고 傳貰金의 返還을 請求할 수 있다.

제315조 (傳貰權者의 損害賠償責任) ① 傳貰權의 目的物의 全部 또는 一部가 傳貰權者에 責任있는 事由로 因하여 滅失된 때에는 傳貰權者는 損害를 賠償할 責任이 있다.

② 前項의 境遇에 傳貰權設定者는 傳貰權이 消滅된 後 傳貰金으로써 損害의 賠償에 充當하고 剩餘가 있으면 返還하여야 하며 不足이 있으면 다시 請求할 수 있다.

제316조 (原狀回復義務, 買受請求權) ① 傳貰權이 그 存續期間의 滿了로 因하여 消滅한 때에는 傳貰權者는 그 目的物을 原狀에 回復하여야 하며 그 目的物에 附屬시킨 物件은 收去할 수 있다. 그러나 傳貰權設定者가 그 附屬物件의 買受를 請求한 때에는 傳貰權者는 正當한 理由없이 拒絶하지 못한다.

② 前項의 境遇에 그 附屬物件이 傳貰權設定者의 同意를 얻어 附屬시킨 것인 때에는 傳貰權者는 傳貰權設定者에 對하여 그 附屬物件의 買受를 請求할 수 있다. 그 附屬物件이 傳貰權設定者로부터 買受한 것인 때에도 같다.

제317조 (傳貰權의 消滅과 同時履行) 傳貰權이 消滅한 때에는 傳貰權設定者는 傳貰權者로부터 그 目的物의 引渡 및 傳貰權設定登記의 抹消登記에 必要한 書類의 交付를 받는 同時에 傳貰金을 返還하여야 한다.

제318조 (傳貰權者의 競賣請求權) 傳貰權設定者가 傳貰金의 返還을 遲滯한 때에는 傳貰權者는 민사집행법의 定한 바에 依하여 傳貰權의 目的物의 競賣를 請求할 수 있다.

제319조 (準用規定) 제213조, 제214조, 제216조 乃至 제244조의 規定은 傳貰權者間 또는 傳貰權者와 隣地所有者 및 地上權者間에 이를 準用한다.

第7章 留置權

제320조 (留置權의 內容) ① 他人의 物件 또는 有價證券을 占有한 者는 그 物件이나 有價證券에 關하여 생긴 債權이

辨濟期에 있는 境遇에는 辨濟를 받을 때까지 그 物件 또는 有價證券을 留置할 權利가 있다.
② 前項의 規定은 그 占有가 不法行爲로 因한 境遇에 適用하지 아니한다.

제321조 (留置權의 不可分性) 留置權者는 債權全部의 辨濟를 받을 때까지 留置物 全部에 對하여 그 權利를 行使할 수 있다.

제322조 (競賣, 簡易辨濟充當) ① 留置權者는 債權의 辨濟를 받기 爲하여 留置物을 競賣할 수 있다.
② 正當한 理由있는 때에는 留置權者는 鑑定人의 評價에 依하여 留置物로 直接 辨濟에 充當할 것을 法院에 請求할 수 있다. 이 境遇에는 留置權者는 미리 債務者에게 通知하여야 한다.

제323조 (果實收取權) ① 留置權者는 留置物의 果實을 收取하여 다른 債權보다 먼저 그 債權의 辨濟에 充當할 수 있다. 그러나 果實이 金錢이 아닌 때에는 競賣하여야 한다.
② 果實은 먼저 債權의 利子에 充當하고 그 剩餘가 있으면 元本에 充當한다.

제324조 (留置權者의 善管義務) ① 留置權者는 善良한 管理者의 注意로 留置物을 占有하여야 한다.
② 留置權者는 債務者의 承諾없이 留置物의 使用, 貸與 또는 擔保提供을 하지 못한다. 그러나 留置物의 保存에 必要한 使用은 그러하지 아니하다.
③ 留置權者가 前2항의 規定에 違反한 때에는 債務者는 留置權의 消滅을 請求할 수 있다.

제325조 (留置權者의 償還請求權) ① 留置權者가 留置物에 關하여 必要費를 支出한 때에는 所有者에게 그 償還을 請求할 수 있다.
② 留置權者가 留置物에 關하여 有益費를 支出한 때에는 그 價額의 增加가 現存한 境遇에 限하여 所有者의 選擇에 좇아 그 支出한 金額이나 增加額의 償還을 請求할 수 있다. 그러나 法院은 所有者의 請求에 依하여 相當한 償還期間을 許與할 수 있다.

제326조 (被擔保債權의 消滅時效) 留置權의 行使는 債權의 消滅時效의 進行에 影響을 미치지 아니한다.

제327조 (他擔保提供과 留置權消滅) 債務者는 相當한 擔保를 提供하고 留置權의 消滅을 請求할 수 있다.

제328조 (占有喪失과 留置權消滅) 留置權은 占有의 喪失로 因하여 消滅한다.

第8章 質權

第1節 動産質權

제329조 (動産質權의 內容) 動産質權者는 債權의 擔保로 債務者 또는 第三者가 提供한 動産을 占有하고 그 動産에 對

하여 다른 債權者보다 自己債權의 優先辨濟를 받을 權利가 있다.

제330조 (設定契約의 要物性) 質權의 設定은 質權者에게 目的物을 引渡함으로써 그 效力이 생긴다.

제331조 (質權의 目的物) 質權은 讓渡할 수 없는 物件을 目的으로 하지 못한다.

제332조 (設定者에 依한 代理占有의 禁止) 質權者는 設定者로 하여금 質物의 占有를 하게 하지 못한다.

제333조 (動産質權의 順位) 數個의 債權을 擔保하기 爲하여 同一한 動産에 數個의 質權을 設定한 때에는 그 順位는 設定의 先後에 依한다.

제334조 (被擔保債權의 範圍) 質權은 元本, 利子, 違約金, 質權實行의 費用, 質物保存의 費用 및 債務不履行 또는 質物의 瑕疵로 因한 損害賠償의 債權을 擔保한다. 그러나 다른 約定이 있는 때에는 그 約定에 依한다.

제335조 (留置的效力) 質權者는 前條의 債權의 辨濟를 받을 때까지 質物을 留置할 수 있다. 그러나 自己보다 優先權이 있는 債權者에게 對抗하지 못한다.

제336조 (轉質權) 質權者는 그 權利의 範圍內에서 自己의 責任으로 質物을 轉質할 수 있다. 이 境遇에는 轉質을 하지 아니하였으면 免할 수 있는 不可抗力으로 因한 損害에 對하여도 責任을 負擔한다.

제337조 (轉質의 對抗要件) ① 前條의 境遇에 質權者가 債務者에게 轉質의 事實을 通知하거나 債務者가 이를 承諾함이 아니면 轉質로써 債務者, 保證人, 質權設定者 및 그 承繼人에게 對抗하지 못한다.

② 債務者가 前項의 通知를 받거나 承諾을 한 때에는 轉質權者의 同意없이 質權者에게 債務를 辨濟하여도 이로써 轉質權者에게 對抗하지 못한다.

제338조 (競賣, 簡易辨濟充當) ① 質權者는 債權의 辨濟를 받기 爲하여 質物을 競賣할 수 있다.

② 正當한 理由있는 때에는 質權者는 鑑定人의 評價에 依하여 質物로 直接 辨濟에 充當할 것을 法院에 請求할 수 있다. 이 境遇에는 質權者는 미리 債務者 및 質權設定者에게 通知하여야 한다.

제339조 (流質契約의 禁止) 質權設定者는 債務辨濟期前의 契約으로 質權者에게 辨濟에 갈음하여 質物의 所有權을 取得하게 하거나 法律에 定한 方法에 依하지 아니하고 質物을 處分할 것을 約定하지 못한다.

제340조 (質物 以外의 財産으로부터의 辨濟) ① 質權者는 質物에 依하여 辨濟를 받지 못한 部分의 債權에 限하여 債務者의 다른 財産으로부터 辨濟를 받을 수 있다.

② 前項의 規定은 質物보다 먼저 다른 財産에 關한 配當을 實施하는 境遇에는 適用하지 아니한다. 그러나 다른 債權者는 質權者에게 그 配當金額의 供託을 請求할 수 있다.

제341조 (物上保證人의 求償權) 他人의 債務를 擔保하기 爲한 質權設定者가 그 債務를 辨濟하거나 質權의 實行으로 因하여 質物의 所有權을 잃은 때에는 保證債務에 關한 規定에 依하여 債務者에 對한 求償權이 있다.

제342조 (物上代位) 質權은 質物의 滅失, 毁損 또는 公用徵收로 因하여 質權設定者가 받을 金錢 其他 物件에 對하여도 이를 行使할 수 있다. 이 境遇에는 그 支給 또는 引渡前에 押留하여야 한다.

제343조 (準用規定) 第249條 乃至 第251條, 第321條 乃至 第325條의 規定은 動産質權에 準用한다.

제344조 (他法律에 依한 質權) 本節의 規定은 다른 法律의 規定에 依하여 設定된 質權에 準用한다.

第2節 權利質權

제345조 (權利質權의 目的) 質權은 財産權을 그 目的으로 할 수 있다. 그러나 不動産의 使用, 收益을 目的으로 하는 權利는 그러하지 아니하다.

제346조 (權利質權의 設定方法) 權利質權의 設定은 法律에 다른 規定이 없으면 그 權利의 讓渡에 關한 方法에 依하여야 한다.

제347조 (設定契約의 要物性) 債權을 質權의 目的으로 하는 境遇에 債權證書가 있는 때에는 質權의 設定은 그 證書를 質權者에게 交付함으로써 그 效力이 생긴다.

제348조 (抵當債權에 對한 質權과 附記登記) 抵當權으로 擔保한 債權을 質權의 目的으로 한 때에는 그 抵當權登記에 質權의 附記登記를 하여야 그 效力이 抵當權에 미친다.

제349조 (指名債權에 對한 質權의 對抗要件) ① 指名債權을 目的으로 한 質權의 設定은 設定者가 第450條의 規定에 依하여 제三債務者에게 質權設定의 事實을 通知하거나 제三債務者가 이를 承諾함이 아니면 이로써 제三債務者 其他 第三者에게 對抗하지 못한다.

② 제451조의 規定은 前項의 境遇에 準用한다.

제350조 (指示債權에 對한 質權의 設定方法) 指示債權을 質權의 目的으로 한 質權의 設定은 證書에 背書하여 質權者에게 交付함으로써 그 效力이 생긴다.

제351조 (無記名債權에 對한 質權의 設定方法) 無記名債權을 目的으로 한 質權의 設定은 證書를 質權者에게 交付함으로써 그 效力이 생긴다.

제352조 (質權設定者의 權利處分制限) 質

權設定者는 質權者의 同意없이 質權의 目的된 權利를 消滅하게 하거나 質權者의 利益을 害하는 變更을 할 수 없다.
제353조 (質權의 目的이 된 債權의 實行方法) ① 質權者는 質權의 目的이 된 債權을 直接 請求할 수 있다.
② 債權의 目的物이 金錢인 때에는 質權者는 自己債權의 限度에서 直接 請求할 수 있다.
③ 前項의 債權의 辨濟期가 質權者의 債權의 辨濟期보다 먼저 到來한 때에는 質權者는 제삼債務者에 對하여 그 辨濟金額의 供託을 請求할 수 있다. 이 境遇에 質權은 그 供託金에 存在한다.
④ 債權의 目的物이 金錢 以外의 物件인 때에는 質權者는 그 辨濟를 받은 物件에 對하여 質權을 行使할 수 있다.
제354조 (同前) 質權者는 前條의 規定에 依하는 外에 민사집행법에 定한 執行方法에 依하여 質權을 實行할 수 있다.
제355조 (準用規定) 權利質權에는 本節의 規定外에 動産質權에 關한 規定을 準用한다.

第9章 抵當權

제356조 (抵當權의 內容) 抵當權者는 債務者 또는 第三者가 占有를 移轉하지 아니하고 債務의 擔保로 提供한 不動産에 對하여 다른 債權者보다 自己債權의 優先辨濟를 받을 權利가 있다.

제357조 (根抵當) ① 抵當權은 그 擔保할 債務의 最高額만을 定하고 債務의 確定을 將來에 保留하여 이를 設定할 수 있다. 이 境遇에는 그 確定될 때까지의 債務의 消滅 또는 移轉은 抵當權에 影響을 미치지 아니한다.
② 前項의 境遇에는 債務의 利子는 最高額 中에 算入한 것으로 본다.
제358조 (抵當權의 效力의 範圍) 抵當權의 效力은 抵當不動産에 附合된 物件과 從物에 미친다. 그러나 法律에 特別한 規定 또는 設定行爲에 다른 約定이 있으면 그러하지 아니하다.
제359조 (果實에 對한 效力) 抵當權의 效力은 抵當不動産에 對한 押留가 있은 後에 抵當權設定者가 그 不動産으로부터 收取한 果實 또는 收取할 수 있는 果實에 미친다. 그러나 抵當權者가 그 不動産에 對한 所有權, 地上權 또는 傳貰權을 取得한 第三者에 對하여는 押留事實을 通知한 後가 아니면 이로써 對抗하지 못한다.
제360조 (被擔保債權의 範圍) 抵當權은 元本, 利子, 違約金, 債務不履行으로 因한 損害賠償 및 抵當權의 實行費用을 擔保한다. 그러나 遲延賠償에 對하여는 元本의 履行期日을 經過한 後의 1年分에 限하여 抵當權을 行使할 수 있다.
제361조 (抵當權의 處分制限) 抵當權은 그 擔保한 債權과 分離하여 他人에게 讓渡

하거나 다른 債權의 擔保로 하지 못한다.

제362조 (抵當物의 補充) 抵當權設定者의 責任있는 事由로 因하여 抵當物의 價額이 顯著히 減少된 때에는 抵當權者는 抵當權設定者에 對하여 그 原狀回復 또는 相當한 擔保提供을 請求할 수 있다.

제363조 (抵當權者의 競賣請求權, 競買人) ① 抵當權者는 그 債權의 辨濟를 받기 爲하여 抵當物의 競賣를 請求할 수 있다.
② 抵當物의 所有權을 取得한 第三者도 競買人이 될 수 있다.

제364조 (第三取得者의 辨濟) 抵當不動産에 對하여 所有權, 地上權 또는 傳貰權을 取得한 第三者는 抵當權者에게 그 不動産으로 擔保된 債權을 辨濟하고 抵當權의 消滅을 請求할 수 있다.

제365조 (抵當地上의 建物에 對한 競賣請求權) 土地를 目的으로 抵當權을 設定한 後 그 設定者가 그 土地에 建物을 築造한 때에는 抵當權者는 土地와 함께 그 建物에 對하여도 競賣를 請求할 수 있다. 그러나 그 建物의 競賣代價에 對하여는 優先辨濟를 받을 權利가 없다.

제366조 (法定地上權) 抵當物의 競賣로 因하여 土地와 그 地上建物이 다른 所有者에 屬한 境遇에는 土地所有者는 建物所有者에 對하여 地上權을 設定한 것으로 본다. 그러나 地料는 當事者의 請求에 依하여 法院이 이를 定한다.

제367조 (第三取得者의 費用償還請求權) 抵當物의 第三取得者가 그 不動産의 保存, 改良을 爲하여 必要費 또는 有益費를 支出한 때에는 제203조제1항, 제2항의 規定에 依하여 抵當物의 競賣代價에서 優先償還을 받을 수 있다.

제368조 (共同抵當과 代價의 配當, 次順位者의 代位) ① 同一한 債權의 擔保로 數個의 不動産에 抵當權을 設定한 境遇에 그 不動産의 競賣代價를 同時에 配當하는 때에는 各不動産의 競賣代價에 比例하여 그 債權의 分擔을 定한다.
② 前項의 抵當不動産中 一部의 競賣代價를 먼저 配當하는 境遇에는 그 代價에서 그 債權全部의 辨濟를 받을 수 있다. 이 境遇에 그 競賣한 不動産의 次順位抵當權者는 先順位抵當權者가 前項의 規定에 依하여 다른 不動産의 競賣代價에서 辨濟를 받을 수 있는 金額의 限度에서 先順位者를 代位하여 抵當權을 行使할 수 있다.

제369조 (附從性) 抵當權으로 擔保한 債權이 時效의 完成 其他 事由로 因하여 消滅한 때에는 抵當權도 消滅한다.

제370조 (準用規定) 제214조, 제321조, 제333조, 제340조, 제341조 및 제342조의 規定은 抵當權에 準用한다.

제371조 (地上權, 傳貰權을 目的으로 하는 抵當權) ① 本章의 規定은 地上權 또는

傳貰權을 抵當權의 目的으로 한 境遇에 準用한다.
② 地上權 또는 傳貰權을 目的으로 抵當權을 設定한 者는 抵當權者의 同意없이 地上權 또는 傳貰權을 消滅하게 하는 行爲를 하지 못한다.
제372조 (他法律에 依한 抵當權) 本章의 規定은 다른 法律에 依하여 設定된 抵當權에 準用한다.

第3編 債權

第1章 總則

第1節 債權의 目的

제373조 (債權의 目的) 金錢으로 價額을 算定할 수 없는 것이라도 債權의 目的으로 할 수 있다.
제374조 (特定物引渡債務者의 善管義務) 特定物의 引渡가 債權의 目的인 때에는 債務者는 그 物件을 引渡하기까지 善良한 管理者의 注意로 保存하여야 한다.
제375조 (種類債權) ① 債權의 目的을 種類로만 指定한 境遇에 法律行爲의 性質이나 當事者의 意思에 依하여 品質을 定할 수 없는 때에는 債務者는 中等品質의 物件으로 履行하여야 한다.
② 前項의 境遇에 債務者가 履行에 必要한 行爲를 完了하거나 債權者의 同意를 얻어 履行할 物件을 指定한 때에는 그때로부터 그 物件을 債權의 目的物로 한다.
제376조 (金錢債權) 債權의 目的이 어느 種類의 通貨로 支給할 것인 境遇에 그 通貨가 辨濟期에 强制通用力을 잃은 때에는 債務者는 다른 通貨로 辨濟하여야 한다.
제377조 (外貨債權) ① 債權의 目的이 다른 나라 通貨로 支給할 것인 境遇에는 債務者는 自己가 選擇한 그 나라의 各 種類의 通貨로 辨濟할 수 있다.
② 債權의 目的이 어느 種類의 다른 나라 通貨로 支給할 것인 境遇에 그 通貨가 辨濟期에 强制通用力을 잃은 때에는 그 나라의 다른 通貨로 辨濟하여야 한다.
제378조 (同前) 債權額이 다른 나라 通貨로 指定된 때에는 債務者는 支給할 때에 있어서의 履行地의 換金市價에 依하여 우리나라 通貨로 辨濟할 수 있다.
제379조 (法定利率) 利子있는 債權의 利率은 다른 法律의 規定이나 當事者의 約定이 없으면 年 5分으로 한다.
제380조 (選擇債權) 債權의 目的이 數個의 行爲 中에서 選擇에 좇아 確定될 境遇에 다른 法律의 規定이나 當事者의 約定이 없으면 選擇權은 債務者에게 있다.
제381조 (選擇權의 移轉) ① 選擇權行使의

期間이 있는 境遇에 選擇權者가 그 期間內에 選擇權을 行使하지 아니하는 때에는 相對方은 相當한 期間을 定하여 그 選擇을 催告할 수 있고 選擇權者가 그 期間內에 選擇하지 아니하면 選擇權은 相對方에게 있다.
② 選擇權行使의 期間이 없는 境遇에 債權의 期限이 到來한 後 相對方이 相當한 期間을 定하여 그 選擇을 催告하여도 選擇權者가 그 期間內에 選擇하지 아니할 때에도 前項과 같다.

제382조 (當事者의 選擇權의 行使) ① 債權者나 債務者가 選擇하는 境遇에는 그 選擇은 相對方에 對한 意思表示로 한다.
② 前項의 意思表示는 相對方의 同意없으면 撤回하지 못한다.

제383조 (第三者의 選擇權의 行使) ① 第三者가 選擇하는 境遇에는 그 選擇은 債務者 및 債權者에 對한 意思表示로 한다.
② 前項의 意思表示는 債權者 및 債務者의 同意가 없으면 撤回하지 못한다.

제384조 (第三者의 選擇權의 移轉) ① 選擇할 第三者가 選擇할 수 없는 境遇에는 選擇權은 債務者에게 있다.
② 第三者가 選擇하지 아니하는 境遇에는 債權者나 債務者는 相當한 期間을 定하여 그 選擇을 催告할 수 있고 第三者가 그 期間內에 選擇하지 아니하면

選擇權은 債務者에게 있다.

제385조 (不能으로 因한 選擇債權의 特定) ① 債權의 目的으로 選擇할 數個의 行爲 中에 처음부터 不能한 것이나 또는 後에 履行不能하게 된 것이 있으면 債權의 目的은 殘存한 것에 存在한다.
② 選擇權없는 當事者의 過失로 因하여 履行不能이 된 때에는 前項의 規定을 適用하지 아니한다.

제386조 (選擇의 遡及效) 選擇의 效力은 그 債權이 發生한 때에 遡及한다. 그러나 第三者의 權利를 害하지 못한다.

第2節 債權의 效力

제387조 (履行期와 履行遲滯) ① 債務履行의 確定한 期限이 있는 境遇에는 債務者는 期限이 到來한 때로부터 遲滯責任이 있다. 債務履行의 不確定한 期限이 있는 境遇에는 債務者는 期限이 到來함을 안 때로부터 遲滯責任이 있다.
② 債務履行의 期限이 없는 境遇에는 債務者는 履行請求를 받은 때로부터 遲滯責任이 있다.

제388조 (期限의 利益의 喪失) 債務者는 다음 各號의 境遇에는 期限의 利益을 主張하지 못한다.
1. 債務者가 擔保를 損傷, 減少 또는 滅失하게 한 때
2. 債務者가 擔保提供의 義務를 履行하지 아니한 때

제389조 (强制履行) ① 債務者가 任意로 債務를 履行하지 아니한 때에는 債權者는 그 强制履行을 法院에 請求할 수 있다. 그러나 債務의 性質이 强制履行을 하지 못할 것인 때에는 그러하지 아니하다.

② 前項의 債務가 法律行爲를 目的으로 한 때에는 債務者의 意思表示에 갈음할 裁判을 請求할 수 있고 債務者의 一身에 專屬하지 아니한 作爲를 目的으로 한 때에는 債務者의 費用으로 第三者에게 이를 하게 할 것을 法院에 請求할 수 있다.

③ 그 債務가 不作爲를 目的으로 한 境遇에 債務者가 이에 違反한 때에는 債務者의 費用으로써 그 違反한 것을 除却하고 將來에 對한 適當한 處分을 法院에 請求할 수 있다.

④ 前3항의 規定은 損害賠償의 請求에 影響을 미치지 아니한다.

제390조 (債務不履行과 損害賠償) 債務者가 債務의 內容에 좇은 履行을 하지 아니한 때에는 債權者는 損害賠償을 請求할 수 있다. 그러나 債務者의 故意나 過失없이 履行할 수 없게 된 때에는 그러하지 아니하다.

제391조 (履行補助者의 故意, 過失) 債務者의 法定代理人이 債務者를 爲하여 履行하거나 債務者가 他人을 使用하여 履行하는 境遇에는 法定代理人 또는 被用者의 故意나 過失은 債務者의 故意나 過失로 본다.

제392조 (履行遲滯 中의 損害賠償) 債務者는 自己에게 過失이 없는 境遇에도 그 履行遲滯 中에 생긴 損害를 賠償하여야 한다. 그러나 債務者가 履行期에 履行하여도 損害를 免할 수 없는 境遇에는 그러하지 아니하다.

제393조 (損害賠償의 範圍) ① 債務不履行으로 因한 損害賠償은 通常의 損害를 그 限度로 한다.

② 特別한 事情으로 因한 損害는 債務者가 그 事情을 알았거나 알 수 있었을 때에 限하여 賠償의 責任이 있다.

제394조 (損害賠償의 方法) 다른 意思表示가 없으면 損害는 金錢으로 賠償한다.

제395조 (履行遲滯와 塡補賠償) 債務者가 債務의 履行을 遲滯한 境遇에 債權者가 相當한 期間을 定하여 履行을 催告하여도 그 期間內에 履行하지 아니하거나 遲滯後의 履行이 債權者에게 利益이 없는 때에는 債權者는 受領을 拒絶하고 履行에 갈음한 損害賠償을 請求할 수 있다.

제396조 (過失相計) 債務不履行에 關하여 債權者에게 過失이 있는 때에는 法院은 損害賠償의 責任 및 그 金額을 定함에 이를 參酌하여야 한다.

제397조 (金錢債務不履行에 對한 特則) ① 金錢債務不履行의 損害賠償額은 法定

利率에 依한다. 그러나 法令의 制限에
違反하지 아니한 約定利率이 있으면 그
利率에 依한다.
② 前項의 損害賠償에 關하여는 債權者
는 損害의 證明을 要하지 아니하고 債
務者는 過失없음을 抗辯하지 못한다.

제398조 (賠償額의 豫定) ① 當事者는 債務
不履行에 關한 損害賠償額을 豫定할 수
있다.
② 損害賠償의 豫定額이 不當히 過多한
境遇에는 法院은 適當히 減額할 수 있
다.
③ 損害賠償額의 豫定은 履行의 請求나
契約의 解除에 影響을 미치지 아니한
다.
④ 違約金의 約定은 損害賠償額의 豫定
으로 推定한다.
⑤ 當事者가 金錢이 아닌 것으로써 損
害의 賠償에 充當할 것을 豫定한 境遇
에도 前4항의 規定을 準用한다.

제399조 (損害賠償者의 代位) 債權者가 그
債權의 目的인 物件 또는 權利의 價額
全部를 損害賠償으로 받은 때에는 債務
者는 그 物件 또는 權利에 關하여 當然
히 債權者를 代位한다.

제400조 (債權者遲滯) 債權者가 履行을 받
을 수 없거나 받지 아니한 때에는 履行
의 提供있는 때로부터 遲滯責任이 있
다.

제401조 (債權者遲滯와 債務者의 責任) 債

權者遲滯 中에는 債務者는 故意 또는
重大한 過失이 없으면 不履行으로 因한
모든 責任이 없다.

제402조 (同前) 債權者遲滯 中에는 利子있
는 債權이라도 債務者는 利子를 支給할
義務가 없다.

제403조 (債權者遲滯와 債權者의 責任) 債
權者遲滯로 因하여 그 目的物의 保管
또는 辨濟의 費用이 增加된 때에는 그
增加額은 債權者의 負擔으로 한다.

제404조 (債權者代位權) ① 債權者는 自己
의 債權을 保全하기 爲하여 債務者의
權利를 行使할 수 있다. 그러나 一身에
專屬한 權利는 그러하지 아니하다.
② 債權者는 그 債權의 期限이 到來하
기 前에는 法院의 許可없이 前項의 權
利를 行使하지 못한다. 그러나 保全行
爲는 그러하지 아니하다.

제405조 (債權者代位權行使의 通知) ① 債
權者가 前條제1항의 規定에 依하여 保
全行爲 以外의 權利를 行使한 때에는
債務者에게 通知하여야 한다.
② 債務者가 前項의 通知를 받은 後에
는 그 權利를 處分하여도 이로써 債權
者에게 對抗하지 못한다.

제406조 (債權者取消權) ① 債務者가 債權
者를 害함을 알고 財産權을 目的으로
한 法律行爲를 한 때에는 債權者는 그
取消 및 原狀回復을 法院에 請求할 수
있다. 그러나 그 行爲로 因하여 利益을

받은 者나 轉得한 者가 그 行爲 또는 轉得當時에 債權者를 害함을 알지 못한 境遇에는 그러하지 아니하다.
② 前項의 訴는 債權者가 取消原因을 안 날로부터 1年, 法律行爲있은 날로부터 5年內에 提起하여야 한다.

제407조 (債權者取消의 效力) 前條의 規定에 依한 取消와 原狀回復은 모든 債權者의 利益을 爲하여 그 效力이 있다.

第3節 數人의 債權者 및 債務者

第1款 總則

제408조 (分割債權關係) 債權者나 債務者가 數人인 境遇에 特別한 意思表示가 없으면 各 債權者 또는 各 債務者는 均等한 比率로 權利가 있고 義務를 負擔한다.

第2款 不可分債權과 不可分債務

제409조 (不可分債權) 債權의 目的이 그 性質 또는 當事者의 意思表示에 依하여 不可分인 境遇에 債權者가 數人인 때에는 各 債權者는 모든 債權者를 爲하여 履行을 請求할 수 있고 債務者는 모든 債權者를 爲하여 各 債權者에게 履行할 수 있다.

제410조 (1人의 債權者에 생긴 事項의 效力) ① 前條의 規定에 依하여 모든 債權者에게 效力이 있는 事項을 除外하고는 不可分債權者中 1人의 行爲나 1人에 關한 事項은 다른 債權者에게 效力이 없다.

② 不可分債權者 中의 1人과 債務者間에 更改나 免除있는 境遇에 債務全部의 履行을 받은 다른 債權者는 그 1人이 權利를 잃지 아니하였으면 그에게 分給할 利益을 債務者에게 償還하여야 한다.

제411조 (不可分債務와 準用規定) 數人이 不可分債務를 負擔한 境遇에는 제413조 乃至 제415조, 제422조, 제424조 乃至 제427조 및 前條의 規定을 準用한다.

제412조 (可分債權, 可分債務에의 變更) 不可分債權이나 不可分債務가 可分債權 또는 可分債務로 變更된 때에는 各 債權者는 自己部分만의 履行을 請求할 權利가 있고 各 債務者는 自己負擔部分만을 履行할 義務가 있다.

第3款 連帶債務

제413조 (連帶債務의 內容) 數人의 債務者가 債務全部를 各自 履行할 義務가 있고 債務者 1人의 履行으로 다른 債務者도 그 義務를 免하게 되는 때에는 그 債務는 連帶債務로 한다.

제414조 (各 連帶債務者에 對한 履行請求) 債權者는 어느 連帶債務者에 對하여 또는 同時나 順次로 모든 連帶債務者에 對하여 債務의 全部나 一部의 履行을

請求할 수 있다.

제415조 (債務者에 생긴 無效, 取消) 어느 連帶債務者에 對한 法律行爲의 無效나 取消의 原因은 다른 連帶債務者의 債務에 影響을 미치지 아니한다.

제416조 (履行請求의 絶對的 效力) 어느 連帶債務者에 對한 履行請求는 다른 連帶債務者에게도 效力이 있다.

제417조 (更改의 絶對的 效力) 어느 連帶債務者와 債權者間에 債務의 更改가 있는 때에는 債權은 모든 連帶債務者의 利益을 爲하여 消滅한다.

제418조 (相計의 絶對的 效力) ① 어느 連帶債務者가 債權者에 對하여 債權이 있는 境遇에 그 債務者가 相計한 때에는 債權은 모든 連帶債務者의 利益을 爲하여 消滅한다.
② 相計할 債權이 있는 連帶債務者가 相計하지 아니한 때에는 그 債務者의 負擔部分에 限하여 다른 連帶債務者가 相計할 수 있다.

제419조 (免除의 絶對的 效力) 어느 連帶債務者에 對한 債務免除는 그 債務者의 負擔部分에 限하여 다른 連帶債務者의 利益을 爲하여 效力이 있다.

제420조 (混同의 絶對的 效力) 어느 連帶債務者와 債權者間에 混同이 있는 때에는 그 債務者의 負擔部分에 限하여 다른 連帶債務者도 義務를 免한다.

제421조 (消滅時效의 絶對的 效力) 어느 連帶債務者에 對하여 消滅時效가 完成한 때에는 그 負擔部分에 限하여 다른 連帶債務者도 義務를 免한다.

제422조 (債權者遲滯의 絶對的 效力) 어느 連帶債務者에 對한 債權者의 遲滯는 다른 連帶債務者에게도 效力이 있다.

제423조 (效力의 相對性의 原則) 前7條의 事項外에는 어느 連帶債務者에 關한 事項은 다른 連帶債務者에게 效力이 없다.

제424조 (負擔部分의 均等) 連帶債務者의 負擔部分은 均等한 것으로 推定한다.

제425조 (出財債務者의 求償權) ① 어느 連帶債務者가 辨濟 其他 自己의 出財로 共同免責이 된 때에는 다른 連帶債務者의 負擔部分에 對하여 求償權을 行使할 수 있다.
② 前項의 求償權은 免責된 날 以後의 法定利子 및 避할 수 없는 費用 其他 損害賠償을 包含한다.

제426조 (求償要件으로서의 通知) ① 어느 連帶債務者가 다른 連帶債務者에게 通知하지 아니하고 辨濟 其他 自己의 出財로 共同免責이 된 境遇에 다른 連帶債務者가 債權者에게 對抗할 수 있는 事由가 있었을 때에는 그 負擔部分에 限하여 이 事由로 免責行爲를 한 連帶債務者에게 對抗할 수 있고 그 對抗事由가 相計인 때에는 相計로 消滅할 債權은 그 連帶債務者에게 移轉된다.

② 어느 連帶債務者가 辨濟 其他 自己의 出財로 共同免責되었음을 다른 連帶債務者에게 通知하지 아니한 境遇에 다른 連帶債務者가 善意로 債權者에게 辨濟 其他 有償의 免責行爲를 한 때에는 그 連帶債務者는 自己의 免責行爲의 有效를 主張할 수 있다.

제427조 (償還無資力者의 負擔부분) ① 連帶債務者 中에 償還할 資力이 없는 者가 있는 때에는 그 債務者의 負擔부분은 求償權者 및 다른 資力이 있는 債務者가 그 負擔부분에 比例하여 分擔한다. 그러나 求償權者에게 過失이 있는 때에는 다른 連帶債務者에 對하여 分擔을 請求하지 못한다.

② 前項의 境遇에 償還할 資力이 없는 債務者의 負擔부분을 分擔할 다른 債務者가 債權者로부터 連帶의 免除를 받은 때에는 그 債務者의 分擔할 부분은 債權者의 負擔으로 한다.

第4款 保證債務

제428조 (保證債務의 內容) ① 保證人은 主債務者가 履行하지 아니하는 債務를 履行할 義務가 있다.

② 保證은 將來의 債務에 對하여도 할 수 있다.

제428조의2 (보증의 방식) ① 보증은 그 의사가 보증인의 기명날인 또는 서명이 있는 서면으로 표시되어야 효력이 발생한다. 다만, 보증의 의사가 전자적 형태로 표시된 경우에는 효력이 없다.

② 보증채무를 보증인에게 불리하게 변경하는 경우에도 제1항과 같다.

③ 보증인이 보증채무를 이행한 경우에는 그 한도에서 제1항과 제2항에 따른 방식의 하자를 이유로 보증의 무효를 주장할 수 없다. [본조신설 2015.2.3.]

제428조의3 (근보증) ① 보증은 불확정한 다수의 채무에 대해서도 할 수 있다. 이 경우 보증하는 채무의 최고액을 서면으로 특정하여야 한다.

② 제1항의 경우 채무의 최고액을 제428조의2제1항에 따른 서면으로 특정하지 아니한 보증계약은 효력이 없다.

[본조신설 2015.2.3.]

제429조 (保證債務의 範圍) ① 保證債務는 主債務의 利子, 違約金, 損害賠償 其他 主債務에 從屬한 債務를 包含한다.

② 保證人은 그 保證債務에 關한 違約金 其他 損害賠償額을 豫定할 수 있다.

제430조 (目的, 形態上의 附從性) 保證人의 負擔이 主債務의 目的이나 形態보다 重한 때에는 主債務의 限度로 減縮한다.

제431조 (保證人의 條件) ① 債務者가 保證人을 세울 義務가 있는 境遇에는 그 保證人은 行爲能力 및 辨濟資力이 있는 者로 하여야 한다.

② 保證人이 辨濟資力이 없게 된 때에는 債權者는 保證人의 變更을 請求할

수 있다.

③ 債權者가 保證人을 指名한 境遇에는 前2항의 規定을 適用하지 아니한다.

제432조 (他擔保의 提供) 債務者는 다른 相當한 擔保를 提供함으로써 保證人을 세울 義務를 免할 수 있다.

제433조 (保證人과 主債務者抗辯權) ① 保證人은 主債務者의 抗辯으로 債權者에게 對抗할 수 있다.
② 主債務者의 抗辯抛棄는 保證人에게 效力이 없다.

제434조 (保證人과 主債務者相計權) 保證人은 主債務者의 債權에 依한 相計로 債權者에게 對抗할 수 있다.

제435조 (保證人과 主債務者의 取消權 等) 主債務者가 債權者에 對하여 取消權 또는 解除權이나 解止權이 있는 동안은 保證人은 債權者에 對하여 債務의 履行을 拒絶할 수 있다.

제436조 삭제 〈2015.2.3.〉

제436조의2 (채권자의 정보제공의무와 통지의무 등) ① 채권자는 보증계약을 체결할 때 보증계약의 체결 여부 또는 그 내용에 영향을 미칠 수 있는 주채무자의 채무 관련 신용정보를 보유하고 있거나 알고 있는 경우에는 보증인에게 그 정보를 알려야 한다. 보증계약을 갱신할 때에도 또한 같다.

② 채권자는 보증계약을 체결한 후에 다음 각 호의 어느 하나에 해당하는 사유가 있는 경우에는 지체 없이 보증인에게 그 사실을 알려야 한다.

1. 주채무자가 원본, 이자, 위약금, 손해배상 또는 그 밖에 주채무에 종속한 채무를 3개월 이상 이행하지 아니하는 경우

2. 주채무자가 이행기에 이행할 수 없음을 미리 안 경우

3. 주채무자의 채무 관련 신용정보에 중대한 변화가 생겼음을 알게 된 경우

③ 채권자는 보증인의 청구가 있으면 주채무의 내용 및 그 이행 여부를 알려야 한다.

④ 채권자가 제1항부터 제3항까지의 규정에 따른 의무를 위반하여 보증인에게 손해를 입힌 경우에는 법원은 그 내용과 정도 등을 고려하여 보증채무를 감경하거나 면제할 수 있다.

[본조신설 2015.2.3.]

제437조 (保證人의 催告, 檢索의 抗辯) 債權者가 保證人에게 債務의 履行을 請求한 때에는 保證人은 主債務者의 辨濟資力이 있는 事實 및 그 執行이 容易할 것을 證明하여 먼저 主債務者에게 請求할 것과 그 財産에 對하여 執行할 것을 抗辯할 수 있다. 그러나 保證人이 主債務者와 連帶하여 債務를 負擔한 때에는 그러하지 아니하다.

제438조 (催告, 檢索의 懈怠의 效果) 前條의 規定에 依한 保證人의 抗辯에 不拘

하고 債權者의 懈怠로 因하여 債務者로부터 全部나 一部의 辨濟를 받지 못한 境遇에는 債權者가 懈怠하지 아니하였으면 辨濟받았을 限度에서 保證人은 그 義務를 免한다.

제439조 (共同保證의 分別의 利益) 數人의 保證人이 各自의 行爲로 保證債務를 負擔한 境遇에도 제408조의 規定을 適用한다.

제440조 (時效中斷의 保證人에 對한 效力) 主債務者에 對한 時效의 中斷은 保證人에 對하여 그 效力이 있다.

제441조 (受託保證人의 求償權) ① 主債務者의 付託으로 保證人이 된 者가 過失없이 辨濟 其他의 出財로 主債務를 消滅하게 한 때에는 主債務者에 對하여 求償權이 있다.

② 제425조제2항의 規定은 前項의 境遇에 準用한다.

제442조 (受託保證人의 事前求償權) ① 主債務者의 付託으로 保證人이 된 者는 다음 各號의 境遇에 主債務者에 對하여 미리 求償權을 行使할 수 있다.
1. 保證人이 過失없이 債權者에게 辨濟할 裁判을 받은 때
2. 主債務者가 破産宣告를 받은 境遇에 債權者가 破産財團에 加入하지 아니한 때
3. 債務의 履行期가 確定되지 아니하고 그 最長期도 確定할 수 없는 境遇에 保

證契約後 5年을 經過한 때
4. 債務의 履行期가 到來한 때

② 前項제4號의 境遇에는 保證契約後에 債權者가 主債務者에게 許與한 期限으로 保證人에게 對抗하지 못한다.

제443조 (主債務者의 免責請求) 前條의 規定에 依하여 主債務者가 保證人에게 賠償하는 境遇에 主債務者는 自己를 免責하게 하거나 自己에게 擔保를 提供할 것을 保證人에게 請求할 수 있고 또는 賠償할 金額을 供託하거나 擔保를 提供하거나 保證人을 免責하게 함으로써 그 賠償義務를 免할 수 있다.

제444조 (付託없는 保證人의 求償權) ① 主債務者의 付託없이 保證人이 된 者가 辨濟 其他 自己의 出財로 主債務를 消滅하게 한 때에는 主債務者는 그 當時에 利益을 받은 限度에서 賠償하여야 한다.

② 主債務者의 意思에 反하여 保證人이 된 者가 辨濟 其他 自己의 出財로 主債務를 消滅하게 한 때에는 主債務者는 現存利益의 限度에서 賠償하여야 한다.

③ 前項의 境遇에 主債務者가 求償한 날 以前에 相計原因이 있음을 主張한 때에는 그 相計로 消滅할 債權은 保證人에게 移轉된다.

제445조 (求償要件으로서의 通知) ① 保證人이 主債務者에게 通知하지 아니하고 辨濟 其他 自己의 出財로 主債務를 消

滅하게 한 境遇에 主債務者가 債權者에게 對抗할 수 있는 事由가 있었을 때에는 이 事由로 保證人에게 對抗할 수 있고 그 對抗事由가 相計인 때에는 相計로 消滅할 債權은 保證人에게 移轉된다.

② 保證人이 辨濟 其他 自己의 出財로 免責되었음을 主債務者에게 通知하지 아니한 境遇에 主債務者가 善意로 債權者에게 辨濟 其他 有償의 免責行爲를 한 때에는 主債務者는 自己의 免責行爲의 有效를 主張할 수 있다.

제446조 (主債務者의 保證人에 對한 免責通知義務) 主債務者가 自己의 行爲로 免責하였음을 그 付託으로 保證人이 된 者에게 通知하지 아니한 境遇에 保證人이 善意로 債權者에게 辨濟 其他 有償의 免責行爲를 한 때에는 保證人은 自己의 免責行爲의 有效를 主張할 수 있다.

제447조 (連帶, 不可分債務의 保證人의 求償權) 어느 連帶債務者나 어느 不可分債務者를 爲하여 保證人이 된 者는 다른 連帶債務者나 다른 不可分債務者에 對하여 그 負擔部分에 限하여 求償權이 있다.

제448조 (共同保證人間의 求償權) ① 數人의 保證人이 있는 境遇에 어느 保證人이 自己의 負擔部分을 넘은 辨濟를 한 때에는 제444조의 規定을 準用한다.

② 主債務가 不可分이거나 各 保證人이 相互連帶로 또는 主債務者와 連帶로 債務를 負擔한 境遇에 어느 保證人이 自己의 負擔部分을 넘은 辨濟를 한 때에는 제425조 乃至 제427조의 規定을 準用한다.

第4節 債權의 讓渡

제449조 (債權의 讓渡性) ① 債權은 讓渡할 수 있다. 그러나 債權의 性質이 讓渡를 許容하지 아니하는 때에는 그러하지 아니하다.

② 債權은 當事者가 反對의 意思를 表示한 境遇에는 讓渡하지 못한다. 그러나 그 意思表示로써 善意의 第三者에게 對抗하지 못한다.

제450조 (指名債權讓渡의 對抗要件) ① 指名債權의 讓渡는 讓渡人이 債務者에게 通知하거나 債務者가 承諾하지 아니하면 債務者 其他 第三者에게 對抗하지 못한다.

② 前項의 通知나 承諾은 確定日字있는 證書에 依하지 아니하면 債務者 以外의 第三者에게 對抗하지 못한다.

제451조 (承諾, 通知의 效果) ① 債務者가 異議를 保留하지 아니하고 前條의 承諾을 한 때에는 讓渡人에게 對抗할 수 있는 事由로써 讓受人에게 對抗하지 못한다. 그러나 債務者가 債務를 消滅하게 하기 爲하여 讓渡人에게 給與한 것이 있으면 이를 回收할 수 있고 讓渡人에

對하여 負擔한 債務가 있으면 그 成立되지 아니함을 主張할 수 있다.
② 讓渡人이 讓渡通知만을 한 때에는 債務者는 그 通知를 받은 때까지 讓渡人에 對하여 생긴 事由로써 讓受人에게 對抗할 수 있다.

제452조 (讓渡通知와 禁反言) ① 讓渡人이 債務者에게 債權讓渡를 通知한 때에는 아직 讓渡하지 아니하였거나 그 讓渡가 無效인 境遇에도 善意인 債務者는 讓受人에게 對抗할 수 있는 事由로 讓渡人에게 對抗할 수 있다.
② 前項의 通知는 讓受人의 同意가 없으면 撤回하지 못한다.

第5節 債務의 引受

제453조 (債權者와의 契約에 依한 債務引受) ① 第三者는 債權者와의 契約으로 債務를 引受하여 債務者의 債務를 免하게 할 수 있다. 그러나 債務의 性質이 引受를 許容하지 아니하는 때에는 그러하지 아니하다.
② 利害關係없는 第三者는 債務者의 意思에 反하여 債務를 引受하지 못한다.

제454조 (債務者와의 契約에 依한 債務引受) ① 第三者가 債務者와의 契約으로 債務를 引受한 境遇에는 債權者의 承諾에 依하여 그 效力이 생긴다.
② 債權者의 承諾 또는 拒絶의 相對方은 債務者나 第三者이다.

제455조 (承諾與否의 催告) ① 前條의 境遇에 第三者나 債務者는 相當한 期間을 定하여 承諾與否의 確答을 債權者에게 催告할 수 있다.
② 債權者가 그 期間內에 確答을 發送하지 아니한 때에는 拒絶한 것으로 본다.

제456조 (債務引受의 撤回, 變更) 第三者와 債務者間의 契約에 依한 債務引受는 債權者의 承諾이 있을 때까지 當事者는 이를 撤回하거나 變更할 수 있다.

제457조 (債務引受의 遡及效) 債權者의 債務引受에 對한 承諾은 다른 意思表示가 없으면 債務를 引受한 때에 遡及하여 그 效力이 생긴다. 그러나 第三者의 權利를 侵害하지 못한다.

제458조 (前債務者의 抗辯事由) 引受人은 前債務者의 抗辯할 수 있는 事由로 債權者에게 對抗할 수 있다.

제459조 (債務引受와 保證, 擔保의 消滅) 前債務者의 債務에 對한 保證이나 第三者가 提供한 擔保는 債務引受로 因하여 消滅한다. 그러나 保證人이나 第三者가 債務引受에 同意한 境遇에는 그러하지 아니하다.

第6節 債權의 消滅

第1款 辨濟

제460조 (辨濟提供의 方法) 辨濟는 債務內

容에 좇은 現實提供으로 이를 하여야 한다. 그러나 債權者가 미리 辨濟받기를 拒絶하거나 債務의 履行에 債權者의 行爲를 要하는 境遇에는 辨濟準備의 完了를 通知하고 그 受領을 催告하면 된다.

제461조 (辨濟提供의 效果) 辨濟의 提供은 그때부터 債務不履行의 責任을 免하게 한다.

제462조 (特定物의 現狀引渡) 特定物의 引渡가 債權의 目的인 때에는 債務者는 履行期의 現狀대로 그 物件을 引渡하여야 한다.

제463조 (辨濟로서의 他人의 物件의 引渡) 債務의 辨濟로 他人의 物件을 引渡한 債務者는 다시 有效한 辨濟를 하지 아니하면 그 物件의 返還을 請求하지 못한다.

제464조 (讓渡能力없는 所有者의 物件引渡) 讓渡할 能力없는 所有者가 債務의 辨濟로 物件을 引渡한 境遇에는 그 辨濟가 取消된 때에도 다시 有效한 辨濟를 하지 아니하면 그 物件의 返還을 請求하지 못한다.

제465조 (債權者의 善意消費, 讓渡와 求償權) ① 前2조의 境遇에 債權者가 辨濟로 받은 物件을 善意로 消費하거나 他人에게 讓渡한 때에는 그 辨濟는 效力이 있다.

② 前項의 境遇에 債權者가 第三者로부터 賠償의 請求를 받은 때에는 債務者에 對하여 求償權을 行使할 수 있다.

제466조 (代物辨濟) 債務者가 債權者의 承諾을 얻어 本來의 債務履行에 갈음하여 다른 給與를 한 때에는 辨濟와 같은 效力이 있다.

제467조 (辨濟의 場所) ① 債務의 性質 또는 當事者의 意思表示로 辨濟場所를 定하지 아니한 때에는 特定物의 引渡는 債權成立當時에 그 物件이 있던 場所에서 하여야 한다.

② 前項의 境遇에 特定物引渡 以外의 債務辨濟는 債權者의 現住所에서 하여야 한다. 그러나 營業에 關한 債務의 辨濟는 債權者의 現營業所에서 하여야 한다.

제468조 (辨濟期前의 辨濟) 當事者의 特別한 意思表示가 없으면 辨濟期前이라도 債務者는 辨濟할 수 있다. 그러나 相對方의 損害는 賠償하여야 한다.

제469조 (第三者의 辨濟) ① 債務의 辨濟는 第三者도 할 수 있다. 그러나 債務의 性質 또는 當事者의 意思表示로 第三者의 辨濟를 許容하지 아니하는 때에는 그러하지 아니하다.

② 利害關係없는 第三者는 債務者의 意思에 反하여 辨濟하지 못한다.

제470조 (債權의 準占有者에 對한 辨濟) 債權의 準占有者에 對한 辨濟는 辨濟者가 善意이며 過失없는 때에 限하여 效力이

있다.

제471조 (領收證所持者에 對한 辨濟) 領收證을 所持한 者에 對한 辨濟는 그 所持者가 辨濟를 받을 權限이 없는 境遇에도 效力이 있다. 그러나 辨濟者가 그 權限없음을 알았거나 알 수 있었을 境遇에는 그러하지 아니하다.

제472조 (權限없는 者에 對한 辨濟) 前2조의 境遇外에 辨濟받을 權限없는 者에 對한 辨濟는 債權者가 利益을 받은 限度에서 效力이 있다.

제473조 (辨濟費用의 負擔) 辨濟費用은 다른 意思表示가 없으면 債務者의 負擔으로 한다. 그러나 債權者의 住所移轉 其他의 行爲로 因하여 辨濟費用이 增加된 때에는 그 增加額은 債權者의 負擔으로 한다.

제474조 (領收證請求權) 辨濟者는 辨濟를 받는 者에게 領收證을 請求할 수 있다.

제475조 (債權證書返還請求權) 債權證書가 있는 境遇에 辨濟者가 債務全部를 辨濟한 때에는 債權證書의 返還을 請求할 수 있다. 債權이 辨濟 以外의 事由로 全部 消滅한 때에도 같다.

제476조 (指定辨濟充當) ① 債務者가 同一한 債權者에 對하여 같은 種類를 目的으로 한 數個의 債務를 負擔한 境遇에 辨濟의 提供이 그 債務全部를 消滅하게 하지 못하는 때에는 辨濟者는 그 當時 어느 債務를 指定하여 그 辨濟에 充當

할 수 있다.

② 辨濟者가 前項의 指定을 하지 아니할 때에는 辨濟받는 者는 그 當時 어느 債務를 指定하여 辨濟에 充當할 수 있다. 그러나 辨濟者가 그 充當에 對하여 卽時 異議를 한 때에는 그러하지 아니하다.

③ 前2항의 辨濟充當은 相對方에 對한 意思表示로써 한다.

제477조 (法定辨濟充當) 當事者가 辨濟에 充當할 債務를 指定하지 아니한 때에는 다음 各號의 規定에 依한다.
1. 債務中에 履行期가 到來한 것과 到來하지 아니한 것이 있으면 履行期가 到來한 債務의 辨濟에 充當한다.
2. 債務全部의 履行期가 到來하였거나 到來하지 아니한 때에는 債務者에게 辨濟利益이 많은 債務의 辨濟에 充當한다.
3. 債務者에게 辨濟利益이 같으면 履行期가 먼저 到來한 債務나 먼저 到來할 債務의 辨濟에 充當한다.
4. 前2號의 事項이 같은 때에는 그 債務額에 比例하여 各 債務의 辨濟에 充當한다.

제478조 (不足辨濟의 充當) 1個의 債務에 數個의 給與를 要할 境遇에 辨濟者가 그 債務全部를 消滅하게 하지 못한 給與를 한 때에는 前2조의 規定을 準用한다.

제479조 (費用, 利子, 元本에 對한 辨濟充當의 順序) ① 債務者가 1個 또는 數個의 債務의 費用 및 利子를 支給할 境遇에 辨濟者가 그 全部를 消滅하게 하지 못한 給與를 한 때에는 費用, 利子, 元本의 順序로 辨濟에 充當하여야 한다.
② 前項의 境遇에 제477조의 規定을 準用한다.

제480조 (辨濟者의 任意代位) ① 債務者를 爲하여 辨濟한 者는 辨濟와 同時에 債權者의 承諾을 얻어 債權者를 代位할 수 있다.
② 前項의 境遇에 제450조 乃至 제452조의 規定을 準用한다.

제481조 (辨濟者의 法定代位) 辨濟할 正當한 利益이 있는 者는 辨濟로 當然히 債權者를 代位한다.

제482조 (辨濟者代位의 效果, 代位者間의 關係) ① 前2조의 規定에 依하여 債權者를 代位한 者는 自己의 權利에 依하여 求償할 수 있는 範圍에서 債權 및 그 擔保에 關한 權利를 行使할 수 있다.
② 前項의 權利行使는 다음 各號의 規定에 依하여야 한다.
1. 保證人은 미리 傳貰權이나 抵當權의 登記에 그 代位를 附記하지 아니하면 傳貰物이나 抵當物에 權利를 取得한 第三者에 對하여 債權者를 代位하지 못한다.
2. 第三取得者는 保證人에 對하여 債權者를 代位하지 못한다.
3. 第三取得者 中의 1人은 各 不動産의 價額에 비례하여 다른 第三取得者에 對하여 債權者를 代位한다.
4. 自己의 財産을 他人의 債務의 擔保로 提供한 者가 數人인 境遇에는 前號의 規定을 準用한다.
5. 自己의 財産을 他人의 債務의 擔保로 提供한 者와 保證人間에는 그 人員數에 比例하여 債權者를 代位한다. 그러나 自己의 財産을 他人의 債務의 擔保로 提供한 者가 數人인 때에는 保證人의 負擔部分을 除外하고 그 殘額에 對하여 各 財産의 價額에 比例하여 代位한다. 이 境遇에 그 財産이 不動産인 때에는 제1호의 規定을 準用한다.

제483조 (一部의 代位) ① 債權의 一部에 對하여 代位辨濟가 있는 때에는 代位者는 그 辨濟한 價額에 比例하여 債權者와 함께 그 權利를 行使한다.
② 前項의 境遇에 債務不履行을 原因으로 하는 契約의 解止 또는 解除는 債權者만이 할 수 있고 債權者는 代位者에게 그 辨濟한 價額과 利子를 償還하여야 한다.

제484조 (代位辨濟와 債權證書, 擔保物) ① 債權全部의 代位辨濟를 받은 債權者는 그 債權에 關한 證書 및 占有한 擔保物을 代位者에게 交付하여야 한다.
② 債權의 一部에 對한 代位辨濟가 있

는 때에는 債權者는 債權證書에 그 代位를 記入하고 自己가 占有한 擔保物의 保存에 關하여 代位者의 監督을 받아야 한다.

제485조 (債權者의 擔保喪失, 減少行爲와 法定代位者의 免責) 제481조의 規定에 依하여 代位할 者가 있는 境遇에 債權者의 故意나 過失로 擔保가 喪失되거나 減少된 때에는 代位할 者는 그 喪失 또는 減少로 因하여 償還을 받을 수 없는 限度에서 그 責任을 免한다.

제486조 (辨濟 以外의 方法에 依한 債務消滅과 代位) 第三者가 供託 其他 自己의 出財로 債務者의 債務를 免하게 한 境遇에도 前6조의 規定을 準用한다.

第2款 供託

제487조 (辨濟供託의 要件, 效果) 債權者가 辨濟를 받지 아니하거나 받을 수 없는 때에는 辨濟者는 債權者를 爲하여 辨濟의 目的物을 供託하여 그 債務를 免할 수 있다. 辨濟者가 過失없이 債權者를 알 수 없는 境遇에도 같다.

제488조 (供託의 方法) ① 供託은 債務履行地의 供託所에 하여야 한다.
② 供託所에 關하여 法律에 特別한 規定이 없으면 法院은 辨濟者의 請求에 依하여 供託所를 指定하고 供託物保管者를 選任하여야 한다.
③ 供託者는 遲滯없이 債權者에게 供託

通知를 하여야 한다.

제489조 (供託物의 回收) ① 債權者가 供託을 承認하거나 供託所에 對하여 供託物을 받기를 通告하거나 供託有效의 判決이 確定되기까지는 辨濟者는 供託物을 回收할 수 있다. 이 境遇에는 供託하지 아니한 것으로 본다.
② 前項의 規定은 質權 또는 抵當權이 供託으로 因하여 消滅한 때에는 適用하지 아니한다.

제490조 (自助賣却金의 供託) 辨濟의 目的物이 供託에 適當하지 아니하거나 滅失 또는 毁損될 念慮가 있거나 供託에 過多한 費用을 要하는 境遇에는 辨濟者는 法院의 許可를 얻어 그 物件을 競賣하거나 市價로 放賣하여 代金을 供託할 수 있다.

제491조 (供託物受領과 相對義務履行) 債務者가 債權者의 相對義務履行과 同時에 辨濟할 境遇에는 債權者는 그 義務履行을 하지 아니하면 供託物을 受領하지 못한다.

第3款 相計

제492조 (相計의 要件) ① 雙方이 서로 같은 種類를 目的으로 한 債務를 負擔한 境遇에 그 雙方의 債務의 履行期가 到來한 때에는 各 債務者는 對等額에 關하여 相計할 수 있다. 그러나 債務의 性質이 相計를 許容하지 아니할 때에는

그러하지 아니하다.

② 前項의 規定은 當事者가 다른 意思를 表示한 境遇에는 適用하지 아니한다. 그러나 그 意思表示로써 善意의 第三者에게 對抗하지 못한다.

제493조 (相計의 方法, 效果) ① 相計는 相對方에 對한 意思表示로 한다. 이 意思表示에는 條件 또는 期限을 붙이지 못한다.

② 相計의 意思表示는 各 債務가 相計할 수 있는 때에 對等額에 關하여 消滅한 것으로 본다.

제494조 (履行地를 달리하는 債務의 相計) 各 債務의 履行地가 다른 境遇에도 相計할 수 있다. 그러나 相計하는 當事者는 相對方에게 相計로 因한 損害를 賠償하여야 한다.

제495조 (消滅時效完成된 債權에 依한 相計) 消滅時效가 完成된 債權이 그 完成前에 相計할 수 있었던 것이면 그 債權者는 相計할 수 있다.

제496조 (不法行爲債權을 受動債權으로 하는 相計의 禁止) 債務가 故意의 不法行爲로 因한 것인 때에는 그 債務者는 相計로 債權者에게 對抗하지 못한다.

제497조 (押留禁止債權을 受動債權으로 하는 相計의 禁止) 債權이 押留하지 못할 것인 때에는 그 債務者는 相計로 債權者에게 對抗하지 못한다.

제498조 (支給禁止債權을 受動債權으로 하는 相計의 禁止) 支給을 禁止하는 命令을 받은 第三債務者는 그 後에 取得한 債權에 依한 相計로 그 命令을 申請한 債權者에게 對抗하지 못한다.

제499조 (準用規定) 제476조 乃至 제479조의 規定은 相計에 準用한다.

第4款 更改

제500조 (更改의 要件, 效果) 當事者가 債務의 重要한 部分을 變更하는 契約을 한 때에는 舊債務는 更改로 因하여 消滅한다.

제501조 (債務者變更으로 因한 更改) 債務者의 變更으로 因한 更改는 債權者와 新債務者間의 契約으로 이를 할 수 있다. 그러나 舊債務者의 意思에 反하여 이를 하지 못한다.

제502조 (債權者變更으로 因한 更改) 債權者의 變更으로 因한 更改는 確定日字있는 證書로 하지 아니하면 이로써 第三者에게 對抗하지 못한다.

제503조 (債權者變更의 更改와 債務者承諾의 效果) 제451조제1항의 規定은 債權者의 變更으로 因한 更改에 準用한다.

제504조 (舊債務不消滅의 境遇) 更改로 因한 新債務가 原因의 不法 또는 當事者가 알지 못한 事由로 因하여 成立되지 아니하거나 取消된 때에는 舊債務는 消滅되지 아니한다.

제505조 (新債務에의 擔保移轉) 更改의 當

事者는 舊債務의 擔保를 그 目的의 限度에서 新債務의 擔保로 할 수 있다. 그러나 第三者가 提供한 擔保는 그 承諾을 얻어야 한다.

第5款 免除

제506조 (免除의 要件, 效果) 債權者가 債務者에게 債務를 免除하는 意思를 表示한 때에는 債權은 消滅한다. 그러나 免除로써 正當한 利益을 가진 第三者에게 對抗하지 못한다.

第6款 混同

제507조 (混同의 要件, 效果) 債權과 債務가 同一한 主體에 歸屬한 때에는 債權은 消滅한다. 그러나 그 債權이 第三者의 權利의 目的인 때에는 그러하지 아니하다.

第7節 指示債權

제508조 (指示債權의 讓渡方式) 指示債權은 그 證書에 背書하여 讓受人에게 交付하는 方式으로 讓渡할 수 있다.

제509조 (還背書) ① 指示債權은 그 債務者에 對하여도 背書하여 讓渡할 수 있다.
② 背書로 指示債權을 讓受한 債務者는 다시 背書하여 이를 讓渡할 수 있다.

제510조 (背書의 方式) ① 背書는 證書 또는 그 補充紙에 그 뜻을 記載하고 背書人이 署名 또는 記名捺印함으로써 이를 한다.
② 背書는 被背書人을 指定하지 아니하고 할 수 있으며 또 背書人의 署名 또는 記名捺印만으로 할 수 있다.

제511조 (略式背書의 處理方式) 背書가 前條제2항의 略式에 依한 때에는 所持人은 다음 各號의 方式으로 處理할 수 있다.
1. 自己나 他人의 名稱을 被背書人으로 記載할 수 있다.
2. 略式으로 또는 他人을 被背書人으로 表示하여 다시 證書에 背書할 수 있다.
3. 被背書人을 記載하지 아니하고 背書 없이 證書를 第三者에게 交付하여 讓渡할 수 있다.

제512조 (所持人出給背書의 效力) 所持人出給의 背書는 略式背書와 같은 效力이 있다.

제513조 (背書의 資格授與力) ① 證書의 占有者가 背書의 連續으로 그 權利를 證明하는 때에는 適法한 所持人으로 본다. 最後의 背書가 略式인 境遇에도 같다.
② 略式背書 다음에 다른 背書가 있으면 그 背書人은 略式背書로 證書를 取得한 것으로 본다.
③ 抹消된 背書는 背書의 連續에 關하여 그 記載가 없는 것으로 본다.

제514조 (同前-善意取得) 누구든지 證書의 適法한 所持人에 對하여 그 返還을 請求하지 못한다. 그러나 所持人이 取得한 때에 讓渡人이 權利없음을 알았거나 重大한 過失로 알지 못한 때에는 그러하지 아니하다.

제515조 (移轉背書와 人的抗辯) 指示債權의 債務者는 所持人의 前者에 對한 人的關係의 抗辯으로 所持人에게 對抗하지 못한다. 그러나 所持人이 그 債務者를 害함을 알고 指示債權을 取得한 때에는 그러하지 아니하다.

제516조 (辨濟의 場所) 證書에 辨濟場所를 定하지 아니한 때에는 債務者의 現營業所를 辨濟場所로 한다. 營業所가 없는 때에는 現住所를 辨濟場所로 한다.

제517조 (證書의 提示와 履行遲滯) 證書에 辨濟期限이 있는 境遇에도 그 期限이 到來한 後에 所持人이 證書를 提示하여 履行을 請求한 때로부터 債務者는 遲滯責任이 있다.

제518조 (債務者의 調査權利義務) 債務者는 背書의 連續與否를 調査할 義務가 있으며 背書人의 署名 또는 捺印의 眞僞나 所持人의 眞僞를 調査할 權利는 있으나 義務는 없다. 그러나 債務者가 辨濟하는 때에 所持人이 權利者아님을 알았거나 重大한 過失로 알지 못한 때에는 그 辨濟는 無效로 한다.

제519조 (辨濟와 證書交付) 債務者는 證書와 交換하여서만 辨濟할 義務가 있다.

제520조 (領收의 記入請求權) ① 債務者는 辨濟하는 때에 所持人에 對하여 證書에 領收를 證明하는 記載를 할 것을 請求할 수 있다.

② 一部辨濟의 境遇에 債務者의 請求가 있으면 債權者는 證書에 그 뜻을 記載하여야 한다.

제521조 (公示催告節次에 依한 證書의 失效) 滅失한 證書나 所持人의 占有를 離脫한 證書는 公示催告의 節次에 依하여 無效로 할 수 있다.

제522조 (公示催告節次에 依한 供託, 辨濟) 公示催告의 申請이 있는 때에는 債務者로 하여금 債務의 目的物을 供託하게 할 수 있고 所持人이 相當한 擔保를 提供하면 辨濟하게 할 수 있다.

第8節 無記名債權

제523조 (無記名債權의 讓渡方式) 無記名債權은 讓受人에게 그 證書를 交付함으로써 讓渡의 效力이 있다.

제524조 (準用規定) 제514조 乃至 제522조의 規定은 無記名債權에 準用한다.

제525조 (指名所持人出給債權) 債權者를 指定하고 所持人에게도 辨濟할 것을 附記한 證書는 無記名債權과 같은 效力이 있다.

제526조 (免責證書) 제516조, 제517조 및 제520조의 規定은 債務者가 證書所持

人에게 辨濟하여 그 責任을 免할 目的으로 發行한 證書에 準用한다.

第2章 契約

第1節 總則

第1款 契約의 成立

제527조 (契約의 請約의 拘束力) 契約의 請約은 이를 撤回하지 못한다.

제528조 (承諾期間을 定한 契約의 請約) ① 承諾의 期間을 定한 契約의 請約은 請約者가 그 期間 內에 承諾의 通知를 받지 못한 때에는 그 效力을 잃는다.
② 承諾의 通知가 前項의 期間後에 到達한 境遇에 普通 그 期間內에 到達할 수 있는 發送인 때에는 請約者는 遲滯없이 相對方에게 그 延着의 通知를 하여야 한다. 그러나 到達前에 遲延의 通知를 發送한 때에는 그러하지 아니하다.
③ 請約者가 前項의 通知를 하지 아니한 때에는 承諾의 通知는 延着되지 아니한 것으로 본다.

제529조 (承諾期間을 定하지 아니한 契約의 請約) 承諾의 期間을 定하지 아니한 契約의 請約은 請約者가 相當한 期間內에 承諾의 通知를 받지 못한 때에는 그 效力을 잃는다.

제530조 (延着된 承諾의 效力) 前2조의 境遇에 延着된 承諾은 請約者가 이를 새

請約으로 볼 수 있다.

제531조 (隔地者間의 契約成立時期) 隔地者間의 契約은 承諾의 通知를 發送한 때에 成立한다.

제532조 (意思實現에 依한 契約成立) 請約者의 意思表示나 慣習에 依하여 承諾의 通知가 必要하지 아니한 境遇에는 契約은 承諾의 意思表示로 認定되는 事實이 있는 때에 成立한다.

제533조 (交叉請約) 當事者間에 同一한 內容의 請約이 相互交叉된 境遇에는 兩請約이 相對方에게 到達한 때에 契約이 成立한다.

제534조 (變更을 加한 承諾) 承諾者가 請約에 對하여 條件을 붙이거나 變更을 加하여 承諾한 때에는 그 請約의 拒絶과 同時에 새로 請約한 것으로 본다.

제535조 (契約締結上의 過失) ① 目的이 不能한 契約을 締結할 때에 그 不能을 알았거나 알 수 있었을 者는 相對方이 그 契約의 有效를 믿었음으로 因하여 받은 損害를 賠償하여야 한다. 그러나 그 賠償額은 契約이 有效함으로 因하여 생길 利益額을 넘지 못한다.
② 前項의 規定은 相對方이 그 不能을 알았거나 알 수 있었을 境遇에는 適用하지 아니한다.

第2款 契約의 效力

제536조 (同時履行의 抗辯權) ① 雙務契約

의 當事者 一方은 相對方이 그 債務履行을 提供할 때 까지 自己의 債務履行을 拒絶할 수 있다. 그러나 相對方의 債務가 辨濟期에 있지 아니하는 때에는 그러하지 아니하다.
② 當事者 一方이 相對方에게 먼저 履行하여야 할 境遇에 相對方의 履行이 困難할 顯著한 事由가 있는 때에는 前項 本文과 같다.

제537조 (債務者危險負擔主義) 雙務契約의 當事者 一方의 債務가 當事者雙方의 責任없는 事由로 履行할 수 없게 된 때에는 債務者는 相對方의 履行을 請求하지 못한다.

제538조 (債權者歸責事由로 因한 履行不能) ① 雙務契約의 當事者 一方의 債務가 債權者의 責任있는 事由로 履行할 수 없게 된 때에는 債務者는 相對方의 履行을 請求할 수 있다. 債權者의 受領遲滯 中에 當事者雙方의 責任없는 事由로 履行할 수 없게 된 때에도 같다.
② 前項의 境遇에 債務者는 自己의 債務를 免함으로써 利益을 얻은 때에는 이를 債權者에게 償還하여야 한다.

제539조 (第三者를 爲한 契約) ① 契約에 依하여 當事者 一方이 第三者에게 履行할 것을 約定한 때에는 그 第三者는 債務者에게 直接 그 履行을 請求할 수 있다.
② 前項의 境遇에 第三者의 權利는 그 第三者가 債務者에 對하여 契約의 利益을 받을 意思를 表示한 때에 생긴다.

제540조 (債務者의 第三者에 對한 催告權) 前條의 境遇에 債務者는 相當한 期間을 定하여 契約의 利益의 享受與否의 確答을 第三者에게 催告할 수 있다. 債務者가 그 期間內에 確答을 받지 못한 때에는 第三者가 契約의 利益을 받을 것을 拒絶한 것으로 본다.

제541조 (第三者의 權利의 確定) 제539조의 規定에 依하여 第三者의 權利가 생긴 後에는 當事者는 이를 變更 또는 消滅시키지 못한다.

제542조 (債務者의 抗辯權) 債務者는 제539조의 契約에 基한 抗辯으로 그 契約의 利益을 받을 第三者에게 對抗할 수 있다.

第3款 契約의 解止, 解除

제543조 (解止, 解除權) ① 契約 또는 法律의 規定에 依하여 當事者의 一方이나 雙方이 解止 또는 解除의 權利가 있는 때에는 그 解止 또는 解除는 相對方에 對한 意思表示로 한다.
② 前項의 意思表示는 撤回하지 못한다.

제544조 (履行遲滯와 解除) 當事者 一方이 그 債務를 履行하지 아니하는 때에는 相對方은 相當한 期間을 定하여 그 履行을 催告하고 그 期間內에 履行하지

아니한 때에는 契約을 解除할 수 있다. 그러나 債務者가 미리 履行하지 아니할 意思를 表示한 境遇에는 催告를 要하지 아니한다.

제545조 (定期行爲와 解除) 契約의 性質 또는 當事者의 意思表示에 依하여 一定한 時日 또는 一定한 期間內에 履行하지 아니하면 契約의 目的을 達成할 수 없을 境遇에 當事者 一方이 그 時期에 履行하지 아니한 때에는 相對方은 前條의 催告를 하지 아니하고 契約을 解除할 수 있다.

제546조 (履行不能과 解除) 債務者의 責任있는 事由로 履行이 不能하게 된 때에는 債權者는 契約을 解除할 수 있다.

제547조 (解止, 解除權의 不可分性) ① 當事者 一方 또는 雙方이 數人인 境遇에는 契約의 解止나 解除는 그 全員으로부터 또는 全員에 對하여 하여야 한다.
② 前項의 境遇에 解止나 解除의 權利가 當事者 1人에 對하여 消滅한 때에는 다른 當事者에 對하여도 消滅한다.

제548조 (解除의 效果, 原狀回復義務) ① 當事者 一方이 契約을 解除한 때에는 各 當事者는 그 相對方에 對하여 原狀回復의 義務가 있다. 그러나 第三者의 權利를 害하지 못한다.
② 前項의 境遇에 返還할 金錢에는 그 받은 날로부터 利子를 加하여야 한다.

제549조 (原狀回復義務와 同時履行) 제536조의 規定은 前條의 境遇에 準用한다.

제550조 (解止의 效果) 當事者 一方이 契約을 解止한 때에는 契約은 將來에 對하여 그 效力을 잃는다.

제551조 (解止, 解除와 損害賠償) 契約의 解止 또는 解除는 損害賠償의 請求에 影響을 미치지 아니한다.

제552조 (解除權行使與否의 催告權) ① 解除權의 行使의 期間을 定하지 아니한 때에는 相對方은 相當한 期間을 定하여 解除權行使與否의 確答을 解除權者에게 催告할 수 있다.
② 前項의 期間內에 解除의 通知를 받지 못한 때에는 解除權은 消滅한다.

제553조 (毁損 等으로 因한 解除權의 消滅) 解除權者의 故意나 過失로 因하여 契約의 目的物이 顯著히 毁損되거나 이를 返還할 수 없게 된 때 또는 加工이나 改造로 因하여 다른 種類의 物件으로 變更된 때에는 解除權은 消滅한다.

第2節 贈與

제554조 (贈與의 意義) 贈與는 當事者 一方이 無償으로 財産을 相對方에 授與하는 意思를 表示하고 相對方이 이를 承諾함으로써 그 效力이 생긴다.

제555조 (書面에 依하지 아니한 贈與와 解除) 贈與의 意思가 書面으로 表示되지 아니한 境遇에는 各 當事者는 이를 解

제할 수 있다.

제556조 (受贈者의 行爲와 贈與의 解除) ① 受贈者가 贈與者에 對하여 다음 各號의 事由가 있는 때에는 贈與者는 그 贈與를 解除할 수 있다.
1. 贈與者 또는 그 配偶者나 直系血族에 對한 犯罪行爲가 있는 때
2. 贈與者에 對하여 扶養義務있는 境遇에 이를 履行하지 아니하는 때

② 前項의 解除權은 解除原因있음을 안 날로부터 6월을 經過하거나 贈與者가 受贈者에 對하여 容恕의 意思를 表示한 때에는 消滅한다.

제557조 (贈與者의 財産狀態變更과 贈與의 解除) 贈與契約後에 贈與者의 財産狀態가 顯著히 變更되고 그 履行으로 因하여 生計에 重大한 影響을 미칠 境遇에는 贈與者는 贈與를 解除할 수 있다.

제558조 (解除와 履行完了部分) 前3조의 規定에 依한 契約의 解除는 이미 履行한 部分에 對하여는 影響을 미치지 아니한다.

제559조 (贈與者의 擔保責任) ① 贈與者는 贈與의 目的인 物件 또는 權利의 瑕疵나 欠缺에 對하여 責任을 지지 아니한다. 그러나 贈與者가 그 瑕疵나 欠缺을 알고 受贈者에게 告知하지 아니한 때에는 그러하지 아니하다.

② 相對負擔있는 贈與에 對하여는 贈與者는 그 負擔의 限度에서 賣渡人과 같

은 擔保의 責任이 있다.

제560조 (定期贈與와 死亡으로 因한 失效) 定期의 給與를 目的으로 한 贈與는 贈與者 또는 受贈者의 死亡으로 因하여 그 效力을 잃는다.

제561조 (負擔附贈與) 相對負擔있는 贈與에 對하여는 本節의 規定外에 雙務契約에 關한 規定을 適用한다.

제562조 (死因贈與) 贈與者의 死亡으로 因하여 效力이 생길 贈與에는 遺贈에 關한 規定을 準用한다.

제3절 賣買

제1관 總則

제563조 (賣買의 意義) 賣買는 當事者 一方이 財産權을 相對方에게 移轉할 것을 約定하고 相對方이 그 代金을 支給할 것을 約定함으로써 그 效力이 생긴다.

제564조 (賣買의 一方豫約) ① 賣買의 一方豫約은 相對方이 賣買를 完結할 意思를 表示하는 때에 賣買의 效力이 생긴다.

② 前項의 意思表示의 期間을 定하지 아니한 때에는 豫約者는 相當한 期間을 定하여 賣買完結與否의 確答을 相對方에게 催告할 수 있다.

③ 豫約者가 前項의 期間內에 確答을 받지 못한 때에는 豫約은 그 效力을 잃는다.

제565조 (解約金) ① 賣買의 當事者 一方

이 契約當時에 金錢 其他 物件을 契約金, 保證金등의 名目으로 相對方에게 交付한 때에는 當事者間에 다른 約定이 없는 限 當事者의 一方이 履行에 着手할 때까지 交付者는 이를 抛棄하고 受領者는 그 倍額을 償還하여 賣買契約을 解除할 수 있다.
② 제551조의 規定은 前項의 境遇에 이를 適用하지 아니한다.

제566조 (賣買契約의 費用의 負擔) 賣買契約에 關한 費用은 當事者 雙方이 均分하여 負擔한다.

제567조 (有償契約에의 準用) 本節의 規定은 賣買 以外의 有償契約에 準用한다. 그러나 그 契約의 性質이 이를 許容하지 아니하는 때에는 그러하지 아니하다.

第2款 賣買의 效力

제568조 (賣買의 效力) ① 賣渡人은 買受人에 對하여 賣買의 目的이 된 權利를 移轉하여야 하며 買受人은 賣渡人에게 그 代金을 支給하여야 한다.
② 前項의 雙方義務는 特別한 約定이나 慣習이 없으면 同時에 履行하여야 한다.

제569조 (他人의 權利의 賣買) 賣買의 目的이 된 權利가 他人에게 屬한 境遇에는 賣渡人은 그 權利를 取得하여 買受人에게 移轉하여야 한다.

제570조 (同前-賣渡人의 擔保責任) 前條의 境遇에 賣渡人이 그 權利를 取得하여 買受人에게 移轉할 수 없는 때에는 買受人은 契約을 解除할 수 있다. 그러나 買受人이 契約當時 그 權利가 賣渡人에게 屬하지 아니함을 안 때에는 損害賠償을 請求하지 못한다.

제571조 (同前-善意의 賣渡人의 擔保責任) ① 賣渡人이 契約當時에 賣買의 目的이 된 權利가 自己에게 屬하지 아니함을 알지 못한 境遇에 그 權利를 取得하여 買受人에게 移轉할 수 없는 때에는 賣渡人은 損害를 賠償하고 契約을 解除할 수 있다.
② 前項의 境遇에 買受人이 契約當時 그 權利가 賣渡人에게 屬하지 아니함을 안 때에는 賣渡人은 買受人에 對하여 그 權利를 移轉할 수 없음을 通知하고 契約을 解除할 수 있다.

제572조 (權利의 一部가 他人에게 屬한 境遇와 賣渡人의 擔保責任) ① 賣買의 目的이 된 權利의 一部가 他人에게 屬함으로 因하여 賣渡人이 그 權利를 取得하여 買受人에게 移轉할 수 없는 때에는 買受人은 그 部分의 比率로 代金의 減額을 請求할 수 있다.
② 前項의 境遇에 殘存한 部分만이면 買受人이 이를 買受하지 아니하였을 때에는 善意의 買受人은 契約全部를 解除할 수 있다.

③ 善意의 買受人은 減額請求 또는 契約解除外에 損害賠償을 請求할 수 있다.

제573조 (前條의 權利行使의 期間) 前條의 權利는 買受人이 善意인 境遇에는 事實을 안 날로부터, 惡意인 境遇에는 契約한 날로부터 1年內에 行使하여야 한다.

제574조 (數量不足, 一部滅失의 境遇와 賣渡人의 擔保責任) 前2조의 規定은 數量을 指定한 賣買의 目的物이 不足되는 境遇와 賣買目的物의 一部가 契約當時에 이미 滅失된 境遇에 買受人이 그 不足 또는 滅失을 알지 못한 때에 準用한다.

제575조 (制限物權있는 境遇와 賣渡人의 擔保責任) ① 賣買의 目的物이 地上權, 地役權, 傳貰權, 質權 또는 留置權의 目的이 된 境遇에 買受人이 이를 알지 못한 때에는 이로 因하여 契約의 目的을 達成할 수 없는 境遇에 限하여 買受人은 契約을 解除할 수 있다. 其他의 境遇에는 損害賠償만을 請求할 수 있다.

② 前項의 規定은 賣買의 目的이 된 不動産을 爲하여 存在할 地役權이 없거나 그 不動産에 登記된 賃貸借契約이 있는 境遇에 準用한다.

③ 前2항의 權利는 買受人이 그 事實을 안 날로부터 1年內에 行使하여야 한다.

제576조 (抵當權, 傳貰權의 行使와 賣渡人의 擔保責任) ① 賣買의 目的이 된 不動産에 設定된 抵當權 또는 傳貰權의 行使로 因하여 買受人이 그 所有權을 取得할 수 없거나 取得한 所有權을 잃은 때에는 買受人은 契約을 解除할 수 있다.

② 前項의 境遇에 買受人의 出財로 그 所有權을 保存한 때에는 賣渡人에 對하여 그 償還을 請求할 수 있다.

③ 前2항의 境遇에 買受人이 損害를 받은 때에는 그 賠償을 請求할 수 있다.

제577조 (抵當權의 目的이 된 地上權, 傳貰權의 賣買와 賣渡人의 擔保責任) 前條의 規定은 抵當權의 目的이 된 地上權 또는 傳貰權이 賣買의 目的이 된 境遇에 準用한다.

제578조 (競賣와 賣渡人의 擔保責任) ① 競賣의 境遇에는 競落人은 前8조의 規定에 依하여 債務者에게 契約의 解除 또는 代金減額의 請求를 할 수 있다.

② 前項의 境遇에 債務者가 資力이 없는 때에는 競落人은 代金의 配當을 받은 債權者에 對하여 그 代金全部나 一部의 返還을 請求할 수 있다.

③ 前2항의 境遇에 債務者가 物件 또는 權利의 欠缺을 알고 告知하지 아니하거나 債權者가 이를 알고 競賣를 請求한 때에는 競落人은 그 欠缺을 안 債務者나 債權者에 對하여 損害賠償을 請求할 수 있다.

제579조 (債權賣買와 賣渡人의 擔保責任)

① 債權의 賣渡人이 債務者의 資力을 擔保한 때에는 賣買契約當時의 資力을 擔保한 것으로 推定한다.
② 辨濟期에 到達하지 아니한 債權의 賣渡人이 債務者의 資力을 擔保한 때에는 辨濟期의 資力을 擔保한 것으로 推定한다.

제580조 (賣渡人의 瑕疵擔保責任) ① 賣買의 目的物에 瑕疵가 있는 때에는 제575조제1항의 規定을 準用한다. 그러나 買受人이 瑕疵있는 것을 알았거나 過失로 因하여 이를 알지 못한 때에는 그러하지 아니하다.
② 前項의 規定은 競賣의 境遇에 適用하지 아니한다.

제581조 (種類賣買와 賣渡人의 擔保責任) ① 賣買의 目的物을 種類로 指定한 境遇에도 그 後 特定된 目的物에 瑕疵가 있는 때에는 前條의 規定을 準用한다.
② 前項의 境遇에 買受人은 契約의 解除 또는 損害賠償의 請求를 하지 아니하고 瑕疵없는 物件을 請求할 수 있다.

제582조 (前2조의 權利行使期間) 前2조에 依한 權利는 買受人이 그 事實을 안 날로부터 6月內에 行使하여야 한다.

제583조 (擔保責任과 同時履行) 제536조의 規定은 제572조 乃至 제575조, 제580조 및 제581조의 境遇에 準用한다.

제584조 (擔保責任免除의 特約) 賣渡人은 前15조에 依한 擔保責任을 免하는 特約을 한 境遇에도 賣渡人이 알고 告知하지 아니한 事實 및 第三者에게 權利를 設定 또는 讓渡한 行爲에 對하여는 責任을 免하지 못한다.

제585조 (同一期限의 推定) 賣買의 當事者 一方에 對한 義務履行의 期限이 있는 때에는 相對方의 義務履行에 對하여도 同一한 期限이 있는 것으로 推定한다.

제586조 (代金支給場所) 賣買의 目的物의 引渡와 同時에 代金을 支給할 境遇에는 그 引渡場所에서 이를 支給하여야 한다.

제587조 (果實의 歸屬, 代金의 利子) 賣買契約있은 後에도 引渡하지 아니한 目的物로부터 생긴 果實은 賣渡人에게 屬한다. 買受人은 目的物의 引渡를 받은 날로부터 代金의 利子를 支給하여야 한다. 그러나 代金의 支給에 對하여 期限이 있는 때에는 그러하지 아니하다.

제588조 (權利主張者가 있는 境遇와 代金支給拒絶權) 賣買의 目的物에 對하여 權利를 主張하는 者가 있는 境遇에 買受人이 買受한 權利의 全部나 一部를 잃을 念慮가 있는 때에는 買受人은 그 危險의 限度에서 代金의 全部나 一部의 支給을 拒絶할 수 있다. 그러나 賣渡人이 相當한 擔保를 提供한 때에는 그러하지 아니하다.

제589조 (代金供託請求權) 前條의 境遇에 賣渡人은 買受人에 對하여 代金의 供託

을 請求할 수 있다.

第3款 還買

제590조 (還買의 意義) ① 賣渡人이 賣買契約과 同時에 還買할 權利를 保留한 때에는 그 領收한 代金 및 買受人이 負擔한 賣買費用을 返還하고 그 目的物을 還買할 수 있다.
② 前項의 還買代金에 關하여 特別한 約定이 있으면 그 約定에 依한다.
③ 前2항의 境遇에 目的物의 果實과 代金의 利子는 特別한 約定이 없으면 이를 相計한 것으로 본다.

제591조 (還買期間) ① 還買期間은 不動産은 5年, 動産은 3年을 넘지 못한다. 約定期間이 이를 넘는 때에는 不動産은 5年, 動産은 3年으로 短縮한다.
② 還買期間을 定한 때에는 다시 이를 延長하지 못한다.
③ 還買期間을 定하지 아니한 때에는 그 期間은 不動産은 5年, 動産은 3年으로 한다.

제592조 (還買登記) 賣買의 目的物이 不動産인 境遇에 賣買登記와 同時에 還買權의 保留를 登記한 때에는 第三者에 對하여 그 效力이 있다.

제593조 (還買權의 代位行使와 買受人의 權利) 賣渡人의 債權者가 賣渡人을 代位하여 還買하고자 하는 때에는 買受人은 法院이 選定한 鑑定人의 評價額에서 賣渡人이 返還할 金額을 控除한 殘額으로 賣渡人의 債務를 辨濟하고 剩餘額이 있으면 이를 賣渡人에게 支給하여 還買權을 消滅시킬 수 있다.

제594조 (還買의 實行) ① 賣渡人은 期間 內에 代金과 賣買費用을 買受人에게 提供하지 아니하면 還買할 權利를 잃는다.
② 買受人이나 轉得者가 目的物에 對하여 費用을 支出한 때에는 賣渡人은 제203조의 規定에 依하여 이를 償還하여야 한다. 그러나 有益費에 對하여는 法院은 賣渡人의 請求에 依하여 相當한 償還期間을 許與할 수 있다.

제595조 (共有持分의 還買) 共有者의 1人이 還買할 權利를 保留하고 그 持分을 賣渡한 後 그 目的物의 分割이나 競賣가 있는 때에는 賣渡人은 買受人이 받은 또는 받을 部分이나 代金에 對하여 還買權을 行使할 수 있다. 그러나 賣渡人에게 通知하지 아니한 買受人은 그 分割이나 競賣로써 賣渡人에게 對抗하지 못한다.

第4節 交換

제596조 (交換의 意義) 交換은 當事者 雙方이 金錢 以外의 財産權을 相互移轉할 것을 約定함으로써 그 效力이 생긴다.

제597조 (金錢의 補充支給의 境遇) 當事者 一方이 前條의 財産權移轉과 金錢의 補

充支給을 約定한 때에는 그 金錢에 對하여는 賣買代金에 關한 規定을 準用한다.

第5節 消費貸借

제598조 (消費貸借의 意義) 消費貸借는 當事者 一方이 金錢 其他 代替物의 所有權을 相對方에게 移轉할 것을 約定하고 相對方은 그와 같은 種類, 品質 및 數量으로 返還할 것을 約定함으로써 그 效力이 생긴다.

제599조 (破産과 消費貸借의 失效) 貸主가 目的物을 借主에게 引渡하기 前에 當事者 一方이 破産宣告를 받은 때에는 消費貸借는 그 效力을 잃는다.

제600조 (利子計算의 始期) 利子있는 消費貸借는 借主가 目的物의 引渡를 받은 때로부터 利子를 計算하여야 하며 借主가 그 責任있는 事由로 受領을 遲滯할 때에는 貸主가 履行을 提供한 때로부터 利子를 計算하여야 한다.

제601조 (無利子消費貸借와 解除權) 利子없는 消費貸借의 當事者는 目的物의 引渡前에는 언제든지 契約을 解除할 수 있다. 그러나 相對方에게 생긴 損害가 있는 때에는 이를 賠償하여야 한다.

제602조 (貸主의 擔保責任) ① 利子있는 消費貸借의 目的物에 瑕疵가 있는 境遇에는 제580조 乃至 제582조의 規定을 準用한다.

② 利子없는 消費貸借의 境遇에는 借主는 瑕疵있는 物件의 價額으로 返還할 수 있다. 그러나 貸主가 그 瑕疵를 알고 借主에게 告知하지 아니한 때에는 前項과 같다.

제603조 (返還時期) ① 借主는 約定時期에 借用物과 같은 種類, 品質 및 數量의 物件을 返還하여야 한다.

② 返還時期의 約定이 없는 때에는 貸主는 相當한 期間을 定하여 返還을 催告하여야 한다. 그러나 借主는 언제든지 返還할 수 있다.

제604조 (返還不能으로 因한 市價償還) 借主가 借用物과 같은 種類, 品質 및 數量의 物件을 返還할 수 없는 때에는 그때의 市價로 償還하여야 한다. 그러나 제376조 및 제377조제2항의 境遇에는 그러하지 아니하다.

제605조 (準消費貸借) 當事者 雙方이 消費貸借에 依하지 아니하고 金錢 其他의 代替物을 支給할 義務가 있는 境遇에 當事者가 그 目的物을 消費貸借의 目的으로 할 것을 約定한 때에는 消費貸借의 效力이 생긴다.

제606조 (代物貸借) 金錢貸借의 境遇에 借主가 金錢에 갈음하여 有價證券 其他 物件의 引渡를 받은 때에는 그 引渡時의 價額으로써 借用額으로 한다.

〈개정 2014.12.30.〉

제607조 (代物返還의 豫約) 借用物의 返還

에 關하여 借主가 借用物에 갈음하여 다른 財産權을 移轉할 것을 豫約한 境遇에는 그 財産의 豫約當時의 價額이 借用額 및 이에 붙인 利子의 合算額을 넘지 못한다.

제608조 (借主에 不利益한 約定의 禁止) 前2조의 規定에 違反한 當事者의 約定으로서 借主에 不利한 것은 還買 其他 如何한 名目이라도 그 效力이 없다.

第6節 使用貸借

제609조 (使用貸借의 意義) 使用貸借는 當事者 一方이 相對方에게 無償으로 使用, 收益하게 하기 爲하여 目的物을 引渡할 것을 約定하고 相對方은 이를 使用, 收益한 後 그 物件을 返還할 것을 約定함으로써 그 效力이 생긴다.

제610조 (借主의 使用, 收益權) ① 借主는 契約 또는 그 目的物의 性質에 依하여 定하여진 用法으로 이를 使用, 收益하여야 한다.
② 借主는 貸主의 承諾이 없으면 第三者에게 借用物을 使用, 收益하게 하지 못한다.
③ 借主가 前2항의 規定에 違反한 때에는 貸主는 契約을 解止할 수 있다.

제611조 (費用의 負擔) ① 借主는 借用物의 通常의 必要費를 負擔한다.
② 其他의 費用에 對하여는 제594조제2항의 規定을 準用한다.

제612조 (準用規定) 제559조, 제601조의 規定은 使用貸借에 準用한다.

제613조 (借用物의 返還時期) ① 借主는 約定時期에 借用物을 返還하여야 한다.
② 時期의 約定이 없는 境遇에는 借主는 契約 또는 目的物의 性質에 依한 使用, 收益이 終了한 때에 返還하여야 한다. 그러나 使用, 收益에 足한 期間이 經過한 때에는 貸主는 언제든지 契約을 解止할 수 있다.

제614조 (借主의 死亡, 破産과 解止) 借主가 死亡하거나 破産宣告를 받은 때에는 貸主는 契約을 解止할 수 있다.

제615조 (借主의 原狀回復義務와 撤去權) 借主가 借用物을 返還하는 때에는 이를 原狀에 回復하여야 한다. 이에 附屬시킨 物件은 撤去할 수 있다.

제616조 (共同借主의 連帶義務) 數人이 共同하여 物件을 借用한 때에는 連帶하여 그 義務를 負擔한다.

제617조 (損害賠償, 費用償還請求의 期間) 契約 또는 目的物의 性質에 違反한 使用, 收益으로 因하여 생긴 損害賠償의 請求와 借主가 支出한 費用의 償還請求는 貸主가 物件의 返還을 받은 날로부터 6月內에 하여야 한다.

第7節 賃貸借

제618조 (賃貸借의 意義) 賃貸借는 當事者 一方이 相對方에게 目的物을 使用, 收

益하게 할 것을 約定하고 相對方이 이에 對하여 借賃을 支給할 것을 約定함으로써 그 效力이 생긴다.

제619조 (處分能力, 權限없는 者의 할 수 있는 短期賃貸借) 處分의 能力 또는 權限없는 者가 賃貸借를 하는 境遇에는 그 賃貸借는 다음 各號의 期間을 넘지 못한다.
1. 植木, 採鹽 또는 石造, 石灰造, 煉瓦造 및 이와 類似한 建築을 目的으로 한 土地의 賃貸借는 10年
2. 其他 土地의 賃貸借는 5年
3. 建物 其他 工作物의 賃貸借는 3年
4. 動産의 賃貸借는 6月

제620조 (短期賃貸借의 更新) 前條의 期間은 更新할 수 있다. 그러나 그 期間滿了前 土地에 對하여는 1年, 建物 其他 工作物에 對하여는 3月, 動産에 對하여는 1月內에 更新하여야 한다.

제621조 (賃貸借의 登記) ① 不動産賃借人은 當事者間에 反對約定이 없으면 賃貸人에 對하여 그 賃貸借登記節次에 協力할 것을 請求할 수 있다.
② 不動産賃貸借를 登記한 때에는 그때부터 第三者에 對하여 效力이 생긴다.

제622조 (建物登記있는 借地權의 對抗力) ① 建物의 所有를 目的으로 한 土地賃貸借는 이를 登記하지 아니한 境遇에도 賃借人이 그 地上建物을 登記한 때에는 第三者에 對하여 賃貸借의 效力이 생긴

다.
② 建物이 賃貸借期間滿了前에 滅失 또는 朽廢한 때에는 前項의 效力을 잃는다.

제623조 (賃貸人의 義務) 賃貸人은 目的物을 賃借人에게 引渡하고 契約存續中 그 使用, 收益에 必要한 狀態를 維持하게 할 義務를 負擔한다.

제624조 (賃貸人의 保存行爲, 忍容義務) 賃貸人이 賃貸物의 保存에 必要한 行爲를 하는 때에는 賃借人은 이를 拒絶하지 못한다.

제625조 (賃借人의 意思에 反하는 保存行爲와 解止權) 賃貸人이 賃借人의 意思에 反하여 保存行爲를 하는 境遇에 賃借人이 이로 因하여 賃借의 目的을 達成할 수 없는 때에는 契約을 解止할 수 있다.

제626조 (賃借人의 償還請求權) ① 賃借人이 賃借物의 保存에 關한 必要費를 支出한 때에는 賃貸人에 對하여 그 償還을 請求할 수 있다.
② 賃借人이 有益費를 支出한 境遇에는 賃貸人은 賃貸借終了時에 그 價額의 增加가 現存한 때에 限하여 賃借人의 支出한 金額이나 그 增加額을 償還하여야 한다. 이 境遇에 法院은 賃貸人의 請求에 依하여 相當한 償還期間을 許與할 수 있다.

제627조 (一部滅失 等과 減額請求, 解止權) ① 賃借物의 一部가 賃借人의 過失없이

민법 71

滅失 其他 事由로 因하여 使用, 收益할 수 없는 때에는 賃借人은 그 部分의 比率에 依한 借賃의 減額을 請求할 수 있다.
② 前項의 境遇에 그 殘存部分으로 賃借의 目的을 達成할 수 없는 때에는 賃借人은 契約을 解止할 수 있다.

제628조 (借賃增減請求權) 賃借物에 對한 公課負擔의 增減 其他 經濟事情의 變動으로 因하여 約定한 借賃이 相當하지 아니하게 된 때에는 當事者는 將來에 對한 借賃의 增減을 請求할 수 있다.

제629조 (賃借權의 讓渡, 轉貸의 制限) ① 賃借人은 賃貸人의 同意없이 그 權利를 讓渡하거나 賃借物을 轉貸하지 못한다.
② 賃借人이 前項의 規定에 違反한 때에는 賃貸人은 契約을 解止할 수 있다.

제630조 (轉貸의 效果) ① 賃借人이 賃貸人의 同意를 얻어 賃借物을 轉貸한 때에는 轉借人은 直接 賃貸人에 對하여 義務를 負擔한다. 이 境遇에 轉借人은 轉貸人에 對한 借賃의 支給으로써 賃貸人에게 對抗하지 못한다.
② 前項의 規定은 賃貸人의 賃借人에 對한 權利行使에 影響을 미치지 아니한다.

제631조 (轉借人의 權利의 確定) 賃借人이 賃貸人의 同意를 얻어 賃借物을 轉貸한 境遇에는 賃貸人과 賃借人의 合意로 契約을 終了한 때에도 轉借人의 權利는 消滅하지 아니한다.

제632조 (賃借建物의 小部分을 他人에게 使用케 하는 境遇) 前3조의 規定은 建物의 賃借人이 그 建物의 小部分을 他人에게 使用하게 하는 境遇에 適用하지 아니한다.

제633조 (借賃支給의 時期) 借賃은 動産, 建物이나 垈地에 對하여는 每月末에, 其他 土地에 對하여는 每年末에 支給하여야 한다. 그러나 收穫期있는 것에 對하여는 그 收穫後 遲滯없이 支給하여야 한다.

제634조 (賃借人의 通知義務) 賃借物의 修理를 要하거나 賃借物에 對하여 權利를 主張하는 者가 있는 때에는 賃借人은 遲滯없이 賃貸人에게 이를 通知하여야 한다. 그러나 賃貸人이 이미 이를 안 때에는 그러하지 아니하다.

제635조 (期間의 約定없는 賃貸借의 解止通告) ① 賃貸借期間의 約定이 없는 때에는 當事者는 언제든지 契約解止의 通告를 할 수 있다.
② 相對方이 前項의 通告를 받은 날로부터 다음 各號의 期間이 經過하면 解止의 效力이 생긴다.
1. 土地, 建物 其他 工作物에 對하여는 賃貸人이 解止를 通告한 境遇에는 6月, 賃借人이 解止를 通告한 境遇에는 1月
2. 動産에 對하여는 5日

제636조 (期間의 約定있는 賃貸借의 解止通

告) 賃貸借期間의 約定이 있는 境遇에도 當事者一方 또는 雙方이 그 期間內에 解止할 權利를 保留한 때에는 前條의 規定을 準用한다.

제637조 (賃借人의 破産과 解止通告) ① 賃借人이 破産宣告를 받은 境遇에는 賃貸借期間의 約定이 있는 때에도 賃貸人 또는 破産管財人은 제635조의 規定에 依하여 契約解止의 通告를 할 수 있다.
② 前項의 境遇에 各 當事者는 相對方에 對하여 契約解止로 因하여 생긴 損害의 賠償을 請求하지 못한다.

제638조 (解止通告의 轉借人에 對한 通知) ① 賃貸借契約이 解止의 通告로 因하여 終了된 境遇에 그 賃貸物이 適法하게 轉貸되었을 때에는 賃貸人은 轉借人에 對하여 그 事由를 通知하지 아니하면 解止로써 轉借人에게 對抗하지 못한다.
② 轉借人이 前項의 通知를 받은 때에는 제635조제2항의 規定을 準用한다.

제639조 (묵시의 更新) ① 賃貸借期間이 滿了한 後 賃借人이 賃借物의 使用, 收益을 繼續하는 境遇에 賃貸人이 相當한 期間內에 異議를 하지 아니한 때에는 前賃貸借와 同一한 條件으로 다시 賃貸借한 것으로 본다. 그러나 當事者는 제635조의 規定에 依하여 解止의 通告를 할 수 있다.
② 前項의 境遇에 前賃貸借에 對하여 第三者가 提供한 擔保는 期間의 滿了로 因하여 消滅한다.

제640조 (借賃延滯와 解止) 建物 其他 工作物의 賃貸借에는 賃借人의 借賃延滯額이 2期의 借賃額에 達하는 때에는 賃貸人은 契約을 解止할 수 있다.

제641조 (同前) 建物 其他 工作物의 所有 또는 植木, 採鹽, 牧畜을 目的으로 한 土地賃貸借의 境遇에도 前條의 規定을 準用한다.

제642조 (土地賃貸借의 解止와 地上建物 等에 對한 擔保物權者에의 通知) 前條의 境遇에 그 地上에 있는 建物 其他 工作物이 擔保物權의 目的이 된 때에는 제288조의 規定을 準用한다.

제643조 (賃借人의 更新請求權, 買受請求權) 建物 其他 工作物의 所有 또는 植木, 採鹽, 牧畜을 目的으로 한 土地賃貸借의 期間이 滿了한 境遇에 建物, 樹木 其他 地上施設이 現存한 때에는 제283조의 規定을 準用한다.

제644조 (轉借人의 賃貸請求權, 買受請求權) ① 建物 其他 工作物의 所有 또는 植木, 採鹽, 牧畜을 目的으로 한 土地賃借人이 適法하게 그 土地를 轉貸한 境遇에 賃貸借 및 轉貸借의 期間이 同時에 滿了되고 建物, 樹木 其他 地上施設이 現存한 때에는 轉借人은 賃貸人에 對하여 前轉貸借와 同一한 條件으로 賃貸할 것을 請求할 수 있다.
② 前項의 境遇에 賃貸人이 賃貸할 것

민법 73

을 願하지 아니하는 때에는 제283조제2항의 規定을 準用한다.

제645조 (地上權目的土地의 賃借人의 賃貸請求權, 買受請求權) 前條의 規定은 地上權者가 그 土地를 賃貸한 境遇에 準用한다.

제646조 (賃借人의 附屬物買受請求權) ① 建物 其他 工作物의 賃借人이 그 使用의 便益을 爲하여 賃貸人의 同意를 얻어 이에 附屬한 物件이 있는 때에는 賃貸借의 終了時에 賃貸人에 對하여 그 附屬物의 買受를 請求할 수 있다.
② 賃貸人으로부터 買受한 附屬物에 對하여도 前項과 같다.

제647조 (轉借人의 附屬物買受請求權) ① 建物 其他 工作物의 賃借人이 適法하게 轉貸한 境遇에 轉借人이 그 使用의 便益을 爲하여 賃貸人의 同意를 얻어 이에 附屬한 物件이 있는 때에는 轉貸借의 終了時에 賃貸人에 對하여 그 附屬物의 買受를 請求할 수 있다.
② 賃貸人으로부터 買受하였거나 그 同意를 얻어 賃借人으로부터 買受한 附屬物에 對하여도 前項과 같다.

제648조 (賃借地의 附屬物, 果實 등에 對한 法定質權) 土地賃貸人이 賃貸借에 關한 債權에 依하여 賃借地에 附屬 또는 그 使用의 便益에 供用한 賃借人의 所有動産 및 그 土地의 果實을 押留한 때에는 質權과 同一한 效力이 있다.

제649조 (賃借地上의 建物에 對한 法定抵當權) 土地賃貸人이 辨濟期를 經過한 最後 2年의 借賃債權에 依하여 그 地上에 있는 賃借人所有의 建物을 押留한 때에는 抵當權과 同一한 效力이 있다.

제650조 (賃借建物等의 附屬物에 對한 法定質權) 建物 其他 工作物의 賃貸人이 賃貸借에 關한 債權에 依하여 그 建物 其他 工作物에 附屬한 賃借人所有의 動産을 押留한 때에는 質權과 同一한 效力이 있다.

제651조 삭제 〈2016.1.6.〉[2016.1.6. 법률 제13710호에 의하여 2013.12.26. 헌법재판소에서 위헌결정 된 이 조를 삭제함.]

제652조 (强行規定) 제627조, 제628조, 제631조, 제635조, 제638조, 제640조, 제641조, 제643조 乃至 제647조의 規定에 違反하는 約定으로 賃借人이나 轉借人에게 不利한 것은 그 效力이 없다.

제653조 (一時使用을 爲한 賃貸借의 特例) 제628조, 제638조, 제640조, 제646조 乃至 제648조, 제650조 및 前條의 規定은 一時使用하기 爲한 賃貸借 또는 轉貸借인 것이 明白한 境遇에는 適用하지 아니한다.

제654조 (準用規定) 제610조제1항, 제615조 乃至 제617조의 規定은 賃貸借에 이를 準用한다.

第8節 雇傭

제655조 (雇傭의 意義) 雇傭은 當事者 一方이 相對方에 對하여 勞務를 提供할 것을 約定하고 相對方이 이에 對하여 報酬를 支給할 것을 約定함으로써 그 效力이 생긴다.

제656조 (報酬額과 그 支給時期) ① 報酬 또는 報酬額의 約定이 없는 때에는 慣習에 依하여 支給하여야 한다.
② 報酬는 約定한 時期에 支給하여야 하며 時期의 約定이 없으면 慣習에 依하고 慣習이 없으면 約定한 勞務를 終了한 後 遲滯없이 支給하여야 한다.

제657조 (權利義務의 專屬性) ① 使用者는 勞務者의 同意없이 그 權利를 第三者에게 讓渡하지 못한다.
② 勞務者는 使用者의 同意없이 第三者로 하여금 自己에 갈음하여 勞務를 提供하게 하지 못한다.
③ 當事者 一方이 前2항의 規定에 違反한 때에는 相對方은 契約을 解止할 수 있다.

제658조 (勞務의 內容과 解止權) ① 使用者가 勞務者에 對하여 約定하지 아니한 勞務의 提供을 要求할 때에는 勞務者는 契約을 解止할 수 있다.
② 約定한 勞務가 特殊한 技能을 要하는 境遇에 勞務者가 그 技能이 없는 때에는 使用者는 契約을 解止할 수 있다.

제659조 (3年 以上의 經過와 解止通告權)
① 雇傭의 約定期間이 3年을 넘거나 當事者의 一方 또는 第三者의 終身까지로 된 때에는 各 當事者는 3年을 經過한 後 언제든지 契約解止의 通告를 할 수 있다.
② 前項의 境遇에는 相對方이 解止의 通告를 받은 날로부터 3月이 經過하면 解止의 效力이 생긴다.

제660조 (期間의 約定이 없는 雇傭의 解止通告) ① 雇傭期間의 約定이 없는 때에는 當事者는 언제든지 契約解止의 通告를 할 수 있다.
② 前項의 境遇에는 相對方이 解止의 通告를 받은 날로부터 1月이 經過하면 解止의 效力이 생긴다.
③ 期間으로 報酬를 定한 때에는 相對方이 解止의 通告를 받은 當期後의 一期를 經過함으로써 解止의 效力이 생긴다.

제661조 (不得已한 事由와 解止權) 雇傭期間의 約定이 있는 境遇에도 不得已한 事由있는 때에는 各 當事者는 契約을 解止할 수 있다. 그러나 그 事由가 當事者 一方의 過失로 因하여 생긴 때에는 相對方에 對하여 損害를 賠償하여야 한다.

제662조 (默示의 更新) ① 雇傭期間이 滿了한 後 勞務者가 繼續하여 그 勞務를 提供하는 境遇에 使用者가 相當한 期間 內에 異議를 하지 아니한 때에는 前雇傭과 同一한 條件으로 다시 雇傭한 것

으로 본다. 그러나 當事者는 제660조의 規定에 依하여 解止의 通告를 할 수 있다.
② 前項의 境遇에는 前雇傭에 對하여 第三者가 提供한 擔保는 期間의 滿了로 因하여 消滅한다.

제663조 (使用者破産과 解止通告) ① 使用者가 破産宣告를 받은 境遇에는 雇傭期間의 約定이 있는 때에도 勞務者 또는 破産管財人은 契約을 解止할 수 있다.
② 前項의 境遇에는 各 當事者는 契約解止로 因한 損害의 賠償을 請求하지 못한다.

第9節 都給

제664조 (都給의 意義) 都給은 當事者 一方이 어느 일을 完成할 것을 約定하고 相對方이 그 일의 結果에 對하여 報酬를 支給할 것을 約定함으로써 그 效力이 생긴다.

제665조 (報酬의 支給時期) ① 報酬는 그 完成된 目的物의 引渡와 同時에 支給하여야 한다. 그러나 目的物의 引渡를 要하지 아니하는 境遇에는 그 일을 完成한 後 遲滯없이 支給하여야 한다.
② 前項의 報酬에 關하여는 제656조제2항의 規定을 準用한다.

제666조 (受給人의 目的不動産에 對한 抵當權設定請求權) 不動産工事의 受給人은 前條의 報酬에 關한 債權을 擔保하기 爲하여 그 不動産을 目的으로 한 抵當權의 設定을 請求할 수 있다.

제667조 (受給人의 擔保責任) ① 完成된 目的物 또는 完成前의 成就된 部分에 瑕疵가 있는 때에는 都給人은 受給人에 對하여 相當한 期間을 定하여 그 瑕疵의 補修를 請求할 수 있다. 그러나 瑕疵가 重要하지 아니한 境遇에 그 補修에 過多한 費用을 要할 때에는 그러하지 아니하다.
② 都給人은 瑕疵의 補修에 갈음하여 또는 補修와 함께 損害賠償을 請求할 수 있다.
③ 前項의 境遇에는 제536조의 規定을 準用한다.

제668조 (同前-都給人의 解除權) 都給人이 完成된 目的物의 瑕疵로 因하여 契約의 目的을 達成할 수 없는 때에는 契約을 解除할 수 있다. 그러나 建物 其他 土地의 工作物에 對하여는 그러하지 아니하다.

제669조 (同前-瑕疵가 都給人의 提供한 材料 또는 指示에 基因한 境遇의 免責) 前2조의 規定은 目的物의 瑕疵가 都給人이 提供한 材料의 性質 또는 都給人의 指示에 基因한 때에는 適用하지 아니한다. 그러나 受給人이 그 材料 또는 指示의 不適當함을 알고 都給人에게 告知하지 아니한 때에는 그러하지 아니하다.

제670조 (擔保責任의 存續期間) ① 前3조

의 規定에 依한 瑕疵의 補修, 損害賠償의 請求 및 契約의 解除는 目的物의 引渡를 받은 날로부터 1年內에 하여야 한다.
② 目的物의 引渡를 要하지 아니하는 境遇에는 前項의 期間은 일의 終了한 날로부터 起算한다.

제671조 (受給人의 擔保責任-土地, 建物 等에 對한 特則) ① 土地, 建物 其他 工作物의 受給人은 目的物 또는 地盤工事의 瑕疵에 對하여 引渡後 5年間 擔保의 責任이 있다. 그러나 目的物이 石造, 石灰造, 煉瓦造, 金屬 其他 이와 類似한 材料로 造成된 것인 때에는 그 期間을 10年으로 한다.
② 前項의 瑕疵로 因하여 目的物이 滅失 또는 毁損된 때에는 都給人은 그 滅失 또는 毁損된 날로부터 1年內에 제667조의 權利를 行使하여야 한다.

제672조 (擔保責任免除의 特約) 受給人은 제667조, 제668조의 擔保責任이 없음을 約定한 境遇에도 알고 告知하지 아니한 事實에 對하여는 그 責任을 免하지 못한다.

제673조 (完成前의 都給人의 解除權) 受給人이 일을 完成하기 前에는 都給人은 損害를 賠償하고 契約을 解除할 수 있다.

제674조 (都給人의 破産과 解除權) ① 都給人이 破産宣告를 받은 때에는 受給人 또는 破産管財人은 契約을 解除할 수 있다. 이 境遇에는 受給人은 일의 完成된 部分에 對한 報酬 및 報酬에 包含되지 아니한 費用에 對하여 破産財團의 配當에 加入할 수 있다.
② 前項의 境遇에는 各 當事者는 相對方에 對하여 契約解除로 因한 損害의 賠償을 請求하지 못한다.

제9절의2 여행계약

제674조의2 (여행계약의 의의) 여행계약은 당사자 한쪽이 상대방에게 운송, 숙박, 관광 또는 그 밖의 여행 관련 용역을 결합하여 제공하기로 약정하고 상대방이 그 대금을 지급하기로 약정함으로써 효력이 생긴다. [본조신설 2015.2.3.]

제674조의3 (여행 개시 전의 계약 해제) 여행자는 여행을 시작하기 전에는 언제든지 계약을 해제할 수 있다. 다만, 여행자는 상대방에게 발생한 손해를 배상하여야 한다. [본조신설 2015.2.3.]

제674조의4 (부득이한 사유로 인한 계약 해지) ① 부득이한 사유가 있는 경우에는 각 당사자는 계약을 해지할 수 있다. 다만, 그 사유가 당사자 한쪽의 과실로 인하여 생긴 경우에는 상대방에게 손해를 배상하여야 한다.
② 제1항에 따라 계약이 해지된 경우에도 계약상 귀환운송(歸還運送) 의무가 있는 여행주최자는 여행자를 귀환운송

할 의무가 있다.

③ 제1항의 해지로 인하여 발생하는 추가 비용은 그 해지 사유가 어느 당사자의 사정에 속하는 경우에는 그 당사자가 부담하고, 누구의 사정에도 속하지 아니하는 경우에는 각 당사자가 절반씩 부담한다. [본조신설 2015.2.3.]

제674조의5 (대금의 지급시기) 여행자는 약정한 시기에 대금을 지급하여야 하며, 그 시기의 약정이 없으면 관습에 따르고, 관습이 없으면 여행의 종료 후 지체 없이 지급하여야 한다.

[본조신설 2015.2.3.]

제674조의6 (여행주최자의 담보책임) ① 여행에 하자가 있는 경우에는 여행자는 여행주최자에게 하자의 시정 또는 대금의 감액을 청구할 수 있다. 다만, 그 시정에 지나치게 많은 비용이 들거나 그 밖에 시정을 합리적으로 기대할 수 없는 경우에는 시정을 청구할 수 없다.

② 제1항의 시정 청구는 상당한 기간을 정하여 하여야 한다. 다만, 즉시 시정할 필요가 있는 경우에는 그러하지 아니하다.

③ 여행자는 시정 청구, 감액 청구를 갈음하여 손해배상을 청구하거나 시정 청구, 감액 청구와 함께 손해배상을 청구할 수 있다. [본조신설 2015.2.3.]

제674조의7 (여행주최자의 담보책임과 여행자의 해지권) ① 여행자는 여행에 중대한 하자가 있는 경우에 그 시정이 이루어지지 아니하거나 계약의 내용에 따른 이행을 기대할 수 없는 경우에는 계약을 해지할 수 있다.

② 계약이 해지된 경우에는 여행주최자는 대금청구권을 상실한다. 다만, 여행자가 실행된 여행으로 이익을 얻은 경우에는 그 이익을 여행주최자에게 상환하여야 한다.

③ 여행주최자는 계약의 해지로 인하여 필요하게 된 조치를 할 의무를 지며, 계약상 귀환운송 의무가 있으면 여행자를 귀환운송하여야 한다. 이 경우 상당한 이유가 있는 때에는 여행주최자는 여행자에게 그 비용의 일부를 청구할 수 있다. [본조신설 2015.2.3.]

제674조의8 (담보책임의 존속기간) 제674조의6과 제674조의7에 따른 권리는 여행 기간 중에도 행사할 수 있으며, 계약에서 정한 여행 종료일부터 6개월 내에 행사하여야 한다. [본조신설 2015.2.3.]

제674조의9 (강행규정) 제674조의3, 제674조의4 또는 제674조의6부터 제674조의8까지의 규정을 위반하는 약정으로서 여행자에게 불리한 것은 효력이 없다. [본조신설 2015.2.3.]

제10節 懸賞廣告

제675조 (懸賞廣告의 意義) 懸賞廣告는 廣告者가 어느 行爲를 한 者에게 一定한

報酬를 支給할 意思를 表示하고 이에 應한 者가 그 廣告에 定한 行爲를 完了함으로써 그 效力이 생긴다.

제676조 (報酬受領權者) ① 廣告에 定한 行爲를 完了한 者가 數人인 境遇에는 먼저 그 行爲를 完了한 者가 報酬를 받을 權利가 있다.
② 數人이 同時에 完了한 境遇에는 各各 均等한 比率로 報酬를 받을 權利가 있다. 그러나 報酬가 그 性質上 分割할 수 없거나 廣告에 1人만이 報酬를 받을 것으로 定한 때에는 抽籤에 依하여 決定한다.

제677조 (廣告不知의 行爲) 前條의 規定은 廣告있음을 알지 못하고 廣告에 定한 行爲를 完了한 境遇에 準用한다.

제678조 (優秀懸賞廣告) ① 廣告에 定한 行爲를 完了한 者가 數人인 境遇에 그 優秀한 者에 限하여 報酬를 支給할 것을 定하는 때에는 그 廣告에 應募期間을 定한 때에 限하여 그 效力이 생긴다.
② 前項의 境遇에 優秀의 判定은 廣告中에 定한 者가 한다. 廣告 中에 判定者를 定하지 아니한 때에는 廣告者가 判定한다.
③ 優秀한 者 없다는 判定은 이를 할 수 없다. 그러나 廣告 中에 다른 意思表示가 있거나 廣告의 性質上 判定의 標準이 定하여져 있는 때에는 그러하지 아니하다.

④ 應募者는 前2항의 判定에 對하여 異議를 하지 못한다.
⑤ 數人의 行爲가 同等으로 判定된 때에는 제676조제2항의 規定을 準用한다.

제679조 (懸賞廣告의 撤回) ① 廣告에 그 指定한 行爲의 完了期間을 定한 때에는 그 期間滿了前에 廣告를 撤回하지 못한다.
② 廣告에 行爲의 完了期間을 定하지 아니한 때에는 그 行爲를 完了한 者 있기 前에는 그 廣告와 同一한 方法으로 廣告를 撤回할 수 있다.
③ 前廣告와 同一한 方法으로 撤回할 수 없는 때에는 그와 類似한 方法으로 撤回할 수 있다. 이 撤回는 撤回한 것을 안 者에 對하여만 그 效力이 있다.

第11節 委任

제680조 (委任의 意義) 委任은 當事者 一方이 相對方에 對하여 事務의 處理를 委託하고 相對方이 이를 承諾함으로써 그 效力이 생긴다.

제681조 (受任人의 善管義務) 受任人은 委任의 本旨에 따라 善良한 管理者의 注意로써 委任事務를 處理하여야 한다.

제682조 (復任權의 制限) ① 受任人은 委任人의 承諾이나 不得已한 事由없이 第三者로 하여금 自己에 갈음하여 委任事務를 處理하게 하지 못한다.

② 受任人이 前項의 規定에 依하여 第三者에게 委任事務를 處理하게 한 境遇에는 제121조, 제123조의 規定을 準用한다.

제683조 (受任人의 報告義務) 受任人은 委任人의 請求가 있는 때에는 委任事務의 處理狀況을 報告하고 委任이 終了한 때에는 遲滯없이 그 顚末을 報告하여야 한다.

제684조 (受任人의 取得物 等의 引渡, 移轉義務) ① 受任人은 委任事務의 處理로 因하여 받은 金錢 其他의 物件 및 그 收取한 果實을 委任人에게 引渡하여야 한다.

② 受任人이 委任人을 爲하여 自己의 名義로 取得한 權利는 委任人에게 移轉하여야 한다.

제685조 (受任人의 金錢消費의 責任) 受任人이 委任人에게 引渡할 金錢 또는 委任人의 利益을 爲하여 使用할 金錢을 自己를 爲하여 消費한 때에는 消費한 날 以後의 利子를 支給하여야 하며 그 外의 損害가 있으면 賠償하여야 한다.

제686조 (受任人의 報酬請求權) ① 受任人은 特別한 約定이 없으면 委任人에 對하여 報酬를 請求하지 못한다.

② 受任人이 報酬를 받을 境遇에는 委任事務를 完了한 後가 아니면 이를 請求하지 못한다. 그러나 期間으로 報酬를 定한 때에는 그 期間이 經過한 後에 이를 請求할 수 있다.

③ 受任人이 委任事務를 處理하는 中에 受任人의 責任없는 事由로 因하여 委任이 終了된 때에는 受任人은 이미 處理한 事務의 比率에 따른 報酬를 請求할 수 있다.

제687조 (受任人의 費用先給請求權) 委任事務의 處理에 費用을 要하는 때에는 委任人은 受任人의 請求에 依하여 이를 先給하여야 한다.

제688조 (受任人의 費用償還請求權 等) ① 受任人이 委任事務의 處理에 關하여 必要費를 支出한 때에는 委任人에 對하여 支出한 날 以後의 利子를 請求할 수 있다.

② 受任人이 委任事務의 處理에 必要한 債務를 負擔한 때에는 委任人에게 自己에 갈음하여 이를 辨濟하게 할 수 있고 그 債務가 辨濟期에 있지 아니한 때에는 相當한 擔保를 提供하게 할 수 있다.

③ 受任人이 委任事務의 處理를 爲하여 過失없이 損害를 받은 때에는 委任人에 對하여 그 賠償을 請求할 수 있다.

제689조 (委任의 相互解止의 自由) ① 委任契約은 各 當事者가 언제든지 解止할 수 있다.

② 當事者 一方이 不得已한 事由없이 相對方의 不利한 時期에 契約을 解止한 때에는 그 損害를 賠償하여야 한다.

제690조 (사망·파산 등과 위임의 종료) 위

임은 당사자 한쪽의 사망이나 파산으로 종료된다. 수임인이 성년후견개시의 심판을 받은 경우에도 이와 같다.

[전문개정 2011.3.7.]

제691조 (委任終了時의 緊急處理) 委任終了의 境遇에 急迫한 事情이 있는 때에는 受任人, 그 相續人이나 法定代理人은 委任人, 그 相續人이나 法定代理人이 委任事務를 處理할 수 있을 때까지 그 事務의 處理를 繼續하여야 한다. 이 境遇에는 委任의 存續과 同一한 效力이 있다.

제692조 (委任終了의 對抗要件) 委任終了의 事由는 이를 相對方에게 通知하거나 相對方이 이를 안 때가 아니면 이로써 相對方에게 對抗하지 못한다.

第12節 任置

제693조 (任置의 意義) 任置는 當事者 一方이 相對方에 對하여 金錢이나 有價證券 其他 物件의 保管을 委託하고 相對方이 이를 承諾함으로써 效力이 생긴다.

제694조 (受置人의 任置物使用禁止) 受置人은 任置人의 同意없이 任置物을 使用하지 못한다.

제695조 (無償受置人의 注意義務) 報酬없이 任置를 받은 者는 任置物을 自己財産과 同一한 注意로 保管하여야 한다.

제696조 (受置人의 通知義務) 任置物에 對한 權利를 主張하는 第三者가 受置人에 對하여 訴를 提起하거나 押留한 때에는 受置人은 遲滯없이 任置人에게 이를 通知하여야 한다.

제697조 (任置物의 性質, 瑕疵로 因한 任置人의 損害賠償義務) 任置人은 任置物의 性質 또는 瑕疵로 因하여 생긴 損害를 受置人에게 賠償하여야 한다. 그러나 受置人이 그 性質 또는 瑕疵를 안 때에는 그러하지 아니하다.

제698조 (期間의 約定있는 任置의 解止) 任置期間의 約定이 있는 때에는 受置人은 不得已한 事由없이 그 期間滿了前에 契約을 解止하지 못한다. 그러나 任置人은 언제든지 契約을 解止할 수 있다.

제699조 (期間의 約定없는 任置의 解止) 任置期間의 約定이 없는 때에는 各 當事者는 언제든지 契約을 解止할 수 있다.

제700조 (任置物의 返還場所) 任置物은 그 保管한 場所에서 返還하여야 한다. 그러나 受置人이 正當한 事由로 因하여 그 物件을 轉置한 때에는 現存하는 場所에서 返還할 수 있다.

제701조 (準用規定) 제682조, 제684조 乃至 제687조 및 제688조제1항, 제2항의 規定은 任置에 準用한다.

제702조 (消費任置) 受置人이 契約에 依하여 任置物을 消費할 수 있는 境遇에는 消費貸借에 關한 規定을 準用한다. 그러나 返還時期의 約定이 없는 때에는

任置人은 언제든지 그 返還을 請求할 수 있다.

第13節 組合

제703조 (組合의 意義) ① 組合은 2人 以上이 相互出資하여 共同事業을 經營할 것을 約定함으로써 그 效力이 생긴다.
② 前項의 出資는 金錢 其他 財産 또는 勞務로 할 수 있다.

제704조 (組合財産의 合有) 組合員의 出資 其他 組合財産은 組合員의 合有로 한다.

제705조 (金錢出資遲滯의 責任) 金錢을 出資의 目的으로 한 組合員이 出資時期를 遲滯한 때에는 延滯利子를 支給하는 外에 損害를 賠償하여야 한다.

제706조 (事務執行의 方法) ① 組合契約으로 業務執行者를 定하지 아니한 境遇에는 組合員의 3分의 2 以上의 贊成으로써 이를 選任한다.
② 組合의 業務執行은 組合員의 過半數로써 決定한다. 業務執行者 數人인 때에는 그 過半數로써 決定한다.
③ 組合의 通常事務는 前項의 規定에 不拘하고 各 組合員 또는 各 業務執行者가 專行할 수 있다. 그러나 그 事務의 完了前에 다른 組合員 또는 다른 業務執行者의 異議가 있는 때에는 即時 中止하여야 한다.

제707조 (準用規定) 組合業務를 執行하는 組合員에는 제681조 乃至 제688조의 規定을 準用한다.

제708조 (業務執行者의 辭任, 解任) 業務執行者인 組合員은 正當한 事由없이 辭任하지 못하며 다른 組合員의 一致가 아니면 解任하지 못한다.

제709조 (業務執行者의 代理權推定) 組合의 業務를 執行하는 組合員은 그 業務執行의 代理權있는 것으로 推定한다.

제710조 (組合員의 業務, 財産狀態檢査權) 各 組合員은 언제든지 組合의 業務 및 財産狀態를 檢査할 수 있다.

제711조 (損益分配의 比率) ① 當事者가 損益分配의 比率을 定하지 아니한 때에는 各 組合員의 出資價額에 比例하여 이를 定한다.
② 利益 또는 損失에 對하여 分配의 比率을 定한 때에는 그 比率은 利益과 損失에 共通된 것으로 推定한다.

제712조 (組合員에 對한 債權者의 權利行使) 組合債權者는 그 債權發生 當時에 組合員의 損失負擔의 比率을 알지 못한 때에는 各 組合員에게 均分하여 그 權利를 行使할 수 있다.

제713조 (無資力組合員의 債務와 他組合員의 辨濟責任) 組合員 中에 辨濟할 資力 없는 者가 있는 때에는 그 辨濟할 수 없는 部分은 다른 組合員이 均分하여 辨濟할 責任이 있다.

제714조 (持分에 對한 押留의 效力) 組合員

의 持分에 對한 押留는 그 組合員의 將來의 利益配當 및 持分의 返還을 받을 權利에 對하여 效力이 있다.

제715조 (組合債務者의 相計의 禁止) 組合의 債務者는 그 債務와 組合員에 對한 債權으로 相計하지 못한다.

제716조 (任意脫退) ① 組合契約으로 組合의 存續期間을 定하지 아니하거나 組合員의 終身까지 存續할 것을 定한 때에는 各 組合員은 언제든지 脫退할 수 있다. 그러나 不得已한 事由없이 組合의 不利한 時期에 脫退하지 못한다.

② 組合의 存續期間을 定한 때에도 組合員은 不得已한 事由가 있으면 脫退할 수 있다.

제717조 (비임의 탈퇴) 제716조의 경우 외에 조합원은 다음 각 호의 어느 하나에 해당하는 사유가 있으면 탈퇴된다.
1. 사망
2. 파산
3. 성년후견의 개시
4. 제명(除名) [전문개정 2011.3.7.]

제718조 (除名) ① 組合員의 除名은 正當한 事由있는 때에 限하여 다른 組合員의 一致로써 이를 決定한다.

② 前項의 除名決定은 除名된 組合員에게 通知하지 아니하면 그 組合員에게 對抗하지 못한다.

제719조 (脫退組合員의 持分의 計算) ① 脫退한 組合員과 다른 組合員間의 計算은 脫退當時의 組合財産狀態에 依하여 한다.

② 脫退한 組合員의 持分은 그 出資의 種類如何에 不拘하고 金錢으로 返還할 수 있다.

③ 脫退當時에 完結되지 아니한 事項에 對하여는 完結後에 計算할 수 있다.

제720조 (不得已한 事由로 因한 解散請求) 不得已한 事由가 있는 때에는 各 組合員은 組合의 解散을 請求할 수 있다.

제721조 (淸算人) ① 組合이 解散한 때에는 淸算은 總組合員 共同으로 또는 그들이 選任한 者가 그 事務를 執行한다.

② 前項의 淸算人의 選任은 組合員의 過半數로써 決定한다.

제722조 (淸算人의 業務執行方法) 淸算人이 數人인 때에는 제706조제2항 後段의 規定을 準用한다.

제723조 (組合員인 淸算人의 辭任, 解任) 組合員 中에서 淸算人을 定한 때에는 제708조의 規定을 準用한다.

제724조 (淸算人의 職務, 權限과 殘餘財産의 分配) ① 淸算人의 職務 및 權限에 關하여는 제87조의 規定을 準用한다.

② 殘餘財産은 各 組合員의 出資價額에 比例하여 이를 分配한다.

第14節 終身定期金

제725조 (終身定期金契約의 意義) 終身定期金契約은 當事者 一方이 自己, 相對

方 또는 第三者의 終身까지 定期로 金錢 其他의 物件을 相對方 또는 第三者에게 支給할 것을 約定함으로써 그 效力이 생긴다.

제726조 (終身定期金의 計算) 終身定期金은 日數로 計算한다.

제727조 (終身定期金契約의 解除) ① 定期金債務者가 定期金債務의 元本을 받은 境遇에 그 定期金債務의 支給을 懈怠하거나 其他 義務를 履行하지 아니한 때에는 定期金債權者는 元本의 返還을 請求할 수 있다. 그러나 이미 支給을 받은 債務額에서 그 元本의 利子를 控除한 殘額을 定期金債務者에게 返還하여야 한다.

② 前項의 規定은 損害賠償의 請求에 影響을 미치지 아니한다.

제728조 (解除와 同時履行) 제536조의 規定은 前條의 境遇에 準用한다.

제729조 (債務者歸責事由로 因한 死亡과 債權存續宣告) ① 死亡이 定期金債務者의 責任있는 事由로 因한 때에는 法院은 定期金債權者 또는 그 相續人의 請求에 依하여 相當한 期間 債權의 存續을 宣告할 수 있다.

② 前項의 境遇에도 제727조의 權利를 行使할 수 있다.

제730조 (遺贈에 依한 終身定期金) 本節의 規定은 遺贈에 依한 終身定期金債權에 準用한다.

第15節 和解

제731조 (和解의 意義) 和解는 當事者가 相互讓步하여 當事者間의 紛爭을 終止할 것을 約定함으로써 그 效力이 생긴다.

제732조 (和解의 創設的效力) 和解契約은 當事者 一方이 讓步한 權利가 消滅되고 相對方이 和解로 因하여 그 權利를 取得하는 效力이 있다.

제733조 (和解의 效力과 錯誤) 和解契約은 錯誤를 理由로 하여 取消하지 못한다. 그러나 和解當事者의 資格 또는 和解의 目的인 紛爭 以外의 事項에 錯誤가 있는 때에는 그러하지 아니하다.

第3章 事務管理

제734조 (事務管理의 內容) ① 義務없이 他人을 爲하여 事務를 管理하는 者는 그 事務의 性質에 좇아 가장 本人에게 利益되는 方法으로 이를 管理하여야 한다.

② 管理者가 本人의 意思를 알거나 알 수 있는 때에는 그 意思에 適合하도록 管理하여야 한다.

③ 管理者가 前2항의 規定에 違反하여 事務를 管理한 境遇에는 過失없는 때에도 이로 因한 損害를 賠償할 責任이 있다. 그러나 그 管理行爲가 公共의 利益에 適合한 때에는 重大한 過失이 없으면 賠償할 責任이 없다.

제735조 (緊急事務管理) 管理者가 他人의 生命, 身體, 名譽 또는 財産에 對한 急迫한 危害를 免하게 하기 爲하여 그 事務를 管理한 때에는 故意나 重大한 過失이 없으면 이로 因한 損害를 賠償할 責任이 없다.

제736조 (管理者의 通知義務) 管理者가 管理를 開始한 때에는 遲滯없이 本人에게 通知하여야 한다. 그러나 本人이 이미 이를 안 때에는 그러하지 아니하다.

제737조 (管理者의 管理繼續義務) 管理者는 本人, 그 相續人이나 法定代理人이 그 事務를 管理하는 때까지 管理를 繼續하여야 한다. 그러나 管理의 繼續이 本人의 意思에 反하거나 本人에게 不利함이 明白한 때에는 그러하지 아니하다.

제738조 (準用規定) 제683조 乃至 제685조의 規定은 事務管理에 準用한다.

제739조 (管理者의 費用償還請求權) ① 管理者가 本人을 爲하여 必要費 또는 有益費를 支出한 때에는 本人에 대하여 그 償還을 請求할 수 있다.
② 管理者가 本人을 爲하여 必要 또는 有益한 債務를 負擔한 때에는 제688조제2항의 規定을 準用한다.
③ 管理者가 本人의 意思에 反하여 管理한 때에는 本人의 現存利益의 限度에서 前2항의 規定을 準用한다.

제740조 (管理者의 無過失損害補償請求權) 管理者가 事務管理를 함에 있어서 過失없이 損害를 받은 때에는 本人의 現存利益의 限度에서 그 損害의 補償을 請求할 수 있다.

第4章 不當利得

제741조 (不當利得의 內容) 法律上 原因없이 他人의 財産 또는 勞務로 因하여 利益을 얻고 이로 因하여 他人에게 損害를 加한 者는 그 利益을 返還하여야 한다.

제742조 (非債辨濟) 債務없음을 알고 이를 辨濟한 때에는 그 返還을 請求하지 못한다.

제743조 (期限前의 辨濟) 辨濟期에 있지 아니한 債務를 辨濟한 때에는 그 返還을 請求하지 못한다. 그러나 債務者가 錯誤로 因하여 辨濟한 때에는 債權者는 이로 因하여 얻은 利益을 返還하여야 한다.

제744조 (道義觀念에 適合한 非債辨濟) 債務없는 者가 錯誤로 因하여 辨濟한 境遇에 그 辨濟가 道義觀念에 適合한 때에는 그 返還을 請求하지 못한다.

제745조 (他人의 債務의 辨濟) ① 債務者아닌 者가 錯誤로 因하여 他人의 債務를 辨濟한 境遇에 債權者가 善意로 證書를 毁滅하거나 擔保를 抛棄하거나 時效로 因하여 그 債權을 잃은 때에는 辨濟者는 그 返還을 請求하지 못한다.

② 前項의 境遇에 辨濟者는 債務者에 對하여 求償權을 行使할 수 있다.

제746조 (不法原因給與) 不法의 原因으로 因하여 財産을 給與하거나 勞務를 提供한 때에는 그 利益의 返還을 請求하지 못한다. 그러나 그 不法原因이 受益者에게만 있는 때에는 그러하지 아니하다.

제747조 (原物返還不能의 境遇와 價額返還, 轉得者의 責任) ① 受益者가 그 받은 目的物을 返還할 수 없는 때에는 그 價額을 返還하여야 한다.
② 受益者가 그 利益을 返還할 수 없는 境遇에는 受益者로부터 無償으로 그 利益의 目的物을 讓受한 惡意의 第三者는 前項의 規定에 依하여 返還할 責任이 있다.

제748조 (受益者의 返還範圍) ① 善意의 受益者는 그 받은 利益이 現存한 限度에서 前條의 責任이 있다.
② 惡意의 受益者는 그 받은 利益에 利子를 붙여 返還하고 損害가 있으면 이를 賠償하여야 한다.

제749조 (受益者의 惡意認定) ① 受益者가 利益을 받은 後 法律上 原因없음을 안 때에는 그때부터 惡意의 受益者로서 利益返還의 責任이 있다.
② 善意의 受益者가 敗訴한 때에는 그 訴를 提起한 때부터 惡意의 受益者로 본다.

第5章 不法行爲

제750조 (不法行爲의 內容) 故意 또는 過失로 因한 違法行爲로 他人에게 損害를 加한 者는 그 損害를 賠償할 責任이 있다.

제751조 (財産 以外의 損害의 賠償) ① 他人의 身體, 自由 또는 名譽를 害하거나 其他 精神上苦痛을 加한 者는 財産 以外의 損害에 對하여도 賠償할 責任이 있다.
② 法院은 前項의 損害賠償을 定期金債務로 支給할 것을 命할 수 있고 그 履行을 確保하기 爲하여 相當한 擔保의 提供을 命할 수 있다.

제752조 (生命侵害로 因한 慰藉料) 他人의 生命을 害한 者는 被害者의 直系尊屬, 直系卑屬 및 配偶者에 對하여는 財産上의 損害없는 境遇에도 損害賠償의 責任이 있다.

제753조 (未成年者의 責任能力) 未成年者가 他人에게 損害를 加한 境遇에 그 行爲의 責任을 辨識할 智能이 없는 때에는 賠償의 責任이 없다.

제754조 (心神喪失者의 責任能力) 心神喪失 中에 他人에게 損害를 加한 者는 賠償의 責任이 없다. 그러나 故意 또는 過失로 因하여 心神喪失을 招來한 때에는 그러하지 아니하다.

제755조 (감독자의 책임) ① 다른 자에게 손해를 가한 사람이 제753조 또는 제

754조에 따라 책임이 없는 경우에는 그를 감독할 법정의무가 있는 자가 그 손해를 배상할 책임이 있다. 다만, 감독의무를 게을리하지 아니한 경우에는 그러하지 아니하다.
② 감독의무자를 갈음하여 제753조 또는 제754조에 따라 책임이 없는 사람을 감독하는 자도 제1항의 책임이 있다.

[전문개정 2011.3.7.]

제756조 (使用者의 賠償責任) ① 他人을 使用하여 어느 事務에 從事하게 한 者는 被用者가 그 事務執行에 關하여 第三者에게 加한 損害를 賠償할 責任이 있다. 그러나 使用者가 被用者의 選任 및 그 事務監督에 相當한 注意를 한 때 또는 相當한 注意를 하여도 損害가 있을 境遇에는 그러하지 아니하다.
② 使用者에 갈음하여 그 事務를 監督하는 者도 前項의 責任이 있다.
③ 前2항의 境遇에 使用者 또는 監督者는 被用者에 對하여 求償權을 行使할 수 있다.

제757조 (都給人의 責任) 都給人은 受給人이 그 일에 關하여 第三者에게 加한 損害를 賠償할 責任이 없다. 그러나 都給 또는 지시에 關하여 都給人에게 重大한 過失이 있는 때에는 그러하지 아니하다.

제758조 (工作物등의 占有者, 所有者의 責任) ① 工作物의 設置 또는 보존의 瑕疵로 因하여 他人에게 損害를 加한 때에는 工作物占有者가 損害를 賠償할 責任이 있다. 그러나 占有者가 損害의 防止에 必要한 注意를 懈怠하지 아니한 때에는 그 所有者가 損害를 賠償할 責任이 있다.
② 前項의 規定은 樹木의 栽植 또는 保存에 瑕疵있는 境遇에 準用한다.
③ 前2항의 境遇에 占有者 또는 所有者는 그 損害의 原因에 對한 責任있는 者에 對하여 求償權을 行使할 수 있다.

제759조 (動物의 占有者의 責任) ① 動物의 占有者는 그 動物이 他人에게 加한 損害를 賠償할 責任이 있다. 그러나 動物의 種類와 性質에 따라 그 保管에 相當한 注意를 懈怠하지 아니한 때에는 그러하지 아니하다.
② 占有者에 갈음하여 動物을 保管한 者도 前項의 責任이 있다.

제760조 (共同不法行爲者의 責任) ① 數人이 共同의 不法行爲로 他人에게 損害를 加한 때에는 連帶하여 그 損害를 賠償할 責任이 있다.
② 共同 아닌 數人의 行爲中 어느 者의 行爲가 그 損害를 加한 것인지를 알 수 없는 때에도 前項과 같다.
③ 敎唆者나 幇助者는 共同行爲者로 본다.

제761조 (正當防衛, 緊急避難) ① 他人의 不法行爲에 對하여 自己 또는 第三者의

利益을 防衛하기 爲하여 不得已 他人에게 損害를 加한 者는 賠償할 責任이 없다. 그러나 被害者는 不法行爲에 對하여 損害의 賠償을 請求할 수 있다.
② 前項의 規定은 急迫한 危難을 避하기 爲하여 不得已 他人에게 損害를 加한 境遇에 準用한다.

제762조 (損害賠償請求權에 있어서의 胎兒의 地位) 胎兒는 損害賠償의 請求權에 關하여는 이미 出生한 것으로 본다.

제763조 (準用規定) 제393조, 제394조, 제396조, 제399조의 規定은 不法行爲로 因한 損害賠償에 準用한다.

제764조 (名譽毁損의 境遇의 特則) 他人의 名譽를 毁損한 者에 對하여는 法院은 被害者의 請求에 依하여 損害賠償에 갈음하거나 損害賠償과 함께 名譽回復에 適當한 處分을 命할 수 있다.

〈개정 2014.12.30.〉[89헌마160 1991.4.1. 민법 제764조 (1958. 2. 22. 법률 제471호)의 "명예회복에 적당한 처분"에 사죄광고를 포함시키는 것은 헌법에 위반된다.]

제765조 (賠償額의 輕減請求) ① 本章의 規定에 依한 賠償義務者는 그 損害가 故意 또는 重大한 過失에 依한 것이 아니고 그 賠償으로 因하여 賠償者의 生計에 重大한 影響을 미치게 될 境遇에는 法院에 그 賠償額의 輕減을 請求할 수 있다.
② 法院은 前項의 請求가 있는 때에는

債權者 및 債務者의 經濟狀態와 損害原因 等을 參酌하여 賠償額을 輕減할 수 있다.

제766조 (損害賠償請求權의 消滅時效) ① 不法行爲로 因한 損害賠償의 請求權은 被害者나 그 法定代理人이 그 損害 및 加害者를 안 날로부터 3年間 이를 行使하지 아니하면 時效로 因하여 消滅한다.
② 不法行爲를 한 날로부터 10年을 經過한 때에도 前項과 같다.

第4編 親族

第1章 總則

제767조 (親族의 定義) 配偶者, 血族 및 姻戚을 親族으로 한다.

제768조 (血族의 定義) 自己의 直系尊屬과 直系卑屬을 直系血族이라 하고 自己의 兄弟姉妹와 兄弟姉妹의 直系卑屬, 直系尊屬의 兄弟姉妹 및 그 兄弟姉妹의 直系卑屬을 傍系血族이라 한다.

제769조 (姻戚의 系源) 血族의 配偶者, 配偶者의 血族, 配偶者의 血族의 配偶者를 姻戚으로 한다.

제770조 (血族의 寸數의 計算) ① 直系血族은 自己로부터 直系尊屬에 이르고 自己로부터 直系卑屬에 이르러 그 世數를 定한다.

② 傍系血族은 自己로부터 同源의 直系 尊屬에 이르는 世數와 그 同源의 直系 尊屬으로부터 그 直系卑屬에 이르는 世數를 通算하여 그 寸數를 定한다.

제771조 (姻戚의 寸數의 計算) 姻戚은 配偶者의 血族에 대하여는 配偶者의 그 血族에 대한 寸數에 따르고, 血族의 配偶者에 대하여는 그 血族에 대한 寸數에 따른다.

제772조 (養子와의 親系와 寸數) ① 養子와 養父母 및 그 血族, 姻戚사이의 親系와 寸數는 入養한 때부터 婚姻 中의 出生子와 同一한 것으로 본다.
② 養子의 配偶者, 直系卑屬과 그 配偶者는 前項의 養子의 親系를 基準으로 하여 寸數를 定한다.

제773조 削除 〈1990.1.13.〉

제774조 削除 〈1990.1.13.〉

제775조 (姻戚關係 等의 消滅) ① 姻戚關係는 婚姻의 取消 또는 離婚으로 因하여 終了한다.
② 夫婦의 一方이 死亡한 경우 生存 配偶者가 再婚한 때에도 제1항과 같다.

제776조 (入養으로 因한 親族關係의 消滅) 入養으로 因한 親族關係는 入養의 取消 또는 罷養으로 因하여 終了한다.

제777조 (親族의 범위) 親族關係로 인한 法律上 效力은 이 法 또는 다른 法律에 특별한 規定이 없는 한 다음 各號에 해당하는 者에 미친다.

1. 8寸 이내의 血族
2. 4寸 이내의 姻戚
3. 配偶者[全文改正 1990.1.13.]

第2章 가족의 범위와 자의 성과 본

제778조 삭제 〈2005.3.31.〉

제779조 (가족의 범위) ① 다음의 자는 가족으로 한다.
1. 배우자, 직계혈족 및 형제자매
2. 직계혈족의 배우자, 배우자의 직계혈족 및 배우자의 형제자매
② 제1항제2호의 경우에는 생계를 같이 하는 경우에 한한다.[전문개정 2005.3.31]

제780조 삭제 〈2005.3.31.〉

제781조 (자의 성과 본) ① 자는 부의 성과 본을 따른다. 다만, 부모가 혼인신고시 모의 성과 본을 따르기로 협의한 경우에는 모의 성과 본을 따른다.
② 부가 외국인인 경우에는 자는 모의 성과 본을 따를 수 있다.
③ 부를 알 수 없는 자는 모의 성과 본을 따른다.
④ 부모를 알 수 없는 자는 법원의 허가를 받아 성과 본을 창설한다. 다만, 성과 본을 창설한 후 부 또는 모를 알게 된 때에는 부 또는 모의 성과 본을 따를 수 있다.
⑤ 혼인외의 출생자가 인지된 경우 자

는 부모의 협의에 따라 종전의 성과 본을 계속 사용할 수 있다. 다만, 부모가 협의할 수 없거나 협의가 이루어지지 아니한 경우에는 자는 법원의 허가를 받아 종전의 성과 본을 계속 사용할 수 있다.

⑥ 자의 복리를 위하여 자의 성과 본을 변경할 필요가 있을 때에는 부, 모 또는 자의 청구에 의하여 법원의 허가를 받아 이를 변경할 수 있다. 다만, 자가 미성년자이고 법정대리인이 청구할 수 없는 경우에는 제777조의 규정에 따른 친족 또는 검사가 청구할 수 있다.

[전문개정 2005.3.31.]

제782조 ~ 제796조 삭제 〈2005.3.31.〉

제797조 ~ 제799조 削除〈1990.1.13.〉

第3章 婚姻

第1節 約婚

제800조 (約婚의 自由) 成年에 達한 者는 自由로 約婚할 수 있다.

제801조 (약혼연령) 18세가 된 사람은 부모나 미성년후견인의 동의를 받아 약혼할 수 있다. 이 경우 제808조를 준용한다. [전문개정 2011.3.7.]

제802조 (성년후견과 약혼) 피성년후견인은 부모나 성년후견인의 동의를 받아 약혼할 수 있다. 이 경우 제808조를 준용한다. [전문개정 2011.3.7.]

제803조 (約婚의 强制履行禁止) 約婚은 强制履行을 請求하지 못한다.

제804조 (약혼해제의 사유) 당사자 한쪽에 다음 각 호의 어느 하나에 해당하는 사유가 있는 경우에는 상대방은 약혼을 해제할 수 있다.

1. 약혼 후 자격정지 이상의 형을 선고받은 경우
2. 약혼 후 성년후견개시나 한정후견개시의 심판을 받은 경우
3. 성병, 불치의 정신병, 그 밖의 불치의 병질(病疾)이 있는 경우
4. 약혼 후 다른 사람과 약혼이나 혼인을 한 경우
5. 약혼 후 다른 사람과 간음(姦淫)한 경우
6. 약혼 후 1년 이상 생사(生死)가 불명한 경우
7. 정당한 이유 없이 혼인을 거절하거나 그 시기를 늦추는 경우
8. 그 밖에 중대한 사유가 있는 경우

[전문개정 2011.3.7.]

제805조 (約婚解除의 方法) 約婚의 解除는 相對方에 對한 意思表示로 한다. 그러나 相對方에 對하여 意思表示를 할 수 없는 때에는 그 解除의 原因있음을 안 때에 解除된 것으로 본다.

제806조 (約婚解除와 損害賠償請求權) ① 約婚을 解除한 때에는 當事者 一方은 過失있는 相對方에 對하여 이로 因한

損害의 賠償을 請求할 수 있다.
② 前項의 境遇에는 財産上 損害外에 精神上 苦痛에 對하여도 損害賠償의 責任이 있다.
③ 精神上 苦痛에 對한 賠償請求權은 讓渡 또는 承繼하지 못한다. 그러나 當事者間에 이미 그 賠償에 關한 契約이 成立되거나 訴를 提起한 後에는 그러하지 아니하다.

第2節 婚姻의 成立

제807조 (혼인적령) 만 18세가 된 사람은 혼인할 수 있다. [전문개정 2007.12.21.]

제808조 (동의가 필요한 혼인) ① 미성년자가 혼인을 하는 경우에는 부모의 동의를 받아야 하며, 부모 중 한쪽이 동의권을 행사할 수 없을 때에는 다른 한쪽의 동의를 받아야 하고, 부모가 모두 동의권을 행사할 수 없을 때에는 미성년후견인의 동의를 받아야 한다.
② 피성년후견인은 부모나 성년후견인의 동의를 받아 혼인할 수 있다.
[전문개정 2011.3.7.]

제809조 (근친혼 등의 금지) ① 8촌 이내의 혈족(친양자의 입양 전의 혈족을 포함한다) 사이에서는 혼인하지 못한다.
② 6촌 이내의 혈족의 배우자, 배우자의 6촌 이내의 혈족, 배우자의 4촌 이내의 혈족의 배우자인 인척이거나 이러한 인척이었던 자 사이에서는 혼인하지 못한다.
③ 6촌 이내의 양부모계(養父母系)의 혈족이었던 자와 4촌 이내의 양부모계의 인척이었던 자 사이에서는 혼인하지 못한다. [전문개정 2005.3.31.]

제810조 (重婚의 禁止) 配偶者 있는 者는 다시 婚姻하지 못한다.

제811조 삭제 〈2005.3.31.〉

제812조 (婚姻의 成立) ① 婚姻은 「가족관계의 등록 등에 관한 법률」에 定한 바에 依하여 申告함으로써 그 效力이 생긴다.
② 前項의 申告는 當事者 雙方과 成年者인 證人 2人의 連署한 書面으로 하여야 한다.

제813조 (婚姻申告의 審査) 婚姻의 申告는 그 婚姻이 제807조 乃至 제810조 및 제812조제2항의 規定 其他 法令에 違反함이 없는 때에는 이를 受理하여야 한다.

제814조 (外國에서의 婚姻申告) ① 外國에 있는 本國民사이의 婚姻은 그 外國에 駐在하는 大使, 公使 또는 領事에게 申告할 수 있다.
② 제1항의 申告를 受理한 大使, 公使 또는 領事는 遲滯없이 그 申告書類를 本國의 재외국민 가족관계등록사무소에 送付하여야 한다.

第3節 婚姻의 無效와 取消

제815조 (婚姻의 無效) 婚姻은 다음 각 호

의 어느 하나의 境遇에는 無效로 한다.
1. 當事者間에 婚姻의 合意가 없는 때
2. 혼인이 제809조제1항의 규정을 위반한 때
3. 당사자간에 직계인척관계(直系姻戚關係)가 있거나 있었던 때
4. 당사자간에 양부모계의 직계혈족관계가 있었던 때

제816조 (婚姻取消의 事由) 婚姻은 다음 각호의 어느 하나의 境遇에는 法院에 그 取消를 請求할 수 있다.
1. 婚姻이 제807조 내지 제809조 (제815조의 규정에 의하여 혼인의 무효사유에 해당하는 경우를 제외한다. 이하 제817조 및 제820조에서 같다) 또는 제810조의 規定에 違反한 때
2. 婚姻當時 當事者 一方에 夫婦生活을 繼續할 수 없는 惡疾 其他 重大事由있음을 알지 못한 때
3. 詐欺 또는 强迫으로 因하여 婚姻의 意思表示를 한 때

제817조 (年齡違反婚姻 等의 取消請求權者) 婚姻이 제807조, 제808조의 規定에 違反한 때에는 當事者 또는 그 法定代理人이 그 取消를 請求할 수 있고 제809조의 規定에 違反한 때에는 當事者, 그 直系尊屬 또는 4촌 이내의 傍系血族이 그 取消를 請求할 수 있다.

제818조 (중혼의 취소청구권자) 당사자 및 그 배우자, 직계혈족, 4촌 이내의 방계혈족 또는 검사는 제810조를 위반한 혼인의 취소를 청구할 수 있다.

[전문개정 2012.2.10.][2012.2.10. 법률 제11300호에 의하여 2010.7.29. 헌법재판소에서 헌법불합치 결정된 이 조를 개정함.]

제819조 (동의 없는 혼인의 취소청구권의 소멸) 제808조를 위반한 혼인은 그 당사자가 19세가 된 후 또는 성년후견종료의 심판이 있은 후 3개월이 지나거나 혼인 중에 임신한 경우에는 그 취소를 청구하지 못한다. [전문개정 2011.3.7.]

제820조 (근친혼등의 취소청구권의 소멸) 제809조의 規定에 違反한 婚姻은 그 當事者間에 婚姻中 포태(胞胎)한 때에는 그 取消를 請求하지 못한다.

제821조 삭제 〈2005.3.31.〉

제822조 (惡疾 等 事由에 依한 婚姻取消請求權의 消滅) 제816조제2號의 規定에 該當하는 事由있는 婚姻은 相對方이 그 事由있음을 안 날로부터 6月을 經過한 때에는 그 取消를 請求하지 못한다.

제823조 (詐欺, 强迫으로 因한 婚姻取消請求權의 消滅) 詐欺 또는 强迫으로 因한 婚姻은 詐欺를 안 날 또는 强迫을 免한 날로부터 3月을 經過한 때에는 그 取消를 請求하지 못한다.

제824조 (婚姻取消의 效力) 婚姻의 取消의 效力은 旣往에 遡及하지 아니한다.

제824조의2 (혼인의 취소와 자의 양육 등) 제837조 및 제837조의2의 규정은 혼인

의 취소의 경우에 자의 양육책임과 면접교섭권에 관하여 이를 준용한다.

[본조신설 2005.3.31.]

제825조 (婚姻取消와 損害賠償請求權) 제806조의 規定은 婚姻의 無效 또는 取消의 境遇에 準用한다.

第4節 婚姻의 效力

第1款 一般的 效力

제826조 (夫婦間의 義務) ① 夫婦는 同居하며 서로 扶養하고 協助하여야 한다. 그러나 正當한 理由로 一時的으로 同居하지 아니하는 境遇에는 서로 忍容하여야 한다.

② 夫婦의 同居場所는 夫婦의 協議에 따라 정한다. 그러나 協議가 이루어지지 아니하는 경우에는 當事者의 請求에 의하여 家庭法院이 이를 정한다.

③ 삭제 〈2005.3.31.〉

④ 삭제 〈2005.3.31.〉

제826조의2 (成年擬制) 未成年者가 婚姻을 한 때에는 成年者로 본다.

제827조 (夫婦間의 家事代理權) ① 夫婦는 日常의 家事에 關하여 서로 代理權이 있다.

② 前項의 代理權에 加한 制限은 善意의 第三者에게 對抗하지 못한다.

제828조 삭제 〈2012.2.10.〉

第2款 財産上 效力

제829조 (夫婦財産의 約定과 그 變更) ① 夫婦가 婚姻成立前에 그 財産에 關하여 따로 約定을 하지 아니한 때에는 그 財産關係는 本款中 다음 各條에 정하는 바에 依한다.

② 夫婦가 婚姻成立前에 그 財産에 關하여 約定한 때에는 婚姻中 이를 變更하지 못한다. 그러나 正當한 事由가 있는 때에는 法院의 許可를 얻어 變更할 수 있다.

③ 前項의 約定에 依하여 夫婦의 一方이 다른 一方의 財産을 管理하는 境遇에 不適當한 管理로 因하여 그 財産을 危殆하게 한 때에는 다른 一方은 自己가 管理할 것을 法院에 請求할 수 있고 그 財産이 夫婦의 共有인 때에는 그 分割을 請求할 수 있다.

④ 夫婦가 그 財産에 關하여 따로 約定을 한 때에는 婚姻成立까지에 그 登記를 하지 아니하면 이로써 夫婦의 承繼人 또는 第三者에게 對抗하지 못한다.

⑤ 제2항, 제3항의 規定이나 約定에 依하여 管理者를 變更하거나 共有財産을 分割하였을 때에는 그 登記를 하지 아니하면 이로써 夫婦의 承繼人 또는 第三者에게 對抗하지 못한다.

제830조 (特有財産과 歸屬不明財産) ① 夫婦의 一方이 婚姻前부터 가진 固有財産과 婚姻中 自己의 名義로 取得한 財産은 그 特有財産으로 한다.

② 夫婦의 누구에게 속한 것인지 分明하지 아니한 財産은 夫婦의 共有로 推定한다.

제831조 (特有財産의 管理 等) 夫婦는 그 特有財産을 各自 管理, 使用, 收益한다.

제832조 (家事로 因한 債務의 連帶責任) 夫婦의 一方이 日常의 家事에 關하여 第三者와 法律行爲를 한 때에는 다른 一方은 이로 因한 債務에 對하여 連帶責任이 있다. 그러나 이미 第三者에 對하여 다른 一方의 責任없음을 明示한 때에는 그러하지 아니하다.

제833조 (生活費用) 夫婦의 共同生活에 필요한 費用은 當事者間에 특별한 約定이 없으면 夫婦가 共同으로 부담한다.

第5節 離婚

第1款 協議上 離婚

제834조 (協議上 離婚) 夫婦는 協議에 依하여 離婚할 수 있다.

제835조 (성년후견과 협의상 이혼) 피성년후견인의 협의상 이혼에 관하여는 제808조제2항을 준용한다.

[전문개정 2011.3.7.]

제836조 (離婚의 成立과 申告方式) ① 協議上 離婚은 家庭法院의 確認을 받아 「가족관계의 등록 등에 관한 법률」의 定한 바에 依하여 申告함으로써 그 效力이 생긴다.

② 前項의 申告는 當事者 雙方과 成年者인 證人 2人의 連署한 書面으로 하여야 한다.

제836조의2 (이혼의 절차) ① 협의상 이혼을 하려는 자는 가정법원이 제공하는 이혼에 관한 안내를 받아야 하고, 가정법원은 필요한 경우 당사자에게 상담에 관하여 전문적인 지식과 경험을 갖춘 전문상담인의 상담을 받을 것을 권고할 수 있다.

② 가정법원에 이혼의사의 확인을 신청한 당사자는 제1항의 안내를 받은 날부터 다음 각 호의 기간이 지난 후에 이혼의사의 확인을 받을 수 있다.

1. 양육하여야 할 자(포태 중인 자를 포함한다. 이하 이 조에서 같다)가 있는 경우에는 3개월

2. 제1호에 해당하지 아니하는 경우에는 1개월

③ 가정법원은 폭력으로 인하여 당사자 일방에게 참을 수 없는 고통이 예상되는 등 이혼을 하여야 할 급박한 사정이 있는 경우에는 제2항의 기간을 단축 또는 면제할 수 있다.

④ 양육하여야 할 자가 있는 경우 당사자는 제837조에 따른 자(子)의 양육과 제909조제4항에 따른 자(子)의 친권자 결정에 관한 협의서 또는 제837조 및 제909조제4항에 따른 가정법원의 심판 정본을 제출하여야 한다.

⑤ 가정법원은 당사자가 협의한 양육비 부담에 관한 내용을 확인하는 양육비부담조서를 작성하여야 한다. 이 경우 양육비부담조서의 효력에 대하여는 「가사소송법」 제41조를 준용한다.
〈신설 2009.5.8.〉[본조신설 2007.12.21.]

제837조 (離婚과 子의 養育責任) ① 當事者는 그 子의 養育에 관한 사항을 協議에 의하여 정한다.
② 제1항의 협의는 다음의 사항을 포함하여야 한다. 〈개정 2007.12.21.〉
1. 양육자의 결정
2. 양육비용의 부담
3. 면접교섭권의 행사 여부 및 그 방법
③ 제1항에 따른 협의가 子(子)의 복리에 반하는 경우에는 가정법원은 보정을 명하거나 직권으로 그 자(子)의 의사(意思)·연령과 부모의 재산상황, 그 밖의 사정을 참작하여 양육에 필요한 사항을 정한다. 〈개정 2007.12.21.〉
④ 양육에 관한 사항의 협의가 이루어지지 아니하거나 협의할 수 없는 때에는 가정법원은 직권으로 또는 당사자의 청구에 따라 이에 관하여 결정한다. 이 경우 가정법원은 제3항의 사정을 참작하여야 한다. 〈신설 2007.12.21.〉
⑤ 가정법원은 자(子)의 복리를 위하여 필요하다고 인정하는 경우에는 부·모·자(子) 및 검사의 청구 또는 직권으로 자(子)의 양육에 관한 사항을 변경하거나 다른 적당한 처분을 할 수 있다.
〈신설 2007.12.21.〉
⑥ 제3항부터 제5항까지의 규정은 양육에 관한 사항 외에는 부모의 권리의무에 변경을 가져오지 아니한다.
〈신설 2007.12.21.〉

제837조의2 ★(面接交涉權) ① 자(子)를 직접 양육하지 아니하는 부모의 일방과 자(子)는 상호 면접교섭할 수 있는 권리를 가진다. 〈개정 2007.12.21.〉
② 자(子)를 직접 양육하지 아니하는 부모 일방의 직계존속은 그 부모 일방이 사망하였거나 질병, 외국거주, 그 밖에 불가피한 사정으로 자(子)를 면접교섭할 수 없는 경우 가정법원에 자(子)와의 면접교섭을 청구할 수 있다. 이 경우 가정법원은 자(子)의 의사(意思), 면접교섭을 청구한 사람과 자(子)의 관계, 청구의 동기, 그 밖의 사정을 참작하여야 한다. 〈신설 2016.12.2.〉
③ 家庭法院은 子의 福利를 위하여 필요한 때에는 當事者의 청구 또는 직권에 의하여 面接交涉을 제한·배제·변경할 수 있다. 〈개정 2005.3.31, 2016.12.2〉

제838조 (詐欺, 强迫으로 因한 離婚의 取消請求權) 詐欺 또는 强迫으로 因하여 離婚의 意思表示를 한 者는 그 取消를 家庭法院에 請求할 수 있다.

제839조 (準用規定) 제823조의 規定은 協議上 離婚에 準用한다.

제839조의2 (財産分割請求權) ① 協議上 離婚한 者의 一方은 다른 一方에 대하여 財産分割을 請求할 수 있다.
② 제1항의 財産分割에 관하여 協議가 되지 아니하거나 協議할 수 없는 때에는 家庭法院은 當事者의 請求에 의하여 當事者 雙方의 協力으로 이룩한 財産의 額數 기타 事情을 참작하여 分割의 額數 및 방법을 정한다.
③ 제1항의 財産分割請求權은 離婚한 날부터 2년을 경과한 때에는 消滅한다.

제839조의3 (재산분할청구권 보전을 위한 사해행위취소권) ① 부부의 일방이 다른 일방의 재산분할청구권 행사를 해함을 알면서도 재산권을 목적으로 하는 법률행위를 한 때에는 다른 일방은 제406조제1항을 준용하여 그 취소 및 원상회복을 가정법원에 청구할 수 있다.
② 제1항의 소는 제406조제2항의 기간 내에 제기하여야 한다.

[본조신설 2007.12.21]

第2款 裁判上 離婚

제840조 (裁判上 離婚原因) 夫婦의 一方은 다음 各號의 事由가 있는 境遇에는 家庭法院에 離婚을 請求할 수 있다.
1. 配偶者에 不貞한 行爲가 있었을 때
2. 配偶者가 惡意로 다른 一方을 遺棄한 때
3. 配偶者 또는 그 直系尊屬으로부터 甚히 不當한 待遇를 받았을 때
4. 自己의 直系尊屬이 配偶者로부터 甚히 不當한 待遇를 받았을 때
5. 配偶者의 生死가 3년 以上 分明하지 아니한 때
6. 其他 婚姻을 繼續하기 어려운 重大한 事由가 있을 때

제841조 (不貞으로 因한 離婚請求權의 消滅) 前條제1호의 事由는 다른 一方이 事前同意나 事後 容恕를 한 때 또는 이를 안 날로부터 6월, 그 事由있은 날로부터 2년을 經過한 때에는 離婚을 請求하지 못한다.

제842조 (其他 原因으로 因한 離婚請求權의 消滅) 제840조제6호의 事由는 다른 一方이 이를 안 날로부터 6월, 그 事由있은 날로부터 2년을 經過하면 離婚을 請求하지 못한다.

제843조 (준용규정) 재판상 이혼에 따른 손해배상책임에 관하여는 제806조를 준용하고, 재판상 이혼에 따른 자녀의 양육책임 등에 관하여는 제837조를 준용하며, 재판상 이혼에 따른 면접교섭권에 관하여는 제837조의2를 준용하고, 재판상 이혼에 따른 재산분할청구권에 관하여는 제839조의2를 준용하며, 재판상 이혼에 따른 재산분할청구권 보전을 위한 사해행위취소권에 관하여는 제839조의3을 준용한다.

[전문개정 2012.2.10]

第4章 父母와 子

第1節 親生子

제844조 ★(남편의 친생자의 추정) ① 아내가 혼인 중에 임신한 자녀는 남편의 자녀로 추정한다.

② 혼인이 성립한 날부터 200일 후에 출생한 자녀는 혼인 중에 임신한 것으로 추정한다.

③ 혼인관계가 종료된 날부터 300일 이내에 출생한 자녀는 혼인 중에 임신한 것으로 추정한다.

[전문개정 2017.10.31.][2017.10.31. 법률 제14965호에 의하여 2015.4.30. 헌법재판소에서 헌법불합치 결정된 이 조를 개정함.]

제845조 (法院에 依한 父의 決定) 재혼한 여자가 解産한 境遇에 제844조의 規定에 依하여 그 子의 父를 定할 수 없는 때에는 法院이 當事者의 請求에 依하여 이를 定한다.

제846조 (子의 親生否認) 부부의 일방은 제844조의 境遇에 그 子가 親生子임을 否認하는 訴를 提起할 수 있다.

제847조 (친생부인의 소) ① 친생부인(親生否認)의 소(訴)는 부(夫) 또는 처(妻)가 다른 일방 또는 자(子)를 상대로 하여 그 사유가 있음을 안 날부터 2년내에 이를 제기하여야 한다.

② 제1항의 경우에 상대방이 될 자가 모두 사망한 때에는 그 사망을 안 날부터 2년내에 검사를 상대로 하여 친생부인의 소를 제기할 수 있다.

제848조 (성년후견과 친생부인의 소) ① 남편이나 아내가 피성년후견인인 경우에는 그의 성년후견인이 성년후견감독인의 동의를 받아 친생부인의 소를 제기할 수 있다. 성년후견감독인이 없거나 동의할 수 없을 때에는 가정법원에 그 동의를 갈음하는 허가를 청구할 수 있다.

② 제1항의 경우 성년후견인이 친생부인의 소를 제기하지 아니하는 경우에는 피성년후견인은 성년후견종료의 심판이 있은 날부터 2년 내에 친생부인의 소를 제기할 수 있다. [전문개정 2011.3.7.]

제849조 (子死亡後의 親生否認) 子가 死亡한 後에도 그 直系卑屬이 있는 때에는 그 母를 相對로, 母가 없으면 檢事를 相對로 하여 否認의 訴를 提起할 수 있다.

제850조 (遺言에 依한 親生否認) 부(夫) 또는 처(妻)가 遺言으로 否認의 意思를 表示한 때에는 遺言執行者는 친생부인의 소를 提起하여야 한다.

제851조 (부의 자 출생 전 사망 등과 친생부인) 부(夫)가 자(子)의 출생 전에 사망하거나 부(夫) 또는 처(妻)가 제847조제1항의 기간내에 사망한 때에는 부(夫) 또는 처(妻)의 직계존속이나 직계비속에 한하여 그 사망을 안 날부터 2년내에 친생부인의 소를 제기할 수 있다.

제852조 (친생부인권의 소멸) 자의 출생 후

에 친생자(親生子)임을 승인한 자는 다시 친생부인의 소를 제기하지 못한다.

제853조 삭제 〈2005.3.31.〉

제854조 (詐欺, 强迫으로 因한 承認의 取消) 제852조의 承認이 詐欺 또는 强迫으로 因한 때에는 이를 取消할 수 있다.

제854조의2 ★(친생부인의 허가 청구) ① 어머니 또는 어머니의 전(前) 남편은 제844조제3항의 경우에 가정법원에 친생부인의 허가를 청구할 수 있다. 다만, 혼인 중의 자녀로 출생신고가 된 경우에는 그러하지 아니하다.
② 제1항의 청구가 있는 경우에 가정법원은 혈액채취에 의한 혈액형 검사, 유전인자의 검사 등 과학적 방법에 따른 검사결과 또는 장기간의 별거 등 그 밖의 사정을 고려하여 허가 여부를 정한다.
③ 제1항 및 제2항에 따른 허가를 받은 경우에는 제844조제1항 및 제3항의 추정이 미치지 아니한다.

[본조신설 2017.10.31.]

제855조 (認知) ① 婚姻外의 出生子는 그 生父나 生母가 이를 認知할 수 있다. 父母의 婚姻이 無效인 때에는 出生子는 婚姻外의 出生子로 본다.
② 婚姻外의 出生子는 그 父母가 婚姻한 때에는 그때로부터 婚姻 中의 出生子로 본다.

제855조의2 ★(인지의 허가 청구) ① 생부(生父)는 제844조제3항의 경우에 가정법원에 인지의 허가를 청구할 수 있다. 다만, 혼인 중의 자녀로 출생신고가 된 경우에는 그러하지 아니하다.
② 제1항의 청구가 있는 경우에 가정법원은 혈액채취에 의한 혈액형 검사, 유전인자의 검사 등 과학적 방법에 따른 검사결과 또는 장기간의 별거 등 그 밖의 사정을 고려하여 허가 여부를 정한다.
③ 제1항 및 제2항에 따라 허가를 받은 생부가 「가족관계의 등록 등에 관한 법률」 제57조제1항에 따른 신고를 하는 경우에는 제844조제1항 및 제3항의 추정이 미치지 아니한다.

[본조신설 2017.10.31.]

제856조 (피성년후견인의 인지) 아버지가 피성년후견인인 경우에는 성년후견인의 동의를 받아 인지할 수 있다.

제857조 (死亡子의 認知) 子가 死亡한 後에도 그 直系卑屬이 있는 때에는 이를 認知할 수 있다.

제858조 (胞胎中인 子의 認知) 父는 胞胎 中에 있는 子에 對하여도 이를 認知할 수 있다.

제859조 (認知의 效力發生) ① 認知는 「가족관계의 등록 등에 관한 법률」의 定하는 바에 依하여 申告함으로써 그 效力이 생긴다.
② 認知는 遺言으로도 이를 할 수 있다.

이 境遇에는 遺言執行者가 이를 申告하여야 한다.

제860조 (認知의 遡及效) 認知는 그 子의 出生時에 遡及하여 效力이 생긴다. 그러나 第三者의 取得한 權利를 害하지 못한다.

제861조 (認知의 取消) 詐欺, 强迫 또는 重大한 錯誤로 因하여 認知를 한 때에는 詐欺나 錯誤를 안 날 또는 强迫을 免한 날로부터 6月內에 가정법원에 그 취소를 청구할 수 있다.

제862조 (認知에 對한 異議의 訴) 子 其他 利害關係人은 認知의 申告있음을 안 날로부터 1年內에 認知에 對한 異議의 訴를 提起할 수 있다.

제863조 (認知請求의 訴) 子와 그 直系卑屬 또는 그 法定代理人은 父 또는 母를 相對로 하여 認知請求의 訴를 提起할 수 있다.

제864조 (父母의 死亡과 認知請求의 訴) 제862조 및 제863조의 境遇에 父 또는 母가 死亡한 때에는 그 死亡을 안 날로부터 2년내에 檢事를 相對로 하여 認知에 對한 異議 또는 認知請求의 訴를 提起할 수 있다.

제864조의2 (인지와 자의 양육책임 등) 제837조 및 제837조의2의 규정은 자가 인지된 경우에 자의 양육책임과 면접교섭권에 관하여 이를 준용한다.

제865조 (다른 事由를 原因으로 하는 親生關係存否確認의 訴) ① 제845조, 제846조, 제848조, 제850조, 제851조, 제862조와 제863조의 規定에 依하여 訴를 提起할 수 있는 者는 다른 事由를 原因으로 하여 親生子關係存否의 確認의 訴를 提起할 수 있다.
② 제1항의 境遇에 當事者一方이 死亡한 때에는 그 死亡을 안 날로부터 2년내에 檢事를 相對로 하여 訴를 提起할 수 있다.

제2절 양자(養子)

제1관 입양의 요건과 효력

제866조 (입양을 할 능력) 성년이 된 사람은 입양(入養)을 할 수 있다.
[전문개정 2012.2.10.]

제867조 (미성년자의 입양에 대한 가정법원의 허가) ① 미성년자를 입양하려는 사람은 가정법원의 허가를 받아야 한다.
② 가정법원은 양자가 될 미성년자의 복리를 위하여 그 양육 상황, 입양의 동기, 양부모(養父母)의 양육능력, 그 밖의 사정을 고려하여 제1항에 따른 입양의 허가를 하지 아니할 수 있다.
[본조신설 2012.2.10.]

제868조 削除 〈1990.1.13.〉

제869조 (입양의 의사표시) ① 양자가 될 사람이 13세 이상의 미성년자인 경우에는 법정대리인의 동의를 받아 입양을 승낙한다.

② 양자가 될 사람이 13세 미만인 경우에는 법정대리인이 그를 갈음하여 입양을 승낙한다.
③ 가정법원은 다음 각 호의 어느 하나에 해당하는 경우에는 제1항에 따른 동의 또는 제2항에 따른 승낙이 없더라도 제867조제1항에 따른 입양의 허가를 할 수 있다.
1. 법정대리인이 정당한 이유 없이 동의 또는 승낙을 거부하는 경우. 다만, 법정대리인이 친권자인 경우에는 제870조제2항의 사유가 있어야 한다.
2. 법정대리인의 소재를 알 수 없는 등의 사유로 동의 또는 승낙을 받을 수 없는 경우
④ 제3항제1호의 경우 가정법원은 법정대리인을 심문하여야 한다.
⑤ 제1항에 따른 동의 또는 제2항에 따른 승낙은 제867조제1항에 따른 입양의 허가가 있기 전까지 철회할 수 있다.
[전문개정 2012.2.10.]

제870조 (미성년자 입양에 대한 부모의 동의) ① 양자가 될 미성년자는 부모의 동의를 받아야 한다. 다만, 다음 각 호의 어느 하나에 해당하는 경우에는 그러하지 아니하다.
1. 부모가 제869조제1항에 따른 동의를 하거나 같은 조 제2항에 따른 승낙을 한 경우
2. 부모가 친권상실의 선고를 받은 경우
3. 부모의 소재를 알 수 없는 등의 사유로 동의를 받을 수 없는 경우
② 가정법원은 다음 각 호의 어느 하나에 해당하는 사유가 있는 경우에는 부모가 동의를 거부하더라도 제867조제1항에 따른 입양의 허가를 할 수 있다. 이 경우 가정법원은 부모를 심문하여야 한다.
1. 부모가 3년 이상 자녀에 대한 부양의무를 이행하지 아니한 경우
2. 부모가 자녀를 학대 또는 유기(遺棄)하거나 그 밖에 자녀의 복리를 현저히 해친 경우
③ 제1항에 따른 동의는 제867조제1항에 따른 입양의 허가가 있기 전까지 철회할 수 있다. [전문개정 2012.2.10.]

제871조 (성년자 입양에 대한 부모의 동의) ① 양자가 될 사람이 성년인 경우에는 부모의 동의를 받아야 한다. 다만, 부모의 소재를 알 수 없는 등의 사유로 동의를 받을 수 없는 경우에는 그러하지 아니하다.
② 가정법원은 부모가 정당한 이유 없이 동의를 거부하는 경우에 양부모가 될 사람이나 양자가 될 사람의 청구에 따라 부모의 동의를 갈음하는 심판을 할 수 있다. 이 경우 가정법원은 부모를 심문하여야 한다. [전문개정 2012.2.10.]

제872조 삭제 〈2012.2.10.〉

제873조 (피성년후견인의 입양) ① 피성년후견인은 성년후견인의 동의를 받아 입양을 할 수 있고 양자가 될 수 있다.
② 피성년후견인이 입양을 하거나 양자가 되는 경우에는 제867조를 준용한다.
③ 가정법원은 성년후견인이 정당한 이유 없이 제1항에 따른 동의를 거부하거나 피성년후견인의 부모가 정당한 이유 없이 제871조제1항에 따른 동의를 거부하는 경우에 그 동의가 없어도 입양을 허가할 수 있다. 이 경우 가정법원은 성년후견인 또는 부모를 심문하여야 한다. [전문개정 2012.2.10.]

제874조 (부부의 공동 입양 등) ① 배우자가 있는 사람은 배우자와 공동으로 입양하여야 한다.
② 배우자가 있는 사람은 그 배우자의 동의를 받아야만 양자가 될 수 있다.
[전문개정 2012.2.10.]

제875조 삭제 〈1990.1.13.〉
제876조 삭제 〈1990.1.13.〉

제877조 (입양의 금지) 존속이나 연장자를 입양할 수 없다. [전문개정 2012.2.10.]

제878조 (입양의 성립) 입양은 「가족관계의 등록 등에 관한 법률」에서 정한 바에 따라 신고함으로써 그 효력이 생긴다. [전문개정 2012.2.10.]

제879조 삭제 〈1990.1.13.〉
제880조 삭제 〈1990.1.13.〉

제881조 (입양 신고의 심사) 제866조, 제867조, 제869조부터 제871조까지, 제873조, 제874조, 제877조, 그 밖의 법령을 위반하지 아니한 입양 신고는 수리하여야 한다. [전문개정 2012.2.10.]

제882조 (외국에서의 입양 신고) 외국에서 입양 신고를 하는 경우에는 제814조를 준용한다. [전문개정 2012.2.10.]

제882조의2 (입양의 효력) ① 양자는 입양된 때부터 양부모의 친생자와 같은 지위를 가진다.
② 양자의 입양 전의 친족관계는 존속한다. [본조신설 2012.2.10.]

제2관 입양의 무효와 취소

제883조 (입양 무효의 원인) 다음 각 호의 어느 하나에 해당하는 입양은 무효이다.
1. 당사자 사이에 입양의 합의가 없는 경우
2. 제867조제1항(제873조제2항에 따라 준용되는 경우를 포함한다), 제869조제2항, 제877조를 위반한 경우
[전문개정 2012.2.10.]

제884조 (입양 취소의 원인) ① 입양이 다음 각 호의 어느 하나에 해당하는 경우에는 가정법원에 그 취소를 청구할 수 있다.
1. 제866조, 제869조제1항, 같은 조 제3항제2호, 제870조제1항, 제871조제1항, 제873조제1항, 제874조를 위반한

경우
2. 입양 당시 양부모와 양자 중 어느 한 쪽에게 악질(惡疾)이나 그 밖에 중대한 사유가 있음을 알지 못한 경우
3. 사기 또는 강박으로 인하여 입양의 의사표시를 한 경우
② 입양 취소에 관하여는 제867조제2항을 준용한다.　　　[전문개정 2012.2.10.]

제885조 (입양 취소 청구권자) 양부모, 양자와 그 법정대리인 또는 직계혈족은 제866조를 위반한 입양의 취소를 청구할 수 있다.　　　[전문개정 2012.2.10.]

제886조 (입양 취소 청구권자) 양자나 동의권자는 제869조제1항, 같은 조 제3항제2호, 제870조제1항을 위반한 입양의 취소를 청구할 수 있고, 동의권자는 제871조제1항을 위반한 입양의 취소를 청구할 수 있다.　　　[전문개정 2012.2.10.]

제887조 (입양 취소 청구권자) 피성년후견인이나 성년후견인은 제873조제1항을 위반한 입양의 취소를 청구할 수 있다.
　　　　　　　　[전문개정 2012.2.10.]

제888조 (입양 취소 청구권자) 배우자는 제874조를 위반한 입양의 취소를 청구할 수 있다.　　　[전문개정 2012.2.10.]

제889조 (입양 취소 청구권의 소멸) 양부모가 성년이 되면 제866조를 위반한 입양의 취소를 청구하지 못한다.
　　　　　　　　[전문개정 2012.2.10.]

제890조 削除〈1990.1.13.〉

제891조 (입양 취소 청구권의 소멸) ① 양자가 성년이 된 후 3개월이 지나거나 사망하면 제869조제1항, 같은 조 제3항제2호, 제870조제1항을 위반한 입양의 취소를 청구하지 못한다.
② 양자가 사망하면 제871조제1항을 위반한 입양의 취소를 청구하지 못한다.
　　　　　　　　[전문개정 2012.2.10.]

제892조 삭제 〈2012.2.10.〉

제893조 (입양 취소 청구권의 소멸) 성년후견개시의 심판이 취소된 후 3개월이 지나면 제873조제1항을 위반한 입양의 취소를 청구하지 못한다.
　　　　　　　　[전문개정 2012.2.10.]

제894조 (입양 취소 청구권의 소멸) 제869조제1항, 같은 조 제3항제2호, 제870조제1항, 제871조제1항, 제873조제1항, 제874조를 위반한 입양은 그 사유가 있음을 안 날부터 6개월, 그 사유가 있었던 날부터 1년이 지나면 그 취소를 청구하지 못한다.　　　[전문개정 2012.2.10.]

제895조 削除〈1990.1.13.〉

제896조 (입양 취소 청구권의 소멸) 제884조제1항제2호에 해당하는 사유가 있는 입양은 양부모와 양자 중 어느 한 쪽이 그 사유가 있음을 안 날부터 6개월이 지나면 그 취소를 청구하지 못한다.
　　　　　　　　[전문개정 2012.2.10.]

제897조 (준용규정) 입양의 무효 또는 취소에 따른 손해배상책임에 관하여는 제

806조를 준용하고, 사기 또는 강박으로 인한 입양 취소 청구권의 소멸에 관하여는 제823조를 준용하며, 입양 취소의 효력에 관하여는 제824조를 준용한다.
[전문개정 2012.2.10.]

제3관 파양(罷養)

제1항 협의상 파양

제898조 (협의상 파양) 양부모와 양자는 협의하여 파양(罷養)할 수 있다. 다만, 양자가 미성년자 또는 피성년후견인인 경우에는 그러하지 아니하다.
[전문개정 2012.2.10.]

제899조 ~ 제901조 삭제 〈2012.2.10.〉

제902조 (피성년후견인의 협의상 파양) 피성년후견인인 양부모는 성년후견인의 동의를 받아 파양을 협의할 수 있다.
[전문개정 2012.2.10.]

제903조 (파양 신고의 심사) 제898조, 제902조, 그 밖의 법령을 위반하지 아니한 파양 신고는 수리하여야 한다.
[전문개정 2012.2.10.]

제904조 (준용규정) 사기 또는 강박으로 인한 파양 취소 청구권의 소멸에 관하여는 제823조를 준용하고, 협의상 파양의 성립에 관하여는 제878조를 준용한다.
[전문개정 2012.2.10.]

제2항 재판상 파양

제905조 (재판상 파양의 원인) 양부모, 양자 또는 제906조에 따른 청구권자는 다음 각 호의 어느 하나에 해당하는 경우에는 가정법원에 파양을 청구할 수 있다.
1. 양부모가 양자를 학대 또는 유기하거나 그 밖에 양자의 복리를 현저히 해친 경우
2. 양부모가 양자로부터 심히 부당한 대우를 받은 경우
3. 양부모나 양자의 생사가 3년 이상 분명하지 아니한 경우
4. 그 밖에 양친자관계를 계속하기 어려운 중대한 사유가 있는 경우
[전문개정 2012.2.10.]

제906조 (파양 청구권자) ① 양자가 13세 미만인 경우에는 제869조제2항에 따른 승낙을 한 사람이 양자를 갈음하여 파양을 청구할 수 있다. 다만, 파양을 청구할 수 있는 사람이 없는 경우에는 제777조에 따른 양자의 친족이나 이해관계인이 가정법원의 허가를 받아 파양을 청구할 수 있다.
② 양자가 13세 이상의 미성년자인 경우에는 제870조제1항에 따른 동의를 한 부모의 동의를 받아 파양을 청구할 수 있다. 다만, 부모가 사망하거나 그 밖의 사유로 동의할 수 없는 경우에는 동의 없이 파양을 청구할 수 있다.
③ 양부모나 양자가 피성년후견인인 경

우에는 성년후견인의 동의를 받아 파양을 청구할 수 있다.

④ 검사는 미성년자나 피성년후견인인 양자를 위하여 파양을 청구할 수 있다.
[전문개정 2012.2.10.]

제907조 (파양 청구권의 소멸) 파양 청구권자는 제905조제1호·제2호·제4호의 사유가 있음을 안 날부터 6개월, 그 사유가 있었던 날부터 3년이 지나면 파양을 청구할 수 없다.[전문개정 2012.2.10.]

제908조 (준용규정) 재판상 파양에 따른 손해배상책임에 관하여는 제806조를 준용한다. [전문개정 2012.2.10.]

제4관 친양자

제908조의2 (친양자 입양의 요건 등) ① 친양자(親養子)를 입양하려는 사람은 다음 각 호의 요건을 갖추어 가정법원에 친양자 입양을 청구하여야 한다.
1. 3년 이상 혼인 중인 부부로서 공동으로 입양할 것. 다만, 1년 이상 혼인 중인 부부의 한쪽이 그 배우자의 친생자를 친양자로 하는 경우에는 그러하지 아니하다.
2. 친양자가 될 사람이 미성년자일 것
3. 친양자가 될 사람의 친생부모가 친양자 입양에 동의할 것. 다만, 부모가 친권상실의 선고를 받거나 소재를 알 수 없거나 그 밖의 사유로 동의할 수 없는 경우에는 그러하지 아니하다.
4. 친양자가 될 사람이 13세 이상인 경우에는 법정대리인의 동의를 받아 입양을 승낙할 것
5. 친양자가 될 사람이 13세 미만인 경우에는 법정대리인이 그를 갈음하여 입양을 승낙할 것

② 가정법원은 다음 각 호의 어느 하나에 해당하는 경우에는 제1항제3호·제4호에 따른 동의 또는 같은 항 제5호에 따른 승낙이 없어도 제1항의 청구를 인용할 수 있다. 이 경우 가정법원은 동의권자 또는 승낙권자를 심문하여야 한다.
1. 법정대리인이 정당한 이유 없이 동의 또는 승낙을 거부하는 경우. 다만, 법정대리인이 친권자인 경우에는 제2호 또는 제3호의 사유가 있어야 한다.
2. 친생부모가 자신에게 책임이 있는 사유로 3년 이상 자녀에 대한 부양의무를 이행하지 아니하고 면접교섭을 하지 아니한 경우
3. 친생부모가 자녀를 학대 또는 유기하거나 그 밖에 자녀의 복리를 현저히 해친 경우

③ 가정법원은 친양자가 될 사람의 복리를 위하여 그 양육상황, 친양자 입양의 동기, 양부모의 양육능력, 그 밖의 사정을 고려하여 친양자 입양이 적당하지 아니하다고 인정하는 경우에는 제1항의 청구를 기각할 수 있다.

[전문개정 2012.2.10.]

제908조의3 (친양자 입양의 효력) ① 친양자는 부부의 혼인중 출생자로 본다.
② 친양자의 입양 전의 친족관계는 제908조의2제1항의 청구에 의한 친양자 입양이 확정된 때에 종료한다. 다만, 부부의 일방이 그 배우자의 친생자를 단독으로 입양한 경우에 있어서의 배우자 및 그 친족과 친생자간의 친족관계는 그러하지 아니하다.[본조신설 2005.3.31]

제908조의4 (친양자 입양의 취소 등) ① 친양자로 될 사람의 친생(親生)의 아버지 또는 어머니는 자신에게 책임이 없는 사유로 인하여 제908조의2제1항제3호 단서에 따른 동의를 할 수 없었던 경우에 친양자 입양의 사실을 안 날부터 6개월 안에 가정법원에 친양자 입양의 취소를 청구할 수 있다.
② 친양자 입양에 관하여는 제883조, 제884조를 적용하지 아니한다.

[전문개정 2012.2.10.]

제908조의5 (친양자의 파양) ① 양친, 친양자, 친생의 부 또는 모나 검사는 다음 각호의 어느 하나의 사유가 있는 경우에는 가정법원에 친양자의 파양(罷養)을 청구할 수 있다.
1. 양친이 친양자를 학대 또는 유기(遺棄)하거나 그 밖에 친양자의 복리를 현저 해하는 때
2. 친양자의 양친에 대한 패륜(悖倫)행위로 인하여 친양자관계를 유지시킬 수 없게된 때
② 제898조 및 제905조의 규정은 친양자의 파양에 관하여 이를 적용하지 아니한다.

제908조의6 (준용규정) 제908조의2제3항은 친양자 입양의 취소 또는 제908조의5제1항제2호에 따른 파양의 청구에 관하여 이를 준용한다. 〈개정 2012.2.10.〉

제908조의7 (친양자 입양의 취소·파양의 효력) ① 친양자 입양이 취소되거나 파양된 때에는 친양자관계는 소멸하고 입양 전의 친족관계는 부활한다.
② 제1항의 경우에 친양자 입양의 취소의 효력은 소급하지 아니한다.

제908조의8 (준용규정) 친양자에 관하여 이 관에 특별한 규정이 있는 경우를 제외하고는 그 성질에 반하지 아니하는 범위 안에서 양자에 관한 규정을 준용한다.

第3節 親權

第1款 總則

제909조 (親權者) ① 부모는 미성년자인 자의 친권자가 된다. 양자의 경우에는 양부모(養父母)가 친권자가 된다.
② 親權은 父母가 婚姻중인 때에는 父母가 共同으로 이를 행사한다. 그러나 父母의 의견이 一致하지 아니하는 경우에는 當事者의 請求에 의하여 家庭法院

이 이를 정한다.
③ 父母의 一方이 親權을 행사할 수 없을 때에는 다른 一方이 이를 행사한다.
④ 婚姻外의 子가 認知된 경우와 父母가 이혼하는 경우에는 父母의 協議로 친권자를 정하여야 하고, 協議할 수 없거나 協議가 이루어지지 아니하는 경우에는 가정법원은 직권으로 또는 당사자의 청구에 따라 친권자를 지정하여야 한다. 다만, 부모의 협의가 자(子)의 복리에 반하는 경우에는 가정법원은 보정을 명하거나 직권으로 친권자를 정한다.
⑤ 가정법원은 혼인의 취소, 재판상 이혼 또는 인지청구의 소의 경우에는 직권으로 친권자를 정한다.
⑥ 가정법원은 자의 복리를 위하여 필요하다고 인정되는 경우에는 자의 4촌 이내의 친족의 청구에 의하여 정하여진 친권자를 다른 일방으로 변경할 수 있다.

제909조의2 (친권자의 지정 등) ① 제909조 제4항부터 제6항까지의 규정에 따라 단독 친권자로 정하여진 부모의 일방이 사망한 경우 생존하는 부 또는 모, 미성년자, 미성년자의 친족은 그 사실을 안 날부터 1개월, 사망한 날부터 6개월 내에 가정법원에 생존하는 부 또는 모를 친권자로 지정할 것을 청구할 수 있다.
② 입양이 취소되거나 파양된 경우 또는 양부모가 모두 사망한 경우 친생부모 일방 또는 쌍방, 미성년자, 미성년자의 친족은 그 사실을 안 날부터 1개월, 입양이 취소되거나 파양된 날 또는 양부모가 모두 사망한 날부터 6개월 내에 가정법원에 친생부모 일방 또는 쌍방을 친권자로 지정할 것을 청구할 수 있다. 다만, 친양자의 양부모가 사망한 경우에는 그러하지 아니하다.
③ 제1항 또는 제2항의 기간 내에 친권자 지정의 청구가 없을 때에는 가정법원은 직권으로 또는 미성년자, 미성년자의 친족, 이해관계인, 검사, 지방자치단체의 장의 청구에 의하여 미성년후견인을 선임할 수 있다. 이 경우 생존하는 부 또는 모, 친생부모 일방 또는 쌍방의 소재를 모르거나 그가 정당한 사유 없이 소환에 응하지 아니하는 경우를 제외하고 그에게 의견을 진술할 기회를 주어야 한다.
④ 가정법원은 제1항 또는 제2항에 따른 친권자 지정 청구나 제3항에 따른 후견인 선임 청구가 생존하는 부 또는 모, 친생부모 일방 또는 쌍방의 양육의사 및 양육능력, 청구 동기, 미성년자의 의사, 그 밖의 사정을 고려하여 미성년자의 복리를 위하여 적절하지 아니하다고 인정하면 청구를 기각할 수 있다. 이 경우 가정법원은 직권으로 미성년후견인을 선임하거나 생존하는 부 또는 모, 친

생부모 일방 또는 쌍방을 친권자로 지정하여야 한다.

⑤ 가정법원은 다음 각 호의 어느 하나에 해당하는 경우에 직권으로 또는 미성년자, 미성년자의 친족, 이해관계인, 검사, 지방자치단체의 장의 청구에 의하여 제1항부터 제4항까지의 규정에 따라 친권자가 지정되거나 미성년후견인이 선임될 때까지 그 임무를 대행할 사람을 선임할 수 있다. 이 경우 그 임무를 대행할 사람에 대하여는 제25조 및 제954조를 준용한다.

1. 단독 친권자가 사망한 경우
2. 입양이 취소되거나 파양된 경우
3. 양부모가 모두 사망한 경우

⑥ 가정법원은 제3항 또는 제4항에 따라 미성년후견인이 선임된 경우라도 미성년후견인 선임 후 양육상황이나 양육능력의 변동, 미성년자의 의사, 그 밖의 사정을 고려하여 미성년자의 복리를 위하여 필요하면 생존하는 부 또는 모, 친생부모 일방 또는 쌍방, 미성년자의 청구에 의하여 후견을 종료하고 생존하는 부 또는 모, 친생부모 일방 또는 쌍방을 친권자로 지정할 수 있다.

[본조신설 2011.5.19.]

제910조 (子의 親權의 代行) 親權者는 그 親權에 따르는 자에 갈음하여 그 子에 對한 親權을 行使한다.

제911조 (未成年者인 子의 法定代理人) 親權을 行使하는 父 또는 母는 未成年者인 子의 法定代理人이 된다.

제912조 (친권 행사와 친권자 지정의 기준) ① 친권을 행사함에 있어서는 자의 복리를 우선적으로 고려하여야 한다.

〈개정 2011.5.19.〉

② 가정법원이 친권자를 지정함에 있어서는 자(子)의 복리를 우선적으로 고려하여야 한다. 이를 위하여 가정법원은 관련 분야의 전문가나 사회복지기관으로부터 자문을 받을 수 있다.

〈신설 2011.5.19.〉

第2款 親權의 效力

제913조 (保護, 敎養의 權利義務) 親權者는 子를 保護하고 敎養할 權利義務가 있다.

제914조 (居所指定權) 子는 親權者의 指定한 場所에 居住하여야 한다.

제915조 (懲戒權) 親權者는 그 子를 保護 또는 敎養하기 爲하여 必要한 懲戒를 할 수 있고 法院의 許可를 얻어 感化 또는 矯正機關에 委託할 수 있다.

제916조 (子의 特有財産과 그 管理) 子가 自己의 名義로 取得한 財産은 그 特有財産으로 하고 法定代理人인 親權者가 이를 管理한다.

제917조 削除 〈1990.1.13.〉

제918조 (第三者가 無償으로 子에게 授與한 財産의 管理) ① 無償으로 子에게 財産

을 授與한 第三者가 親權者의 管理에 反對하는 意思를 表示한 때에는 親權者는 그 財産을 管理하지 못한다.

② 前項의 境遇에 第三者가 그 財産管理人을 指定하지 아니한 때에는 法院은 財産의 授與를 받은 子 또는 제777조의 規定에 依한 親族의 請求에 依하여 管理人을 選任한다.

③ 第三者의 指定한 管理人의 權限이 消滅하거나 管理人을 改任할 必要있는 境遇에 第三者가 다시 管理人을 指定하지 아니한 때에도 前項과 같다.

④ 제24조제1항, 제2항, 제4항, 제25조 前段 및 제26조제1항, 제2항의 規定은 前2항의 境遇에 準用한다.

제919조 (委任에 關한 規定의 準用) 제691조, 제692조의 規定은 前3조의 財産管理에 準用한다.

제920조 (子의 財産에 關한 親權者의 代理權) 法定代理人인 親權者는 子의 財産에 關한 法律行爲에 對하여 그 子를 代理한다. 그러나 그 子의 行爲를 目的으로 하는 債務를 負擔할 境遇에는 本人의 同意를 얻어야 한다.

제920조의 2(共同親權者의 一方이 共同名義로 한 행위의 效力) 父母가 共同으로 親權을 행사하는 경우 父母의 一方이 共同名義로 子를 代理하거나 子의 法律行爲에 同意한 때에는 다른 一方의 意思에 반하는 때에도 그 效力이 있다. 그러나 相對方이 惡意인 때에는 그러하지 아니한다.

제921조 (親權者와 그 子間 또는 數人의 子間의 利害相反行爲) ① 法定代理人인 親權者와 그 子사이에 利害相反되는 行爲를 함에는 親權者는 法院에 그 子의 特別代理人의 選任을 請求하여야 한다.

② 法定代理人인 親權者가 그 親權에 따르는 數人의 子 사이에 利害相反되는 行爲를 함에는 法院에 그 子 一方의 特別代理人의 選任을 請求하여야 한다.

제922조 (親權者의 注意義務) 親權者가 그 子에 對한 法律行爲의 代理權 또는 財産管理權을 行使함에는 自己의 財産에 關한 行爲와 同一한 注意를 하여야 한다.

제922조의2 (친권자의 동의를 갈음하는 재판) 가정법원은 친권자의 동의가 필요한 행위에 대하여 친권자가 정당한 이유 없이 동의하지 아니함으로써 자녀의 생명, 신체 또는 재산에 중대한 손해가 발생할 위험이 있는 경우에는 자녀, 자녀의 친족, 검사 또는 지방자치단체의 장의 청구에 의하여 친권자의 동의를 갈음하는 재판을 할 수 있다.

[본조신설 2014.10.15.]

제923조 (財産管理의 計算) ① 法定代理人인 親權者의 權限이 消滅한 때에는 그 子의 財産에 對한 管理의 計算을 하여야 한다.

② 前項의 境遇에 그 子의 財産으로부터 收取한 果實은 그 子의 養育, 財産管理의 費用과 相計한 것으로 본다. 그러나 無償으로 子에게 財産을 授與한 第三者가 反對의 意思를 表示한 때에는 그 財産에 關하여는 그러하지 아니하다.

제3관 친권의 상실, 일시 정지 및 일부 제한

제924조 (친권의 상실 또는 일시 정지의 선고) ① 가정법원은 부 또는 모가 친권을 남용하여 자녀의 복리를 현저히 해치거나 해칠 우려가 있는 경우에는 자녀, 자녀의 친족, 검사 또는 지방자치단체의 장의 청구에 의하여 그 친권의 상실 또는 일시 정지를 선고할 수 있다.

② 가정법원은 친권의 일시 정지를 선고할 때에는 자녀의 상태, 양육상황, 그 밖의 사정을 고려하여 그 기간을 정하여야 한다. 이 경우 그 기간은 2년을 넘을 수 없다.

③ 가정법원은 자녀의 복리를 위하여 친권의 일시 정지 기간의 연장이 필요하다고 인정하는 경우에는 자녀, 자녀의 친족, 검사, 지방자치단체의 장, 미성년후견인 또는 미성년후견감독인의 청구에 의하여 2년의 범위에서 그 기간을 한 차례만 연장할 수 있다.

[전문개정 2014.10.15.]

제924조의2 (친권의 일부 제한의 선고) 가정법원은 거소의 지정이나 징계, 그 밖의 신상에 관한 결정 등 특정한 사항에 관하여 친권자가 친권을 행사하는 것이 곤란하거나 부적당한 사유가 있어 자녀의 복리를 해치거나 해칠 우려가 있는 경우에는 자녀, 자녀의 친족, 검사 또는 지방자치단체의 장의 청구에 의하여 구체적인 범위를 정하여 친권의 일부 제한을 선고할 수 있다.

[본조신설 2014.10.15.]

제925조 (대리권, 재산관리권 상실의 선고) 가정법원은 법정대리인인 친권자가 부적당한 관리로 인하여 자녀의 재산을 위태롭게 한 경우에는 자녀의 친족, 검사 또는 지방자치단체의 장의 청구에 의하여 그 법률행위의 대리권과 재산관리권의 상실을 선고할 수 있다.

〈개정 2014.10.15.〉

제925조의2 (친권 상실 선고 등의 판단 기준) ① 제924조에 따른 친권 상실의 선고는 같은 조에 따른 친권의 일시 정지, 제924조의2에 따른 친권의 일부 제한, 제925조에 따른 대리권·재산관리권의 상실 선고 또는 그 밖의 다른 조치에 의해서는 자녀의 복리를 충분히 보호할 수 없는 경우에만 할 수 있다.

② 제924조에 따른 친권의 일시 정지, 제924조의2에 따른 친권의 일부 제한 또는 제925조에 따른 대리권·재산관

리권의 상실 선고는 제922조의2에 따른 동의를 갈음하는 재판 또는 그 밖의 다른 조치에 의해서는 자녀의 복리를 충분히 보호할 수 없는 경우에만 할 수 있다. [본조신설 2014.10.15.]

제925조의3 (부모의 권리와 의무) 제924조와 제924조의2, 제925조에 따라 친권의 상실, 일시 정지, 일부 제한 또는 대리권과 재산관리권의 상실이 선고된 경우에도 부모의 자녀에 대한 그 밖의 권리와 의무는 변경되지 아니한다.
[본조신설 2014.10.15.]

제926조 (실권 회복의 선고) 가정법원은 제924조, 제924조의2 또는 제925조에 따른 선고의 원인이 소멸된 경우에는 본인, 자녀, 자녀의 친족, 검사 또는 지방자치단체의 장의 청구에 의하여 실권(失權)의 회복을 선고할 수 있다.
[전문개정 2014.10.15.]

제927조 (代理權, 管理權의 辭退와 回復) ① 法定代理人인 親權者는 正當한 事由가 있는 때에는 法院의 許可를 얻어 그 法律行爲의 代理權과 財産管理權을 辭退할 수 있다.
② 前項의 事由가 消滅한 때에는 그 親權者는 法院의 許可를 얻어 辭退한 權利를 回復할 수 있다.

제927조의2 (친권의 상실, 일시 정지 또는 일부 제한과 친권자의 지정 등) ① 제909조제4항부터 제6항까지의 규정에 따라 단독 친권자가 된 부 또는 모, 양부모(친양자의 양부모를 제외한다) 쌍방에게 다음 각 호의 어느 하나에 해당하는 사유가 있는 경우에는 제909조의2제1항 및 제3항부터 제5항까지의 규정을 준용한다. 다만, 제1호의3·제2호 및 제3호의 경우 새로 정하여진 친권자 또는 미성년후견인의 임무는 제한된 친권의 범위에 속하는 행위에 한정된다.
〈개정 2014.10.15.〉

1. 제924조에 따른 친권상실의 선고가 있는 경우
1의2. 제924조에 따른 친권 일시 정지의 선고가 있는 경우
1의3. 제924조의2에 따른 친권 일부 제한의 선고가 있는 경우
2. 제925조에 따른 대리권과 재산관리권 상실의 선고가 있는 경우
3. 제927조제1항에 따라 대리권과 재산관리권을 사퇴한 경우
4. 소재불명 등 친권을 행사할 수 없는 중대한 사유가 있는 경우

② 가정법원은 제1항에 따라 친권자가 지정되거나 미성년후견인이 선임된 후 단독 친권자이었던 부 또는 모, 양부모 일방 또는 쌍방에게 다음 각 호의 어느 하나에 해당하는 사유가 있는 경우에는 그 부모 일방 또는 쌍방, 미성년자, 미성년자의 친족의 청구에 의하여 친권자를 새로 지정할 수 있다.

1. 제926조에 따라 실권의 회복이 선고된 경우
2. 제927조제2항에 따라 사퇴한 권리를 회복한 경우
3. 소재불명이던 부 또는 모가 발견되는 등 친권을 행사할 수 있게 된 경우
[본조신설 2011.5.19.][제목개정 2014.10.15.]

第5章 後見

제1절 미성년후견과 성년후견

제1관 후견인

제928조 (미성년자에 대한 후견의 개시) 미성년자에게 친권자가 없거나 친권자가 제924조, 제924조의2, 제925조 또는 제927조제1항에 따라 친권의 전부 또는 일부를 행사할 수 없는 경우에는 미성년후견인을 두어야 한다.
〈개정 2014.10.15.〉

제929조 (성년후견심판에 의한 후견의 개시) 가정법원의 성년후견개시심판이 있는 경우에는 그 심판을 받은 사람의 성년후견인을 두어야 한다.[전문개정 2011.3.7]

제930조 (후견인의 수와 자격) ① 미성년후견인의 수(數)는 한 명으로 한다.
② 성년후견인은 피성년후견인의 신상과 재산에 관한 모든 사정을 고려하여 여러 명을 둘 수 있다.
③ 법인도 성년후견인이 될 수 있다.
[전문개정 2011.3.7.]

제931조 (유언에 의한 미성년후견인의 지정 등) ① 미성년자에게 친권을 행사하는 부모는 유언으로 미성년후견인을 지정할 수 있다. 다만, 법률행위의 대리권과 재산관리권이 없는 친권자는 그러하지 아니하다.
② 가정법원은 제1항에 따라 미성년후견인이 지정된 경우라도 미성년자의 복리를 위하여 필요하면 생존하는 부 또는 모, 미성년자의 청구에 의하여 후견을 종료하고 생존하는 부 또는 모를 친권자로 지정할 수 있다.
[전문개정 2011.5.19.]

제932조 (미성년후견인의 선임) ① 가정법원은 제931조에 따라 지정된 미성년후견인이 없는 경우에는 직권으로 또는 미성년자, 친족, 이해관계인, 검사, 지방자치단체의 장의 청구에 의하여 미성년후견인을 선임한다. 미성년후견인이 없게 된 경우에도 또한 같다.
② 가정법원은 제924조, 제924조의2 및 제925조에 따른 친권의 상실, 일시정지, 일부 제한의 선고 또는 법률행위의 대리권이나 재산관리권 상실의 선고에 따라 미성년후견인을 선임할 필요가 있는 경우에는 직권으로 미성년후견인을 선임한다. 〈개정 2014.10.15.〉
③ 친권자가 대리권 및 재산관리권을 사퇴한 경우에는 지체 없이 가정법원에 미성년후견인의 선임을 청구하여야 한

다. [전문개정 2011.3.7.]

제933조 ~ 제935조 삭제 〈2011.3.7.〉

제936조 (성년후견인의 선임) ① 제929조에 따른 성년후견인은 가정법원이 직권으로 선임한다.
② 가정법원은 성년후견인이 사망, 결격, 그 밖의 사유로 없게 된 경우에도 직권으로 또는 피성년후견인, 친족, 이해관계인, 검사, 지방자치단체의 장의 청구에 의하여 성년후견인을 선임한다.
③ 가정법원은 성년후견인이 선임된 경우에도 필요하다고 인정하면 직권으로 또는 제2항의 청구권자나 성년후견인의 청구에 의하여 추가로 성년후견인을 선임할 수 있다.
④ 가정법원이 성년후견인을 선임할 때에는 피성년후견인의 의사를 존중하여야 하며, 그 밖에 피성년후견인의 건강, 생활관계, 재산상황, 성년후견인이 될 사람의 직업과 경험, 피성년후견인과의 이해관계의 유무(법인이 성년후견인이 될 때에는 사업의 종류와 내용, 법인이나 그 대표자와 피성년후견인 사이의 이해관계의 유무를 말한다) 등의 사정도 고려하여야 한다. [전문개정 2011.3.7.]

제937조 ★(후견인의 결격사유) 다음 각 호의 어느 하나에 해당하는 자는 후견인이 되지 못한다. 〈개정 2016.12.20.〉
1. 미성년자
2. 피성년후견인, 피한정후견인, 피특정후견인, 피임의후견인
3. 회생절차개시결정 또는 파산선고를 받은 자
4. 자격정지 이상의 형의 선고를 받고 그 형기(刑期) 중에 있는 사람
5. 법원에서 해임된 법정대리인
6. 법원에서 해임된 성년후견인, 한정후견인, 특정후견인, 임의후견인과 그 감독인
7. 행방이 불분명한 사람
8. 피후견인을 상대로 소송을 하였거나 하고 있는 사람
9. 제8호에서 정한 사람의 배우자와 직계혈족. 다만, 피후견인의 직계비속은 제외한다. [전문개정 2011.3.7.]

제938조 (후견인의 대리권 등) ① 후견인은 피후견인의 법정대리인이 된다.
② 가정법원은 성년후견인이 제1항에 따라 가지는 법정대리권의 범위를 정할 수 있다.
③ 가정법원은 성년후견인이 피성년후견인의 신상에 관하여 결정할 수 있는 권한의 범위를 정할 수 있다.
④ 제2항 및 제3항에 따른 법정대리인의 권한의 범위가 적절하지 아니하게 된 경우에 가정법원은 본인, 배우자, 4촌 이내의 친족, 성년후견인, 성년후견감독인, 검사 또는 지방자치단체의 장의 청구에 의하여 그 범위를 변경할 수 있다. [전문개정 2011.3.7.]

제939조 (후견인의 사임) 후견인은 정당한 사유가 있는 경우에는 가정법원의 허가를 받아 사임할 수 있다. 이 경우 그 후견인은 사임청구와 동시에 가정법원에 새로운 후견인의 선임을 청구하여야 한다. [전문개정 2011.3.7.]

제940조 (후견인의 변경) 가정법원은 피후견인의 복리를 위하여 후견인을 변경할 필요가 있다고 인정하면 직권으로 또는 피후견인, 친족, 후견감독인, 검사, 지방자치단체의 장의 청구에 의하여 후견인을 변경할 수 있다. [전문개정 2011.3.7.]

제2관 후견감독인

제940조의2 (미성년후견감독인의 지정) 미성년후견인을 지정할 수 있는 사람은 유언으로 미성년후견감독인을 지정할 수 있다. [본조신설 2011.3.7.]

제940조의3 (미성년후견감독인의 선임) ① 가정법원은 제940조의2에 따라 지정된 미성년후견감독인이 없는 경우에 필요하다고 인정하면 직권으로 또는 미성년자, 친족, 미성년후견인, 검사, 지방자치단체의 장의 청구에 의하여 미성년후견감독인을 선임할 수 있다.
② 가정법원은 미성년후견감독인이 사망, 결격, 그 밖의 사유로 없게 된 경우에는 직권으로 또는 미성년자, 친족, 미성년후견인, 검사, 지방자치단체의 장의 청구에 의하여 미성년후견감독인을 선임한다. [본조신설 2011.3.7.]

제940조의4 (성년후견감독인의 선임) ① 가정법원은 필요하다고 인정하면 직권으로 또는 피성년후견인, 친족, 성년후견인, 검사, 지방자치단체의 장의 청구에 의하여 성년후견감독인을 선임할 수 있다.
② 가정법원은 성년후견감독인이 사망, 결격, 그 밖의 사유로 없게 된 경우에는 직권으로 또는 피성년후견인, 친족, 성년후견인, 검사, 지방자치단체의 장의 청구에 의하여 성년후견감독인을 선임한다. [본조신설 2011.3.7.]

제940조의5 (후견감독인의 결격사유) 제779조에 따른 후견인의 가족은 후견감독인이 될 수 없다. [본조신설 2011.3.7.]

제940조의6 (후견감독인의 직무) ① 후견감독인은 후견인의 사무를 감독하며, 후견인이 없는 경우 지체 없이 가정법원에 후견인의 선임을 청구하여야 한다.
② 후견감독인은 피후견인의 신상이나 재산에 대하여 급박한 사정이 있는 경우 그의 보호를 위하여 필요한 행위 또는 처분을 할 수 있다.
③ 후견인과 피후견인 사이에 이해가 상반되는 행위에 관하여는 후견감독인이 피후견인을 대리한다.
[본조신설 2011.3.7.]

제940조의7 (위임 및 후견인 규정의 준용) 후견감독인에 대하여는 제681조, 제691

조, 제692조, 제930조제2항·제3항, 제936조제3항·제4항, 제937조, 제939조, 제940조, 제947조의2제3항부터 제5항까지, 제949조의2, 제955조 및 제955조의2를 준용한다.

[본조신설 2011.3.7.]

제3관 후견인의 임무

제941조 (재산조사와 목록작성) ① 후견인은 지체 없이 피후견인의 재산을 조사하여 2개월 내에 그 목록을 작성하여야 한다. 다만, 정당한 사유가 있는 경우에는 법원의 허가를 받아 그 기간을 연장할 수 있다.

② 후견감독인이 있는 경우 제1항에 따른 재산조사와 목록작성은 후견감독인의 참여가 없으면 효력이 없다.

[전문개정 2011.3.7.]

제942조 (후견인의 채권·채무의 제시) ① 후견인과 피후견인 사이에 채권·채무의 관계가 있고 후견감독인이 있는 경우에는 후견인은 재산목록의 작성을 완료하기 전에 그 내용을 후견감독인에게 제시하여야 한다.

② 후견인이 피후견인에 대한 채권이 있음을 알고도 제1항에 따른 제시를 게을리한 경우에는 그 채권을 포기한 것으로 본다. [전문개정 2011.3.7.]

제943조 (目錄作成前의 權限) 後見人은 財産調査와 目錄作成을 完了하기까지는 緊急 必要한 境遇가 아니면 그 財産에 關한 權限을 行使하지 못한다. 그러나 이로써 善意의 第三者에게 對抗하지 못한다.

제944조 (被後見人이 取得한 包括的 財産의 調査 等) 前3조의 規定은 後見人의 就任 後에 被後見人이 包括的 財産을 取得한 境遇에 準用한다.

제945조 (미성년자의 신분에 관한 후견인의 권리·의무) 미성년후견인은 제913조부터 제915조까지에 규정한 사항에 관하여는 친권자와 동일한 권리와 의무가 있다. 다만, 다음 각 호의 어느 하나에 해당하는 경우에는 미성년후견감독인이 있으면 그의 동의를 받아야 한다.

1. 친권자가 정한 교육방법, 양육방법 또는 거소를 변경하는 경우
2. 미성년자를 감화기관이나 교정기관에 위탁하는 경우
3. 친권자가 허락한 영업을 취소하거나 제한하는 경우 [전문개정 2011.3.7.]

제946조 (친권 중 일부에 한정된 후견) 미성년자의 친권자가 제924조의2, 제925조 또는 제927조제1항에 따라 친권 중 일부에 한정하여 행사할 수 없는 경우에 미성년후견인의 임무는 제한된 친권의 범위에 속하는 행위에 한정된다.

[전문개정 2014.10.15.]

제947조 (피성년후견인의 복리와 의사존중) 성년후견인은 피성년후견인의 재산관

리와 신상보호를 할 때 여러 사정을 고려하여 그의 복리에 부합하는 방법으로 사무를 처리하여야 한다. 이 경우 성년후견인은 피성년후견인의 복리에 반하지 아니하면 피성년후견인의 의사를 존중하여야 한다. [전문개정 2011.3.7.]

제947조의2 (피성년후견인의 신상결정 등) ① 피성년후견인은 자신의 신상에 관하여 그의 상태가 허락하는 범위에서 단독으로 결정한다.

② 성년후견인이 피성년후견인을 치료 등의 목적으로 정신병원이나 그 밖의 다른 장소에 격리하려는 경우에는 가정법원의 허가를 받아야 한다.

③ 피성년후견인의 신체를 침해하는 의료행위에 대하여 피성년후견인이 동의할 수 없는 경우에는 성년후견인이 그를 대신하여 동의할 수 있다.

④ 제3항의 경우 피성년후견인이 의료행위의 직접적인 결과로 사망하거나 상당한 장애를 입을 위험이 있을 때에는 가정법원의 허가를 받아야 한다. 다만, 허가절차로 의료행위가 지체되어 피성년후견인의 생명에 위험을 초래하거나 심신상의 중대한 장애를 초래할 때에는 사후에 허가를 청구할 수 있다.

⑤ 성년후견인이 피성년후견인을 대리하여 피성년후견인이 거주하고 있는 건물 또는 그 대지에 대하여 매도, 임대, 전세권 설정, 저당권 설정, 임대차의 해지, 전세권의 소멸, 그 밖에 이에 준하는 행위를 하는 경우에는 가정법원의 허가를 받아야 한다.[본조신설 2011.3.7.]

제948조 (미성년자의 친권의 대행) ① 미성년후견인은 미성년자를 갈음하여 미성년자의 자녀에 대한 친권을 행사한다.

② 제1항의 친권행사에는 미성년후견인의 임무에 관한 규정을 준용한다.
[전문개정 2011.3.7.]

제949조 (財産管理權과 代理權) ① 後見人은 被後見人의 財産을 管理하고 그 財産에 關한 法律行爲에 對하여 被後見人을 代理한다.

② 제920조 但書의 規定은 前項의 法律行爲에 準用한다.

제949조의2 (성년후견인이 여러 명인 경우 권한의 행사 등) ① 가정법원은 직권으로 여러 명의 성년후견인이 공동으로 또는 사무를 분장하여 그 권한을 행사하도록 정할 수 있다.

② 가정법원은 직권으로 제1항에 따른 결정을 변경하거나 취소할 수 있다.

③ 여러 명의 성년후견인이 공동으로 권한을 행사하여야 하는 경우에 어느 성년후견인이 피성년후견인의 이익이 침해될 우려가 있음에도 법률행위의 대리 등 필요한 권한행사에 협력하지 아니할 때에는 가정법원은 피성년후견인, 성년후견인, 후견감독인 또는 이해관계인의 청구에 의하여 그 성년후견인의

의사표시를 갈음하는 재판을 할 수 있다. [본조신설 2011.3.7.]

제949조의3 (이해상반행위) 후견인에 대하여는 제921조를 준용한다. 다만, 후견감독인이 있는 경우에는 그러하지 아니하다. [본조신설 2011.3.7.]

제950조 (후견감독인의 동의를 필요로 하는 행위) ① 후견인이 피후견인을 대리하여 다음 각 호의 어느 하나에 해당하는 행위를 하거나 미성년자의 다음 각 호의 어느 하나에 해당하는 행위에 동의를 할 때는 후견감독인이 있으면 그의 동의를 받아야 한다.
1. 영업에 관한 행위
2. 금전을 빌리는 행위
3. 의무만을 부담하는 행위
4. 부동산 또는 중요한 재산에 관한 권리의 득실변경을 목적으로 하는 행위
5. 소송행위
6. 상속의 승인, 한정승인 또는 포기 및 상속재산의 분할에 관한 협의

② 후견감독인의 동의가 필요한 행위에 대하여 후견감독인이 피후견인의 이익이 침해될 우려가 있음에도 동의를 하지 아니하는 경우에는 가정법원은 후견인의 청구에 의하여 후견감독인의 동의를 갈음하는 허가를 할 수 있다.

③ 후견감독인의 동의가 필요한 법률행위를 후견인이 후견감독인의 동의 없이 하였을 때에는 피후견인 또는 후견감독인이 그 행위를 취소할 수 있다. [전문개정 2011.3.7.]

제951조 (피후견인의 재산 등의 양수에 대한 취소) ① 후견인이 피후견인에 대한 제3자의 권리를 양수(讓受)하는 경우에는 피후견인은 이를 취소할 수 있다.

② 제1항에 따른 권리의 양수의 경우 후견감독인이 있으면 후견인은 후견감독인의 동의를 받아야 하고, 후견감독인의 동의가 없는 경우에는 피후견인 또는 후견감독인이 이를 취소할 수 있다. [전문개정 2011.3.7.]

제952조 (상대방의 추인 여부 최고) 제950조 및 제951조의 경우에는 제15조를 준용한다. [전문개정 2011.3.7.]

제953조 (후견감독인의 후견사무의 감독) 후견감독인은 언제든지 후견인에게 그의 임무 수행에 관한 보고와 재산목록의 제출을 요구할 수 있고 피후견인의 재산상황을 조사할 수 있다. [전문개정 2011.3.7.]

제954조 (가정법원의 후견사무에 관한 처분) 가정법원은 직권으로 또는 피후견인, 후견감독인, 제777조에 따른 친족, 그 밖의 이해관계인, 검사, 지방자치단체의 장의 청구에 의하여 피후견인의 재산상황을 조사하고, 후견인에게 재산관리 등 후견임무 수행에 관하여 필요한 처분을 명할 수 있다. [전문개정 2011.3.7.]

제955조 (後見人에 對한 報酬) 法院은 後見

人의 請求에 依하여 被後見人의 財産狀態 其他 事情을 參酌하여 被後見人의 財産 中에서 相當한 報酬를 後見人에게 授與할 수 있다.

제955조의2 (지출금액의 예정과 사무비용) 후견인이 후견사무를 수행하는 데 필요한 비용은 피후견인의 재산 중에서 지출한다. [본조신설 2011.3.7.]

제956조 (委任과 親權의 規定의 準用) 제681조 및 제918조의 規定은 後見人에게 이를 準用한다.

제4관 후견의 종료

제957조 (후견사무의 종료와 관리의 계산) ① 후견인의 임무가 종료된 때에는 후견인 또는 그 상속인은 1개월 내에 피후견인의 재산에 관한 계산을 하여야 한다. 다만, 정당한 사유가 있는 경우에는 법원의 허가를 받아 그 기간을 연장할 수 있다.

② 제1항의 계산은 후견감독인이 있는 경우에는 그가 참여하지 아니하면 효력이 없다. [전문개정 2011.3.7.]

제958조 (利子의 附加와 金錢消費에 對한 責任) ① 後見人이 被後見人에게 支給할 金額이나 被後見人이 後見人에게 支給할 金額에는 計算終了의 날로부터 利子를 附加하여야 한다.

② 後見人이 自己를 爲하여 被後見人의 金錢을 消費한 때에는 그 消費한 날로 부터 利子를 附加하고 被後見人에게 損害가 있으면 이를 賠償하여야 한다.

제959조 (委任規定의 準用) 제691조, 제692조의 規定은 後見의 終了에 이를 準用한다.

제2절 한정후견과 특정후견

제959조의2 (한정후견의 개시) 가정법원의 한정후견개시의 심판이 있는 경우에는 그 심판을 받은 사람의 한정후견인을 두어야 한다. [본조신설 2011.3.7.]

제959조의3 (한정후견인의 선임 등) ① 제959조의2에 따른 한정후견인은 가정법원이 직권으로 선임한다.

② 한정후견인에 대하여는 제930조제2항·제3항, 제936조제2항부터 제4항까지, 제937조, 제939조, 제940조 및 제949조의3을 준용한다.

[본조신설 2011.3.7.]

제959조의4 (한정후견인의 대리권 등) ① 가정법원은 한정후견인에게 대리권을 수여하는 심판을 할 수 있다.

② 한정후견인의 대리권 등에 관하여는 제938조제3항 및 제4항을 준용한다.

[본조신설 2011.3.7.]

제959조의5 (한정후견감독인) ① 가정법원은 필요하다고 인정하면 직권으로 또는 피한정후견인, 친족, 한정후견인, 검사, 지방자치단체의 장의 청구에 의하여 한정후견감독인을 선임할 수 있다.

② 한정후견감독인에 대하여는 제681조, 제691조, 제692조, 제930조제2항·제3항, 제936조제3항·제4항, 제937조, 제939조, 제940조, 제940조의3제2항, 제940조의5, 제940조의6, 제947조의2제3항부터 제5항까지, 제949조의2, 제955조 및 제955조의2를 준용한다. 이 경우 제940조의6제3항 중 "피후견인을 대리한다"는 "피한정후견인을 대리하거나 피한정후견인이 그 행위를 하는 데 동의한다"로 본다.

[본조신설 2011.3.7.]

제959조의6 (한정후견사무) 한정후견의 사무에 관하여는 제681조, 제920조 단서, 제947조, 제947조의2, 제949조, 제949조의2, 제949조의3, 제950조부터 제955까지 및 제955조의2를 준용한다.

[본조신설 2011.3.7.]

제959조의7 (한정후견인의 임무의 종료 등) 한정후견인의 임무가 종료한 경우에 관하여는 제691조, 제692조, 제957조 및 제958조를 준용한다. [본조신설 2011.3.7.]

제959조의8 (특정후견에 따른 보호조치) 가정법원은 피특정후견인의 후원을 위하여 필요한 처분을 명할 수 있다.

[본조신설 2011.3.7.]

제959조의9 (특정후견인의 선임 등) ① 가정법원은 제959조의8에 따른 처분으로 피특정후견인을 후원하거나 대리하기 위한 특정후견인을 선임할 수 있다.

② 특정후견인에 대하여는 제930조제2항·제3항, 제936조제2항부터 제4항까지, 제937조, 제939조 및 제940조를 준용한다. [본조신설 2011.3.7.]

제959조의10 (특정후견감독인) ① 가정법원은 필요하다고 인정하면 직권으로 또는 피특정후견인, 친족, 특정후견인, 검사, 지방자치단체의 장의 청구에 의하여 특정후견감독인을 선임할 수 있다.

② 특정후견감독인에 대하여는 제681조, 제691조, 제692조, 제930조제2항·제3항, 제936조제3항·제4항, 제937조, 제939조, 제940조, 제940조의5, 제940조의6, 제949조의2, 제955조 및 제955조의2를 준용한다.

[본조신설 2011.3.7.]

제959조의11 (특정후견인의 대리권) ① 피특정후견인의 후원을 위하여 필요하다고 인정하면 가정법원은 기간이나 범위를 정하여 특정후견인에게 대리권을 수여하는 심판을 할 수 있다.

② 제1항의 경우 가정법원은 특정후견인의 대리권 행사에 가정법원이나 특정후견감독인의 동의를 받도록 명할 수 있다. [본조신설 2011.3.7.]

제959조의12 (특정후견사무) 특정후견의 사무에 관하여는 제681조, 제920조 단서, 제947조, 제949조의2, 제953조부터 제955조까지 및 제955조의2를 준용한다. [본조신설 2011.3.7.]

제959조의13 (특정후견인의 임무의 종료 등) 특정후견인의 임무가 종료한 경우에 관하여는 제691조, 제692조, 제957조 및 제958조를 준용한다.
[본조신설 2011.3.7.]

제3절 후견계약

제959조의14 (후견계약의 의의와 체결방법 등) ① 후견계약은 질병, 장애, 노령, 그 밖의 사유로 인한 정신적 제약으로 사무를 처리할 능력이 부족한 상황에 있거나 부족하게 될 상황에 대비하여 자신의 재산관리 및 신상보호에 관한 사무의 전부 또는 일부를 다른 자에게 위탁하고 그 위탁사무에 관하여 대리권을 수여하는 것을 내용으로 한다.
② 후견계약은 공정증서로 체결하여야 한다.
③ 후견계약은 가정법원이 임의후견감독인을 선임한 때부터 효력이 발생한다.
④ 가정법원, 임의후견인, 임의후견감독인 등은 후견계약을 이행·운영할 때 본인의 의사를 최대한 존중하여야 한다. [본조신설 2011.3.7.]

제959조의15 (임의후견감독인의 선임) ① 가정법원은 후견계약이 등기되어 있고, 본인이 사무를 처리할 능력이 부족한 상황에 있다고 인정할 때에는 본인, 배우자, 4촌 이내의 친족, 임의후견인, 검사 또는 지방자치단체의 장의 청구에 의하여 임의후견감독인을 선임한다.
② 제1항의 경우 본인이 아닌 자의 청구에 의하여 가정법원이 임의후견감독인을 선임할 때에는 미리 본인의 동의를 받아야 한다. 다만, 본인이 의사를 표시할 수 없는 때에는 그러하지 아니하다.
③ 가정법원은 임의후견감독인이 없게 된 경우에는 직권으로 또는 본인, 친족, 임의후견인, 검사 또는 지방자치단체의 장의 청구에 의하여 임의후견감독인을 선임한다.
④ 가정법원은 임의후견임감독인이 선임된 경우에도 필요하다고 인정하면 직권으로 또는 제3항의 청구권자의 청구에 의하여 임의후견감독인을 추가로 선임할 수 있다.
⑤ 임의후견감독인에 대하여는 제940조의5를 준용한다. [본조신설 2011.3.7.]

제959조의16 (임의후견감독인의 직무 등) ① 임의후견감독인은 임의후견인의 사무를 감독하며 그 사무에 관하여 가정법원에 정기적으로 보고하여야 한다.
② 가정법원은 필요하다고 인정하면 임의후견감독인에게 감독사무에 관한 보고를 요구할 수 있고 임의후견인의 사무 또는 본인의 재산상황에 대한 조사를 명하거나 그 밖에 임의후견감독인의 직무에 관하여 필요한 처분을 명할 수 있다.

③ 임의후견감독인에 대하여는 제940조의6제2항·제3항, 제940조의7 및 제953조를 준용한다. [본조신설 2011.3.7.]

제959조의17 (임의후견개시의 제한 등) ① 임의후견인이 제937조 각 호에 해당하는 자 또는 그 밖에 현저한 비행을 하거나 후견계약에서 정한 임무에 적합하지 아니한 사유가 있는 자인 경우에는 가정법원은 임의후견감독인을 선임하지 아니한다.

② 임의후견감독인을 선임한 이후 임의후견인이 현저한 비행을 하거나 그 밖에 그 임무에 적합하지 아니한 사유가 있게 된 경우에는 가정법원은 임의후견감독인, 본인, 친족, 검사 또는 지방자치단체의 장의 청구에 의하여 임의후견인을 해임할 수 있다.[본조신설 2011.3.7.]

제959조의18 (후견계약의 종료) ① 임의후견감독인의 선임 전에는 본인 또는 임의후견인은 언제든지 공증인의 인증을 받은 서면으로 후견계약의 의사표시를 철회할 수 있다.

② 임의후견감독인의 선임 이후에는 본인 또는 임의후견인은 정당한 사유가 있는 때에만 가정법원의 허가를 받아 후견계약을 종료할 수 있다.

[본조신설 2011.3.7.]

제959조의19 (임의후견인의 대리권 소멸과 제3자와의 관계) 임의후견인의 대리권 소멸은 등기하지 아니하면 선의의 제3자에게 대항할 수 없다.

[본조신설 2011.3.7.]

제959조의20 (후견계약과 성년후견·한정후견·특정후견의 관계) ① 후견계약이 등기되어 있는 경우에는 가정법원은 본인의 이익을 위하여 특별히 필요할 때에만 임의후견인 또는 임의후견감독인의 청구에 의하여 성년후견, 한정후견 또는 특정후견의 심판을 할 수 있다. 이 경우 후견계약은 본인이 성년후견 또는 한정후견 개시의 심판을 받은 때 종료된다.

② 본인이 피성년후견인, 피한정후견인 또는 피특정후견인인 경우에 가정법원은 임의후견감독인을 선임함에 있어서 종전의 성년후견, 한정후견 또는 특정후견의 종료 심판을 하여야 한다. 다만, 성년후견 또는 한정후견 조치의 계속이 본인의 이익을 위하여 특별히 필요하다고 인정하면 가정법원은 임의후견감독인을 선임하지 아니한다.

[본조신설 2011.3.7.]

第6章 (친족회)삭제

제960조 ~ 제973조 삭제 〈2011.3.7.〉

第7章 扶養

제974조 (扶養義務) 다음 各號의 親族은 서로 扶養의 義務가 있다.

1. 直系血族 및 그 配偶者間
2. 削除 〈1990.1.13.〉
3. 其他 親族間(生計를 같이 하는 境遇에 限한다.)

제975조 (扶養義務와 生活能力) 扶養의 義務는 扶養을 받을 者가 自己의 資力 또는 勤勞에 依하여 生活을 維持할 수 없는 境遇에 限하여 이를 履行할 責任이 있다.

제976조 (扶養의 順位) ① 扶養의 義務있는 者가 數人인 境遇에 扶養을 할 者의 順位에 關하여 當事者間에 協定이 없는 때에는 法院은 當事者의 請求에 依하여 이를 定한다. 扶養을 받을 權利者가 數人인 境遇에 扶養義務者의 資力이 그 全員을 扶養할 수 없는 때에도 같다.
② 前項의 境遇에 法院은 數人의 扶養義務者 또는 權利者를 選定할 수 있다.

제977조 (扶養의 程度, 方法) 扶養의 程度 또는 方法에 關하여 當事者間에 協定이 없는 때에는 法院은 當事者의 請求에 依하여 扶養을 받을 者의 生活程度와 扶養義務者의 資力 其他 諸般事情을 參酌하여 이를 定한다.

제978조 (扶養關係의 變更 또는 取消) 扶養을 할 者 또는 扶養을 받을 者의 順位, 扶養의 程度 또는 方法에 關한 當事者의 協定이나 法院의 判決이 있은 後에 關한 事情變更이 있는 때에는 法院은 當事者의 請求에 依하여 그 協定이나 判決을 取消 또는 變更할 수 있다.

제979조 (扶養請求權處分의 禁止) 扶養을 받을 權利는 이를 處分하지 못한다.

第8章 (호주승계)삭제

제980조 ~ 제996조 삭제 〈2005.3.31.〉

第5編 相續

第1章 相續

第1節 總則

제997조 (相續開始의 原因) 相續은 死亡으로 因하여 開始된다.

제998조 (相續開始의 場所) 相續은 被相續人의 住所地에서 開始한다.

제998조의2 (相續費用) 相續에 관한 費用은 相續財産 중에서 支給한다.

제999조 (相續回復請求權) ① 相續權이 僭稱相續權者로 인하여 침해된 때에는 相續權者 또는 그 法定代理人은 相續回復의 訴를 제기할 수 있다.
② 제1항의 相續回復請求權은 그 침해를 안 날부터 3年, 相續權의 침해행위가 있은 날부터 10년을 경과하면 消滅된다.

第2節 相續人

제1000조 (相續의 順位) ① 相續에 있어서

는 다음 順位로 相續人이 된다.
1. 被相續人의 直系卑屬
2. 被相續人의 直系尊屬
3. 被相續人의 兄弟姉妹
4. 被相續人의 4寸 이내의 傍系血族

② 前項의 境遇에 同順位의 相續人이 數人인 때에는 最近親을 先順位로 하고 同親等의 相續人이 數人인 때에는 共同相續人이 된다.

③ 胎兒는 相續順位에 관하여는 이미 出生한 것으로 본다.

제1001조 (代襲相續) 前條제1항제1호와 제3號의 規定에 依하여 相續人이 될 直系卑屬 또는 兄弟姉妹가 相續開始前에 死亡하거나 缺格者가 된 境遇에 그 直系卑屬이 있는 때에는 그 直系卑屬이 死亡하거나 缺格된 者의 順位에 갈음하여 相續人이 된다.

제1002조 削除 〈1990.1.13.〉

제1003조 (配偶者의 相續順位) ① 被相續人의 配偶者는 제1000조제1항제1호와 제2號의 規定에 依한 相續人이 있는 境遇에는 그 相續人과 同順位로 共同相續人이 되고 그 相續人이 없는 때에는 單獨相續人이 된다.

② 제1001조의 境遇에 相續開始前에 死亡 또는 缺格된 者의 配偶者는 同條의 規定에 依한 相續人과 同順位로 共同相續人이 되고 그 相續人이 없는 때에는 單獨相續人이 된다.

제1004조 (相續人의 缺格事由) 다음 각 호의 어느 하나에 該當한 者는 相續人이 되지 못한다.
1. 故意로 直系尊屬, 被相續人, 그 配偶者 또는 相續의 先順位나 同順位에 있는 者를 殺害하거나 殺害하려한 者
2. 故意로 直系尊屬, 被相續人과 그 配偶者에게 傷害를 加하여 死亡에 이르게 한 者
3. 詐欺 또는 强迫으로 被相續人의 相續에 관한 遺言 또는 遺言의 撤回를 방해한 者
4. 詐欺 또는 强迫으로 被相續人의 相續에 관한 遺言을 하게 한 者
5. 被相續人의 相續에 관한 遺言書를 僞造·變造·破棄 또는 은닉한 者

第3節 相續의 效力

第1款 一般的 效力

제1005조 (相續과 包括的 權利義務의 承繼) 相續人은 相續開始된 때로부터 被相續人의 財産에 關한 包括的 權利義務를 承繼한다. 그러나 被相續人의 一身에 專屬한 것은 그러하지 아니하다.

제1006조 (共同相續과 財産의 共有) 相續人이 數人인 때에는 相續財産은 그 共有로 한다.

제1007조 (共同相續人의 權利義務承繼) 共同相續人은 各自의 相續分에 應하여 被相續人의 權利義務를 承繼한다.

제1008조 (特別受益者의 相續分) 共同相續人 中에 被相續人으로부터 財産의 贈與 또는 遺贈을 받은 者가 있는 境遇에 그 受贈財産이 自己의 相續分에 達하지 못한 때에는 그 不足한 部分의 限度에서 相續分이 있다.

제1008조의2 (寄與分) ① 共同相續人 중에 상당한 기간 동거·간호 그 밖의 방법으로 피상속인을 특별히 부양하거나 피상속인의 재산의 유지 또는 증가에 특별히 기여한 자가 있을 때에는 相續開始 當時의 被相續人의 財産價額에서 共同相續人의 協議로 정한 그 者의 寄與分을 控除한 것을 相續財産으로 보고 제1009조 및 제1010조에 의하여 算定한 相續分에 寄與分을 加算한 額으로써 그 者의 相續分으로 한다.
② 제1항의 協議가 되지 아니하거나 協議할 수 없는 때에는 家庭法院은 제1항에 規定된 寄與者의 請求에 의하여 기여의 時期·방법 및 정도와 相續財産의 額 기타의 事情을 참작하여 寄與分을 정한다.
③ 寄與分은 相續이 開始된 때의 被相續人의 財産價額에서 遺贈의 價額을 控除한 額을 넘지 못한다.
④ 제2항의 規定에 의한 請求는 제1013조제2항의 規定에 의한 請求가 있을 경우 또는 제1014조에 規定하는 경우에 할 수 있다.

제1008조의3 (墳墓 등의 承繼) 墳墓에 속한 1町步 이내의 禁養林野와 600坪 이내의 墓土인 農地, 族譜와 祭具의 所有權은 祭祀를 主宰하는 者가 이를 承繼한다.

第2款 相續分

제1009조 (法定相續分) ① 同順位의 相續人이 數人인 때에는 그 相續分은 均分으로 한다.
② 被相續人의 配偶者의 相續分은 直系卑屬과 共同으로 相續하는 때에는 直系卑屬의 相續分의 5割을 加算하고, 直系尊屬과 共同으로 相續하는 때에는 直系尊屬의 相續分의 5割을 加算한다.
③ 削除 〈1990. 1. 13.〉

제1010조 (代襲相續分) ① 제1001조의 規定에 依하여 死亡 또는 缺格된 者에 갈음하여 相續人이 된 者의 相續分은 死亡 또는 缺格된 者의 相續分에 依한다.
② 前項의 境遇에 死亡 또는 缺格된 者의 直系卑屬이 數人인 때에는 그 相續分은 死亡 또는 缺格된 者의 相續分의 限度에서 제1009조의 規定에 依하여 이를 定한다. 제1003조제2항의 境遇에도 또한 같다.

제1011조 (共同相續分의 讓受) ① 共同相續人 中에 그 相續分을 第三者에게 讓渡한 者가 있는 때에는 다른 共同相續人은 그 價額과 讓渡費用을 償還하고

그 相續分을 讓受할 수 있다.
② 前項의 權利는 그 事由를 안 날로부터 3月, 그 事由있은 날로부터 1年內에 行使하여야 한다.

第3款 相續財産의 分割

제1012조 (遺言에 依한 分割方法의 指定, 分割禁止) 被相續人은 遺言으로 相續財産의 分割方法을 定하거나 이를 定할 것을 第三者에게 委託할 수 있고 相續開始의 날로부터 5年을 超過하지 아니하는 期間內의 그 分割을 禁止할 수 있다.

제1013조 (協議에 依한 分割) ① 前條의 境遇外에는 共同相續人은 언제든지 그 協議에 依하여 相續財産을 分割할 수 있다.
② 제269조의 規定은 前項의 相續財産의 分割에 準用한다.

제1014조 (分割後의 被認知者 等의 請求權) 相續開始後의 認知 또는 裁判의 確定에 依하여 共同相續人이 된 者가 相續財産의 分割을 請求할 境遇에 다른 共同相續人이 이미 分割 其他 處分을 한 때에는 그 相續分에 相當한 價額의 支給을 請求할 權利가 있다.

제1015조 (分割의 遡及效) 相續財産의 分割은 相續開始된 때에 遡及하여 그 效力이 있다. 그러나 第三者의 權利를 害하지 못한다.

제1016조 (共同相續人의 擔保責任) 共同相續人은 다른 共同相續人이 分割로 因하여 取得한 財産에 對하여 그 相續分에 應하여 賣渡人과 같은 擔保責任이 있다.

제1017조 (相續債務者의 資力에 對한 擔保責任) ① 共同相續人은 다른 相續人이 分割로 因하여 取得한 債權에 對하여 分割當時의 債務者의 資力을 擔保한다.
② 辨濟期에 達하지 아니한 債權이나 停止條件있는 債權에 對하여는 辨濟를 請求할 수 있는 때의 債務者의 資力을 擔保한다.

제1018조 (無資力共同相續人의 擔保責任의 分擔) 擔保責任있는 共同相續人 中에 償還의 資力이 없는 者가 있는 때에는 그 負擔部分은 求償權者와 資力있는 다른 共同相續人이 그 相續分에 應하여 分擔한다. 그러나 求償權者의 過失로 因하여 償還을 받지 못한 때에는 다른 共同相續人에게 分擔을 請求하지 못한다.

第4節 相續의 承認 및 抛棄

第1款 總則

제1019조 (承認, 抛棄의 期間) ① 相續人은 相續開始있음을 안 날로부터 3月內에 單純承認이나 限定承認 또는 抛棄를 할 수 있다. 그러나 그 期間은 利害關係人 또는 檢事의 請求에 依하여 家庭法院이

이를 延長할 수 있다.
② 相續人은 제1항의 承認 또는 抛棄를 하기 前에 相續財産을 調査할 수 있다.
③ 제1항의 규정에 불구하고 상속인은 상속채무가 상속재산을 초과하는 사실을 중대한 과실없이 제1항의 기간내에 알지 못하고 단순승인(제1026조제1호 및 제2호의 규정에 의하여 단순승인한 것으로 보는 경우를 포함한다)을 한 경우에는 그 사실을 안 날부터 3월내에 한정승인을 할 수 있다.

제1020조 (제한능력자의 승인·포기의 기간) 상속인이 제한능력자인 경우에는 제1019조제1항의 기간은 그의 친권자 또는 후견인이 상속이 개시된 것을 안 날부터 기산(起算)한다.

제1021조 (承認, 抛棄期間의 計算에 關한 特則) 相續人이 承認이나 抛棄를 하지 아니하고 제1019조제1항의 期間 內에 死亡한 때에는 그의 相續人이 그 自己의 相續開始있음을 안 날로부터 제1019조제1항의 期間을 起算한다.

제1022조 (相續財産의 管理) 相續人은 그 固有財産에 對하는 것과 同一한 注意로 相續財産을 管理하여야 한다. 그러나 單純承認 또는 抛棄한 때에는 그러하지 아니하다.

제1023조 (相續財産保存에 必要한 處分) ① 法院은 利害關係人 또는 檢事의 請求에 依하여 相續財産의 保存에 必要한 處分

을 命할 수 있다.
② 法院이 財産管理人을 選任한 境遇에는 제24조 乃至 제26조의 規定을 準用한다.

제1024조 (承認, 抛棄의 取消禁止) ① 相續의 承認이나 抛棄는 제1019조제1항의 期間內에도 이를 取消하지 못한다.
② 前項의 規定은 總則編의 規定에 依한 取消에 影響을 미치지 아니한다. 그러나 그 取消權은 追認할 수 있는 날로부터 3月, 承認 또는 抛棄한 날로부터 1年內에 行使하지 아니하면 時效로 因하여 消滅된다.

第2款 單純承認

제1025조 (單純承認의 效果) 相續人이 單純承認을 한 때에는 制限없이 被相續人의 權利義務를 承繼한다.

제1026조 (法定單純承認) 다음 各號의 事由가 있는 境遇에는 相續人이 單純承認을 한 것으로 본다.
1. 相續人이 相續財産에 對한 處分行爲를 한 때
2. 상속인이 제1019조제1항의 기간내에 한정승인 또는 포기를 하지 아니한 때
3. 相續人이 限定承認 또는 抛棄를 한 後에 相續財産을 隱匿하거나 不正消費하거나 故意로 財産目錄에 記入하지 아니한 때

제1027조 (法定單純承認의 例外) 相續人이

相續을 抛棄함으로 因하여 次順位 相續人이 相續을 承認한 때에는 前條 제3號의 事由는 相續의 承認으로 보지 아니한다.

第3款 限定承認

제1028조 (限定承認의 效果) 相續人은 相續으로 因하여 取得할 財産의 限度에서 被相續人의 債務와 遺贈을 辨濟할 것을 條件으로 相續을 承認할 수 있다.

제1029조 (共同相續人의 限定承認) 相續人이 數人인 때에는 各 相續人은 그 相續分에 應하여 取得할 財産의 限度에서 그 相續分에 依한 被相續人의 債務와 遺贈을 辨濟할 것을 條件으로 相續을 承認할 수 있다.

제1030조 (限定承認의 方式) ① 相續人이 限定承認을 함에는 제1019조제1항 또는 제3항의 期間 內에 相續財産의 目錄을 添附하여 法院에 限定承認의 申告를 하여야 한다.

② 제1019조제3항의 규정에 의하여 한정승인을 한 경우 상속재산 중 이미 처분한 재산이 있는 때에는 그 목록과 가액을 함께 제출하여야 한다.

제1031조 (限定承認과 財産上 權利義務의 不消滅) 相續人이 限定承認을 한 때에는 被相續人에 對한 相續人의 財産上 權利義務는 消滅하지 아니한다.

제1032조 (債權者에 對한 公告, 催告) ① 限定承認者는 限定承認을 한 날로부터 5日內에 一般相續債權者와 遺贈받은 者에 對하여 限定承認의 事實과 一定한 期間 內에 그 債權 또는 受贈을 申告할 것을 公告하여야 한다. 그 期間은 2月 以上이어야 한다.

② 제88조제2항, 제3항과 제89조의 規定은 前項의 境遇에 準用한다.

제1033조 (催告期間 中의 辨濟拒絶) 限定承認者는 前條제1항의 期間滿了前에는 相續債權의 辨濟를 拒絶할 수 있다.

제1034조 (配當辨濟) ① 限定承認者는 제1032조제1항의 期間滿了後에 相續財産으로서 그 期間 內에 申告한 債權者와 限定承認者가 알고 있는 債權者에 對하여 各 債權額의 比率로 辨濟하여야 한다. 그러나 優先權있는 債權者의 權利를 害하지 못한다.

② 제1019조제3항의 규정에 의하여 한정승인을 한 경우에는 그 상속인은 상속재산 중에서 남아있는 상속재산과 함께 이미 처분한 재산의 가액을 합하여 제1항의 변제를 하여야 한다. 다만, 한정승인을 하기 전에 상속채권자나 유증받은 자에 대하여 변제한 가액은 이미 처분한 재산의 가액에서 제외한다.

제1035조 (辨濟期前의 債務 等의 辨濟) ① 限定承認者는 辨濟期에 이르지 아니한 債權에 對하여도 前條의 規定에 依하여 辨濟하여야 한다.

② 條件있는 債權이나 存續期間의 不確定한 債權은 法院의 選任한 鑑定人의 評價에 依하여 辨濟하여야 한다.

제1036조 (受贈者에의 辨濟) 限定承認者는 前2조의 規定에 依하여 相續債權者에 對한 辨濟를 完了한 後가 아니면 遺贈받은 者에게 辨濟하지 못한다.

제1037조 (相續財産의 競賣) 前3조의 規定에 依한 辨濟를 하기 爲하여 相續財産의 全部나 一部를 賣却할 必要가 있는 때에는 민사집행법에 依하여 競賣하여야 한다.

제1038조 (부당변제 등으로 인한 책임) ① 限定承認者가 제1032조의 規定에 依한 公告나 催告를 懈怠하거나 제1033조 乃至 제1036조의 規定에 違反하여 어느 相續債權者나 遺贈받은 者에게 辨濟함으로 因하여 다른 相續債權者나 遺贈받은 者에 對하여 辨濟할 수 없게 된 때에는 限定承認者는 그 損害를 賠償하여야 한다. 제1019조제3항의 규정에 의하여 한정승인을 한 경우 그 이전에 상속채무가 상속재산을 초과함을 알지 못한데 과실이 있는 상속인이 상속채권자나 유증받은 자에게 변제한 때에도 또한 같다.

② 제1항 전단의 境遇에 辨濟를 받지 못한 相續債權者나 遺贈받은 者는 그 事情을 알고 辨濟를 받은 相續債權者나 遺贈받은 者에 對하여 求償權을 行使할 수 있다. 제1019조제3항의 규정에 의하여 한정승인을 한 경우 그 이전에 상속채무가 상속재산을 초과함을 알고 변제받은 상속채권자나 유증받은 자가 있는 때에도 또한 같다.

③ 제766조의 規定은 제1항 및 제2항의 境遇에 準用한다.

제1039조 (申告하지 않은 債權者 等) 제1032조제1항의 期間內에 申告하지 아니한 相續債權者 및 遺贈받은 者로서 限定承認者가 알지 못한 者는 相續財産의 殘餘가 있는 境遇에 限하여 그 辨濟를 받을 수 있다. 그러나 相續財産에 對하여 特別擔保權있는 때에는 그러하지 아니하다.

제1040조 (共同相續財産과 그 管理人의 選任) ① 相續人이 數人인 境遇에는 法院은 各 相續人 其他 利害關係人의 請求에 依하여 共同相續人 中에서 相續財産管理人을 選任할 수 있다.

② 法院이 選任한 管理人은 共同相續人을 代表하여 相續財産의 管理와 債務의 辨濟에 關한 모든 行爲를 할 權利義務가 있다.

③ 제1022조, 제1032조 乃至 前條의 規定은 前項의 管理人에 準用한다. 그러나 제1032조의 規定에 依하여 公告할 5日의 期間은 管理人이 그 選任을 안 날로부터 起算한다.

第4款 拋棄

제1041조 (拋棄의 方式) 相續人이 相續을 拋棄할 때에는 제1019조제1항의 期間內에 家庭法院에 拋棄의 申告를 하여야 한다.

제1042조 (拋棄의 遡及效) 相續의 拋棄는 相續開始된 때에 遡及하여 그 效力이 있다.

제1043조 (拋棄한 相續財産의 歸屬) 相續人이 數人인 境遇에 어느 相續人이 相續을 拋棄한 때에는 그 相續分은 다른 相續人의 相續分의 비率로 그 相續人에게 歸屬된다.

제1044조 (拋棄한 相續財産의 管理繼續義務) ① 相續을 拋棄한 者는 그 拋棄로 因하여 相續人이 된 者가 相續財産을 管理할 수 있을 때까지 그 財産의 管理를 繼續하여야 한다.

② 제1022조와 제1023조의 規定은 前項의 財産管理에 準用한다.

第5節 財産의 分離

제1045조 (相續財産의 分離請求權) ① 相續債權者나 遺贈받은 者 또는 相續人의 債權者는 相續開始된 날로부터 3月內에 相續財産과 相續人의 固有財産의 分離를 法院에 請求할 수 있다.

② 相續人이 相續의 承認이나 拋棄를 하지 아니한 동안은 前項의 期間經過後에도 財産의 分離를 法院에 請求할 수

제1046조 (分離命令과 債權者 等에 對한 公告, 催告) ① 法院이 前條의 請求에 依하여 財産의 分離를 命한 때에는 그 請求者는 5日內에 一般相續債權者와 遺贈받은 者에 對하여 財産分離의 命令있은 事實과 一定한 期間內에 그 債權 또는 受贈을 申告할 것을 公告하여야 한다. 그 期間은 2月 以上이어야 한다.

② 제88조제2항, 제3항과 제89조의 規定은 前項의 境遇에 準用한다.

제1047조 (分離後의 相續財産의 管理) ① 法院이 財産의 分離를 命한 때에는 相續財産의 管理에 關하여 必要한 處分을 命할 수 있다.

② 法院이 財産管理人을 選任한 境遇에는 제24조 乃至 제26조의 規定을 準用한다.

제1048조 (分離後의 相續人의 管理義務) ① 相續人이 單純承認을 한 後에도 財産分離의 命令이 있는 때에는 相續財産에 對하여 自己의 固有財産과 同一한 注意로 管理하여야 한다.

② 제683조 乃至 제685조 및 제688조제1항, 제2항의 規定은 前項의 財産管理에 準用한다.

제1049조 (財産分離의 對抗要件) 財産의 分離는 相續財産인 不動産에 關하여는 이를 登記하지 아니하면 第三者에게 對抗하지 못한다.

제1050조 (財産分離와 權利義務의 不消滅) 財産分離의 命令이 있는 때에는 被相續人에 對한 相續人의 財産上 權利義務는 消滅하지 아니한다.

제1051조 (辨濟의 拒絶과 配當辨濟) ① 相續人은 제1045조 및 제1046조의 期間滿了前에는 相續債權者와 遺贈받은 者에 對하여 辨濟를 拒絶할 수 있다.
② 前項의 期間滿了後에 相續人은 相續財産으로써 財産分離의 請求 또는 그 期間內에 申告한 相續債權者, 遺贈받은 者와 相續人이 알고 있는 相續債權者, 遺贈받은 者에 對하여 各 債權額 또는 受贈額의 比率로 辨濟하여야 한다. 그러나 優先權있는 債權者의 權利를 害하지 못한다.
③ 제1035조 乃至 제1038조의 規定은 前項의 境遇에 準用한다.

제1052조 (固有財産으로부터의 辨濟) ① 前條의 規定에 依한 相續債權者와 遺贈받은 者는 相續財産으로써 全額의 辨濟를 받을 수 없는 境遇에 限하여 相續人의 固有財産으로부터 그 辨濟를 받을 수 있다.
② 前項의 境遇에 相續人의 債權者는 相續人의 固有財産으로부터 優先辨濟를 받을 權利가 있다.

第6節 相續人의 不存在

제1053조 (相續人없는 財産의 管理人) ① 相續人의 存否가 分明하지 아니한 때에는 法院은 제777조의 規定에 依한 被相續人의 親族 其他 利害關係人 또는 檢事의 請求에 依하여 相續財産管理人을 選任하고 遲滯없이 이를 公告하여야 한다.
② 제24조 乃至 제26조의 規定은 前項의 財産管理人에 準用한다.

제1054조 (財産目錄提示와 狀況報告) 管理人은 相續債權者나 遺贈받은 者의 請求가 있는 때에는 언제든지 相續財産의 目錄을 提示하고 그 狀況을 報告하여야 한다.

제1055조 (相續人의 存在가 分明하여진 境遇) ① 管理人의 任務는 그 相續人이 相續의 承認을 한 때에 終了한다.
② 前項의 境遇에는 管理人은 遲滯없이 그 相續人에 對하여 管理의 計算을 하여야 한다.

제1056조 (相續人없는 財産의 淸算) ① 제1053조제1항의 公告있은 날로부터 3月內에 相續人의 存否를 알 수 없는 때에는 管理人은 遲滯없이 一般相續債權者와 遺贈받은 者에 對하여 一定한 期間內에 그 債權 또는 受贈을 申告할 것을 公告하여야 한다. 그 期間은 2月 以上이어야 한다.
② 제88조제2항, 제3항, 제89조, 제1033조 乃至 제1039조의 規定은 前項의 境遇에 準用한다.

제1057조 (相續人搜索의 公告) 제1056조 제1항의 期間이 經過하여도 相續人의 存否를 알 수 없는 때에는 法院은 管理人의 請求에 依하여 相續人이 있으면 一定한 期間內에 그 權利를 主張할 것을 公告하여야 한다. 그 期間은 1년 이상이어야 한다.

제1057조의2 (特別緣故者에 대한 分與) ① 제1057조의 期間내에 相續權을 主張하는 者가 없는 때에는 家庭法院은 被相續人과 生計를 같이 하고 있던 者, 被相續人의 療養看護를 한 者 기타 被相續人과 특별한 緣故가 있던 者의 請求에 의하여 相續財産의 전부 또는 일부를 分與할 수 있다.

② 제1항의 請求는 제1057조의 期間 만료후 2月 이내에 하여야 한다.

제1058조 (相續財産의 國家歸屬) ① 제1057조의2의 규정에 의하여 분여(分與)되지 아니한 때에는 相續財産은 國家에 歸屬한다.

② 제1055조제2항의 規定은 제1항의 境遇에 準用한다.

제1059조 (國家歸屬財産에 對한 辨濟請求의 禁止) 前條제1항의 境遇에는 相續財産으로 辨濟를 받지 못한 相續債權者나 遺贈을 받은 者가 있는 때에도 國家에 對하여 그 辨濟를 請求하지 못한다.

第2章 遺言

第1節 總則

제1060조 (遺言의 要式性) 遺言은 本法의 定한 方式에 依하지 아니하면 效力이 생하지 아니한다.

제1061조 (遺言適齡) 滿17歲에 達하지 못한 者는 遺言을 하지 못한다.

제1062조 (제한능력자의 유언) 유언에 관하여는 제5조, 제10조 및 제13조를 적용하지 아니한다. [전문개정 2011.3.7.]

제1063조 (피성년후견인의 유언능력) ① 피성년후견인은 의사능력이 회복된 때에만 유언을 할 수 있다.

② 제1항의 경우에는 의사가 심신 회복의 상태를 유언서에 부기(附記)하고 서명날인하여야 한다. [전문개정 2011.3.7.]

제1064조 (遺言과 胎兒, 相續缺格者) 제1000조제3항, 제1004조의 規定은 受贈者에 準用한다.

第2節 遺言의 方式

제1065조 (遺言의 普通方式) 遺言의 方式은 自筆證書, 錄音, 公正證書, 秘密證書와 口授證書의 5種으로 한다.

제1066조 (自筆證書에 依한 遺言) ① 自筆證書에 依한 遺言은 遺言者가 그 全文과 年月日, 住所, 姓名을 自書하고 捺印하여야 한다.

② 前項의 證書에 文字의 揷入, 削除 또는 變更을 함에는 遺言者가 이를 自書하고 捺印하여야 한다.

제1067조 (錄音에 依한 遺言) 錄音에 依한 遺言은 遺言者가 遺言의 趣旨, 그 姓名과 年月日을 口述하고 이에 參與한 證人이 遺言의 正確함과 그 姓名을 口述하여야 한다.

제1068조 (公正證書에 依한 遺言) 公正證書에 依한 遺言은 遺言者가 證人 2人이 參與한 公證人의 面前에서 遺言의 趣旨를 口授하고 公證人이 이를 筆記朗讀하여 遺言者와 證人이 그 正確함을 承認한 後 各自 署名 또는 記名捺印하여야 한다.

제1069조 (秘密證書에 依한 遺言) ① 秘密證書에 依한 遺言은 遺言者가 筆者의 姓名을 記入한 證書를 嚴封捺印하고 이를 2人 以上의 證人의 面前에 提出하여 自己의 遺言書임을 表示한 後 그 封書 表面에 提出年月日을 記載하고 遺言者와 證人이 各自 署名 또는 記名捺印하여야 한다.
② 前項의 方式에 依한 遺言封書는 그 表面에 記載된 날로부터 5日內에 公證人 또는 法院書記에게 提出하여 그 封印上에 確定日字印을 받아야 한다.

제1070조 (口授證書에 依한 遺言) ① 口授證書에 依한 遺言은 疾病 其他 急迫한 事由로 因하여 前4조의 方式에 依할 수 없는 境遇에 遺言者가 2人 以上의 證人의 參與로 그 1人에게 遺言의 趣旨를 口授하고 그 口授를 받은 者가 이를 筆記朗讀하여 遺言者의 證人이 그 正確함을 承認한 後 各自 署名 또는 記名捺印하여야 한다.
② 前項의 方式에 依한 遺言은 그 證人 또는 利害關係人이 急迫한 事由의 終了한 날로부터 7日內에 法院에 그 檢認을 申請하여야 한다.
③ 제1063조제2항의 規定은 口授證書에 依한 遺言에 適用하지 아니한다.

제1071조 (祕密證書에 依한 遺言의 轉換) 祕密證書에 依한 遺言이 그 方式에 欠缺이 있는 境遇에 그 證書가 自筆證書의 方式에 適合한 때에는 自筆證書에 依한 遺言으로 본다.

제1072조 (증인의 결격사유) ① 다음 각 호의 어느 하나에 해당하는 사람은 유언에 참여하는 증인이 되지 못한다.
1. 미성년자
2. 피성년후견인과 피한정후견인
3. 유언으로 이익을 받을 사람, 그의 배우자와 직계혈족
② 공정증서에 의한 유언에는 「공증인법」에 따른 결격자는 증인이 되지 못한다.

第3節 遺言의 效力

제1073조 (遺言의 效力發生時期) ① 遺言은 遺言者가 死亡한 때로부터 그 效力이 생긴다.
② 遺言에 停止條件이 있는 境遇에 그

條件이 遺言者의 死亡後에 成就한 때에는 그 條件成就한 때로부터 遺言의 效力이 생긴다.

제1074조 (遺贈의 承認, 抛棄) ① 遺贈을 받을 者는 遺言者의 死亡後에 언제든지 遺贈을 承認 또는 抛棄할 수 있다.
② 前項의 承認이나 抛棄는 遺言者의 死亡한 때에 遡及하여 그 效力이 있다.

제1075조 (遺贈의 承認, 抛棄의 取消禁止) ① 遺贈의 承認이나 抛棄는 取消하지 못한다.
② 제1024조제2항의 規定은 遺贈의 承認과 抛棄에 準用한다.

제1076조 (受贈者의 相續人의 承認, 抛棄) 受贈者가 承認이나 抛棄를 하지 아니하고 死亡한 때에는 그 相續人은 相續分의 限度에서 承認 또는 抛棄할 수 있다. 그러나 遺言者가 遺言으로 다른 意思를 表示한 때에는 그 意思에 依한다.

제1077조 (遺贈義務者의 催告權) ① 遺贈義務者나 利害關係人은 相當한 期間을 定하여 그 期間 內에 承認 또는 抛棄를 確答할 것을 受贈者 또는 그 相續人에게 催告할 수 있다.
② 前項의 期間內에 受贈者 또는 相續人이 遺贈義務者에 對하여 催告에 對한 確答을 하지 아니한 때에는 遺贈을 承認한 것으로 본다.

제1078조 (包括的 受贈者의 權利義務) 包括的 遺贈을 받은 者는 相續人과 同一한 權利義務가 있다.

제1079조 (受贈者의 果實取得權) 受贈者는 遺贈의 履行을 請求할 수 있는 때로부터 그 目的物의 果實을 取得한다. 그러나 遺言者가 遺言으로 다른 意思를 表示한 때에는 그 意思에 依한다.

제1080조 (果實收取費用의 償還請求權) 遺贈義務者가 遺言者의 死亡後에 그 目的物의 果實을 收取하기 爲하여 必要費를 支出한 때에는 그 果實의 價額의 限度에서 果實을 取得한 受贈者에게 償還을 請求할 수 있다.

제1081조 (遺贈義務者의 費用償還請求權) 遺贈義務者가 遺言者의 死亡後에 그 目的物에 對하여 費用을 支出한 때에는 제325조의 規定을 準用한다.

제1082조 (不特定物遺贈義務者의 擔保責任) ① 不特定物을 遺贈의 目的으로 한 境遇에는 遺贈義務者는 그 目的物에 對하여 賣渡人과 같은 擔保責任이 있다.
② 前項의 境遇에 目的物에 瑕疵가 있는 때에는 遺贈義務者는 瑕疵없는 物件으로 引渡하여야 한다.

제1083조 (遺贈의 物上代位性) 遺贈者가 遺贈目的物의 滅失, 毁損 또는 占有의 侵害로 因하여 第三者에게 損害賠償을 請求할 權利가 있는 때에는 그 權利를 遺贈의 目的으로 한 것으로 본다.

제1084조 (債權의 遺贈의 物上代位性) ① 債權을 遺贈의 目的으로 한 境遇에 遺

言者가 그 辨濟를 받은 物件이 相續財産 中에 있는 때에는 그 物件을 遺贈의 目的으로 한 것으로 본다.
② 前項의 債權이 金錢을 目的으로 한 境遇에는 그 辨濟받은 債權額에 相當한 金錢이 相續財産中에 없는 때에도 그 金額을 遺贈의 目的으로 한 것으로 본다.

제1085조 (第三者의 權利의 目的인 物件 또는 權利의 遺贈) 遺贈의 目的인 物件이나 權利가 遺言者의 死亡 當時에 第三者의 權利의 目的인 境遇에는 受贈者는 遺贈義務者에 對하여 그 第三者의 權利를 消滅시킬 것을 請求하지 못한다.

제1086조 (遺言者가 다른 意思表示를 한 境遇) 前3조의 境遇에 遺言者가 遺言으로 다른 意思를 表示한 때에는 그 意思에 依한다.

제1087조 (相續財産에 屬하지 아니한 權利의 遺贈) ① 遺言의 目的이 된 權利가 遺言者의 死亡當時에 相續財産에 屬하지 아니한 때에는 遺言은 그 效力이 없다. 그러나 遺言者가 自己의 死亡當時에 그 目的物이 相續財産에 屬하지 아니한 境遇에도 遺言의 效力이 있게 할 意思인 때에는 遺贈義務者는 그 權利를 取得하여 受贈者에게 移轉할 義務가 있다.
② 前項 但書의 境遇에 그 權利를 取得할 수 없거나 그 取得에 過多한 費用을 要할 때에는 그 價額으로 辨償할 수 있다.

제1088조 (負擔있는 遺贈과 受贈者의 責任) ① 負擔있는 遺贈을 받은 者는 遺贈의 目的의 價額을 超過하지 아니한 限度에서 負擔한 義務를 履行할 責任이 있다.
② 遺贈의 目的의 價額이 限定承認 또는 財産分離로 因하여 減少된 때에는 受贈者는 그 減少된 限度에서 負擔할 義務를 免한다.

제1089조 (遺贈效力發生前의 受贈者의 死亡) ① 遺贈은 遺言者의 死亡前에 受贈者가 死亡한 때에는 그 效力이 생기지 아니한다.
② 停止條件있는 遺贈은 受贈者가 그 條件成就前에 死亡한 때에는 그 效力이 생기지 아니한다.

제1090조 (遺贈의 無效, 失效의 境遇와 目的財産의 歸屬) 遺贈이 그 效力이 생기지 아니하거나 受贈者가 이를 抛棄한 때에는 遺贈의 目的인 財産은 相續人에게 歸屬한다. 그러나 遺言者가 遺言으로 다른 意思를 表示한 때에는 그 意思에 依한다.

第4節 遺言의 執行

제1091조 (遺言證書, 錄音의 檢認) ① 遺言의 證書나 錄音을 保管한 者 또는 이를 發見한 者는 遺言者의 死亡後 遲滯없이 法院에 提出하여 그 檢認을 請求하여야 한다.

② 前項의 規定은 公正證書나 口授證書에 依한 遺言에 適用하지 아니한다.

제1092조 (遺言證書의 開封) 法院이 封印된 遺言證書를 開封할 때에는 遺言者의 相續人, 그 代理人 其他 利害關係人의 參與가 있어야 한다.

제1093조 (遺言執行者의 指定) 遺言者는 遺言으로 遺言執行者를 指定할 수 있고 그 指定을 第三者에게 委託할 수 있다.

제1094조 (委託에 依한 遺言執行者의 指定) ① 前條의 委託을 받은 第三者는 그 委託있음을 안 後 遲滯없이 遺言執行者를 指定하여 相續人에게 通知하여야 하며 그 委託을 辭退할 때에는 이를 相續人에게 通知하여야 한다.
② 相續人 其他 利害關係人은 相當한 期間을 定하여 그 期間內에 遺言執行者를 指定할 것을 委託 받은 者에게 催告할 수 있다. 그 期間內에 指定의 通知를 받지 못한 때에는 그 指定의 委託을 辭退한 것으로 본다.

제1095조 (指定遺言執行者가 없는 境遇) 前2조의 規定에 依하여 指定된 遺言執行者가 없는 때에는 相續人이 遺言執行者가 된다.

제1096조 (法院에 依한 遺言執行者의 選任) ① 遺言執行者가 없거나 死亡, 缺格 其他 事由로 因하여 없게 된 때에는 法院은 利害關係人의 請求에 依하여 遺言執行者를 選任하여야 한다.

② 法院이 遺言執行者를 選任한 境遇에는 그 任務에 關하여 必要한 處分을 命할 수 있다.

제1097조 (遺言執行者의 承諾, 辭退) ① 指定에 依한 遺言執行者는 遺言者의 死亡後 遲滯없이 이를 承諾하거나 辭退할 것을 相續人에게 通知하여야 한다.
② 選任에 依한 遺言執行者는 選任의 通知를 받은 後 遲滯없이 이를 承諾하거나 辭退할 것을 法院에 通知하여야 한다.
③ 相續人 其他 利害關係人은 相當한 期間을 定하여 그 期間內에 承諾與否를 確答할 것을 指定 또는 選任에 依한 遺言執行者에게 催告할 수 있다. 그 期間內에 催告에 對한 確答을 받지 못한 때에는 遺言執行者가 그 就任을 承諾한 것으로 본다.

제1098조 (유언집행자의 결격사유) 제한능력자와 파산선고를 받은 자는 유언집행자가 되지 못한다.

제1099조 (遺言執行者의 任務着手) 遺言執行者가 그 就任을 承諾한 때에는 遲滯없이 그 任務를 履行하여야 한다.

제1100조 (財産目錄作成) ① 遺言이 財産에 關한 것인 때에는 指定 또는 選任에 依한 遺言執行者는 遲滯없이 그 財産目錄을 作成하여 相續人에게 交付하여야 한다.
② 相續人의 請求가 있는 때에는 前項

의 財産目錄作成에 相續人을 參與하게 하여야 한다.

제1101조 (遺言執行者의 權利義務) 遺言執行者는 遺贈의 目的인 財産의 管理 其他 遺言의 執行에 必要한 行爲를 할 權利義務가 있다.

제1102조 (共同遺言執行) 遺言執行者가 數人인 境遇에는 任務의 執行은 그 過半數의 贊成으로써 決定한다. 그러나 保存行爲는 各自가 이를 할 수 있다.

제1103조 (遺言執行者의 地位) ① 指定 또는 選任에 依한 遺言執行者는 相續人의 代理人으로 본다.

② 제681조 乃至 제685조, 제687조, 제691조와 제692조의 規定은 遺言執行者에 準用한다.

제1104조 (遺言執行者의 報酬) ① 遺言者가 遺言으로 그 執行者의 報酬를 定하지 아니한 境遇에는 法院은 相續財産의 狀況 其他 事情을 參酌하여 指定 또는 選任에 依한 遺言執行者의 報酬를 定할 수 있다.

② 遺言執行者가 報酬를 받는 境遇에는 제686조제2항, 제3항의 規定을 準用한다.

제1105조 (遺言執行者의 辭退) 指定 또는 選任에 依한 遺言執行者는 正當한 事由 있는 때에는 法院의 許可를 얻어 그 任務를 辭退할 수 있다.

제1106조 (遺言執行者의 解任) 指定 또는

選任에 依한 遺言執行者에 그 任務를 懈怠하거나 適當하지 아니한 事由가 있는 때에는 法院은 相續人 其他 利害關係人의 請求에 依하여 遺言執行者를 解任할 수 있다.

제1107조 (遺言執行의 費用) 遺言의 執行에 關한 費用은 相續財産 中에서 이를 支給한다.

第5節 遺言의 撤回

제1108조 (遺言의 撤回) ① 遺言者는 언제든지 遺言 또는 生前行爲로써 遺言의 全部나 一部를 撤回할 수 있다.

② 遺言者는 그 遺言을 撤回할 權利를 抛棄하지 못한다.

제1109조 (遺言의 抵觸) 前後의 遺言이 抵觸되거나 遺言後의 生前行爲가 遺言과 抵觸되는 境遇에는 그 抵觸된 部分의 前遺言은 이를 撤回한 것으로 본다.

제1110조 (破毁로 因한 遺言의 撤回) 遺言者가 故意로 遺言證書 또는 遺贈의 目的物을 破毁한 때에는 그 破毁된 部分에 關한 遺言은 이를 撤回한 것으로 본다.

제1111조 (負擔있는 遺言의 取消) 負擔있는 遺贈을 받은 者가 그 負擔義務를 履行하지 아니한 때에는 相續人 또는 遺言執行者는 相當한 期間을 定하여 履行할 것을 催告하고 그 期間內에 履行하지 아니한 때에는 法院에 遺言의 取消

를 請求할 수 있다. 그러나 第三者의 利益을 害하지 못한다.

第3章 遺留分

제1112조 (遺留分의 權利者와 遺留分) 相續人의 遺留分은 다음 各號에 依한다.
1. 被相續人의 直系卑屬은 그 法定相續分의 2分의 1
2. 被相續人의 配偶者는 그 法定相續分의 2分의 1
3. 被相續人의 直系尊屬은 그 法定相續分의 3分의 1
4. 被相續人의 兄弟姉妹는 그 法定相續分의 3分의 1

제1113조 (遺留分의 算定) ① 遺留分은 被相續人의 相續開始時에 있어서 가진 財産의 價額에 贈與財産의 價額을 加算하고 債務의 全額을 控除하여 이를 算定한다.
② 條件附의 權利 또는 存續期間이 不確定한 權利는 家庭法院이 選任한 鑑定人의 評價에 의하여 그 價格을 정한다.

제1114조 (算入될 贈與) 贈與는 相續開始 전의 1年間에 행한 것에 限하여 제1113조의 規定에 의하여 그 價額을 算定한다. 當事者 雙方이 遺留分權利者에 損害를 加할 것을 알고 贈與를 한 때에는 1年전에 한 것도 같다.

제1115조 (遺留分의 保全) ① 遺留分權利者가 被相續人의 제1114조에 規定된 贈與 및 遺贈으로 인하여 그 遺留分에 不足이 생긴 때에는 不足한 限度에서 그 財産의 返還을 請求할 수 있다.
② 제1항의 경우에 贈與 및 遺贈을 받은 者가 數人인 때에는 各者가 얻은 遺贈價額의 比例로 返還하여야 한다.

제1116조 (返還의 順序) 贈與에 대하여는 遺贈을 返還받은 후가 아니면 이것을 請求할 수 없다.

제1117조 (消滅時效) 返還의 請求權은 遺留分權利者가 相續의 開始와 返還하여야 할 贈與 또는 遺贈을 한 事實을 안 때로부터 1年내에 하지 아니하면 時效에 의하여 消滅한다. 相續이 開始한 때로부터 10年을 經過한 때도 같다.

제1118조 (準用規定) 제1001조, 제1008조, 제1010조의 規定은 遺留分에 이를 準用한다.

부칙 〈제14965호, 2017.10.31.〉

제1조 (시행일) 이 법은 공포 후 3개월이 경과한 날부터 시행한다.

제2조 (남편의 친생자의 추정에 관한 적용례) 제854조의2 및 제855조의2의 개정규정은 이 법 시행 전에 발생한 부모와 자녀의 관계에 대해서도 적용한다. 다만, 이 법 시행 전에 판결에 따라 생긴 효력에는 영향을 미치지 아니한다.

형법

[시행 2018.12.18.]
[법률 제15982호, 2018.12.18. 일부개정]

第1編 總則

第1章 刑法의 適用範圍

第1條 (犯罪의 成立과 處罰) ① 犯罪의 成立과 處罰은 行爲 時의 法律에 依한다.
② 犯罪後 法律의 變更에 依하여 그 行爲가 犯罪를 構成하지 아니하거나 刑이 舊法보다 輕한 때에는 新法에 依한다.
③ 裁判確定後 法律의 變更에 依하여 그 行爲가 犯罪를 構成하지 아니하는 때에는 刑의 執行을 免除한다.

第2條 (國內犯) 本法은 大韓民國領域內에서 罪를 犯한 內國人과 外國人에게 適用한다.

第3條 (內國人의 國外犯) 本法은 大韓民國領域外에서 罪를 犯한 內國人에게 適用한다.

第4條 (國外에 있는 內國船舶 等에서 外國人이 犯한 罪) 本法은 大韓民國領域外에 있는 大韓民國의 船舶 또는 航空機內에서 罪를 犯한 外國人에게 適用한다.

第5條 (外國人의 國外犯) 本法은 大韓民國領域外에서 다음에 記載한 罪를 犯한 外國人에게 適用한다.

1. 內亂의 罪
2. 外患의 罪
3. 國旗에 關한 罪
4. 通貨에 關한 罪
5. 有價證券, 郵票와 印紙에 關한 罪
6. 文書에 關한 罪中 第225조 乃至 제230조
7. 印章에 關한 罪中 第238조

第6條 (大韓民國과 大韓民國國民에 對한 國外犯) 本法은 大韓民國領域外에서 大韓民國 또는 大韓民國國民에 對하여 前條에 記載한 以外의 罪를 犯한 外國人에게 適用한다. 但 行爲地의 法律에 依하여 犯罪를 構成하지 아니하거나 訴追 또는 刑의 執行을 免除할 境遇에는 例外로 한다.

第7條 ★(외국에서 집행된 형의 산입) 죄를 지어 외국에서 형의 전부 또는 일부가 집행된 사람에 대해서는 그 집행된 형의 전부 또는 일부를 선고하는 형에 산입한다.[전문개정 2016.12.20.][2016.12.20. 법률 제14415호에 의하여 2015.5.28. 헌법재판소에서 헌법불합치 결정된 이 조를 개정함.]

第8條 (總則의 適用) 本法 總則은 他法令에 定한 罪에 適用한다. 但, 그 法令에 特別한 規定이 있는 때에는 例外로 한다.

第2章 罪

第1節 罪의 成立과 刑의 減免

제9조 (刑事未成年者) 14歲되지 아니한 者의 行爲는 罰하지 아니한다.

제10조 ★(심신장애인) ① 心神障碍로 因하여 事物을 辨別할 能力이 없거나 意思를 決定할 能力이 없는 者의 行爲는 罰하지 아니한다.
② 心神障碍로 因하여 前項의 能力이 微弱한 者의 行爲는 형을 감경할 수 있다. 〈개정 2018.12.18.〉
③ 危險의 發生을 豫見하고 自意로 心神障碍를 惹起한 者의 行爲에는 前2항의 規定을 適用하지 아니한다.

제11조 (聾啞者) 聾啞者의 行爲는 刑을 減輕한다.

제12조 (强要된 行爲) 抵抗할 수 없는 暴力이나 自己 또는 親族의 生命, 身體에 對한 危害를 防禦할 方法이 없는 脅迫에 依하여 强要된 行爲는 罰하지 아니한다.

제13조 (犯意) 罪의 成立要素인 事實을 認識하지 못한 行爲는 罰하지 아니한다. 但, 法律에 특별한 規定이 있는 境遇에는 例外로 한다.

제14조 (過失) 정상의 注意를 怠慢함으로 因하여 罪의 成立要素인 事實을 認識하지 못한 行爲는 法律에 특별한 規定이 있는 境遇에 限하여 處罰한다.

제15조 (事實의 錯誤) ① 特別히 重한 罪가 되는 事實을 認識하지 못한 行爲는 重한 罪로 罰하지 아니한다.
② 結果로 因하여 刑이 重할 罪에 있어서 그 結果의 發生을 豫見할 수 없었을 때에는 重한 罪로 罰하지 아니한다.

제16조 (法律의 錯誤) 自己의 行爲가 法令에 依하여 罪가 되지 아니하는 것으로 誤認한 行爲는 그 誤認에 正當한 理由가 있는 때에 限하여 罰하지 아니한다.

제17조 (因果關係) 어떤 行爲라도 罪의 要素되는 危險發生에 連結되지 아니한 때에는 그 結果로 因하여 罰하지 아니한다.

제18조 (不作爲犯) 危險의 發生을 防止할 義務가 있거나 自己의 行爲로 因하여 危險發生의 原因을 惹起한 者가 그 危險發生을 防止하지 아니한 때에는 그 發生된 結果에 依하여 處罰한다.

제19조 (獨立行爲의 競合) 同時 또는 異時의 獨立行爲가 競合한 境遇에 그 結果發生의 原因된 行爲가 判明되지 아니한 때에는 各 行爲를 未遂犯으로 處罰한다.

제20조 (正當行爲) 法令에 依한 行爲 또는 業務로 因한 行爲 其他 社會常規에 違背되지 아니하는 行爲는 罰하지 아니한다.

제21조 (正當防衛) ① 自己 또는 他人의 法益에 對한 現在의 不當한 侵害를 防衛하기 爲한 行爲는 相當한 理由가 있는 때에는 罰하지 아니한다.

② 防衛行爲가 그 程度를 超過한 때에는 情況에 依하여 그 刑을 減輕 또는 免除할 수 있다.
③ 前項의 境遇에 그 行爲가 夜間 其他 不安스러운 狀態下에서 恐怖, 驚愕, 興奮 또는 唐慌으로 因한 때에는 罰하지 아니한다.

제22조 (緊急避難) ① 自己 또는 他人의 法益에 對한 現在의 危難을 避하기 爲한 行爲는 相當한 理由가 있는 때에는 罰하지 아니한다.
② 危難을 避하지 못할 責任이 있는 者에 對하여는 前項의 規定을 適用하지 아니한다.
③ 前條 제2항과 제3항의 規定은 本條에 準用한다.

제23조 (自救行爲) ① 法定節次에 依하여 請求權을 保全하기 不能한 境遇에 그 請求權의 實行不能 또는 顯著한 實行困難을 避하기 爲한 行爲는 相當한 理由가 있는 때에는 罰하지 아니한다.
② 前項의 行爲가 그 程度를 超過한 때에는 情況에 依하여 刑을 減輕 또는 免除할 수 있다.

제24조 (被害者의 承諾) 處分할 수 있는 者의 承諾에 依하여 그 法益을 毁損한 行爲는 법률에 特別한 規定이 없는 限 罰하지 아니한다.

제2節 未遂犯

제25조 (未遂犯) ① 犯罪의 實行에 着手하여 行爲를 終了하지 못하였거나 結果가 發生하지 아니한 때에는 未遂犯으로 處罰한다.
② 未遂犯의 刑은 旣遂犯보다 減輕할 수 있다.

제26조 (中止犯) 犯人이 自意로 實行에 着手한 行爲를 中止하거나 그 行爲로 因한 結果의 發生을 防止한 때에는 刑을 減輕 또는 免除한다.

제27조 (不能犯) 實行의 手段 또는 對象의 錯誤로 因하여 結果의 發生이 不可能하더라도 危險性이 있는 때에는 處罰한다. 但, 刑을 減輕 또는 免除할 수 있다.

제28조 (陰謀, 豫備) 犯罪의 陰謀 또는 豫備行爲가 實行의 着手에 이르지 아니한 때에는 法律에 特別한 規定이 없는 限 罰하지 아니한다.

제29조 (未遂犯의 處罰) 未遂犯을 處罰할 罪는 各 本條에 定한다.

제3節 共犯

제30조 (共同正犯) 2人 以上이 共同하여 罪를 犯한 때에는 各自를 그 罪의 正犯으로 處罰한다.

제31조 (敎唆犯) ① 他人을 敎唆하여 罪를 犯하게 한 者는 罪를 實行한 者와 同一한 刑으로 處罰한다.
② 敎唆를 받은 者가 犯罪의 實行을 承

諾하고 實行의 着手에 이르지 아니한 때에는 敎唆者와 被敎唆者를 陰謀 또는 豫備에 準하여 處罰한다.
③ 敎唆를 받은 者가 犯罪의 實行을 承諾하지 아니한 때에도 敎唆者에 對하여는 前項과 같다.

제32조 (從犯) ① 他人의 犯罪를 幇助한 者는 從犯으로 處罰한다.
② 從犯의 刑은 正犯의 刑보다 減輕한다.

제33조 (共犯과 身分) 身分關係로 因하여 成立될 犯罪에 加功한 行爲는 身分關係가 없는 者에게도 前3조의 規定을 適用한다. 但, 身分關係로 因하여 刑의 輕重이 있는 境遇에는 重한 刑으로 罰하지 아니한다.

제34조 (間接正犯, 特殊한 敎唆, 幇助에 對한 刑의 加重) ① 어느 行爲로 因하여 處罰되지 아니하는 者 또는 過失犯으로 處罰되는 者를 敎唆 또는 幇助하여 犯罪行爲의 結果를 發生하게 한 者는 敎唆 또는 幇助의 例에 依하여 處罰한다.
② 自己의 指揮, 監督을 받는 者를 敎唆 또는 幇助하여 前項의 結果를 發生하게 한 者는 敎唆인 때에는 正犯에 定한 刑의 長期 또는 多額에 그 2분의 1까지 加重하고 幇助인 때에는 正犯의 刑으로 處罰한다.

第4節 累犯

제35조 (累犯) ① 禁錮 以上의 刑을 받아 그 執行을 終了하거나 免除를 받은 後 3年內에 禁錮 以上에 該當하는 罪를 犯한 者는 累犯으로 處罰한다.
② 累犯의 刑은 그 罪에 定한 刑의 長期의 2倍까지 加重한다.

제36조 (判決宣告後의 累犯發覺) 判決宣告 後 累犯인 것이 發覺된 때에는 그 宣告한 刑을 通算하여 다시 刑을 定할 수 있다. 但, 宣告한 刑의 執行을 終了하거나 그 執行이 免除된 後에는 例外로 한다.

第5節 競合犯

제37조 (競合犯) 判決이 確定되지 아니한 數個의 罪 또는 금고 이상의 형에 처한 判決이 確定된 죄와 그 判決確定前에 犯한 罪를 競合犯으로 한다.

〈개정 2004.1.20.〉

제38조 (競合犯과 處罰例) ① 競合犯을 同時에 判決할 때에는 다음의 區別에 依하여 處罰한다.
1. 가장 重한 罪에 定한 刑이 死刑 또는 無期懲役이나 無期禁錮인 때에는 가장 重한 罪에 定한 刑으로 處罰한다.
2. 各 罪에 定한 刑이 死刑 또는 無期懲役이나 無期禁錮 以外의 同種의 刑인 때에는 가장 重한 罪에 定한 長期 또는 多額에 그 2분의 1까지 加重하되 各 罪

에 定한 刑의 長期 또는 多額을 合算한 刑期 또는 額數를 超過할 수 없다. 但 科料와 科料, 沒收와 沒收는 倂科할 수 있다.
3. 各 罪에 定한 刑이 無期懲役이나 無期禁錮 以外의 異種의 刑인 때에는 倂科한다.
② 前項 各號의 境遇에 있어서 懲役과 禁錮는 同種의 刑으로 看做하여 懲役刑으로 處罰한다.

제39조 (判決을 받지 아니한 競合犯, 數個의 判決과 競合犯, 刑의 執行과 競合犯) ① 競合犯中 判決을 받지 아니한 罪가 있는 때에는 그 죄와 판결이 확정된 죄를 동시에 판결할 경우와 형평을 고려하여 그 죄에 대하여 형을 선고한다. 이 경우 그 형을 감경 또는 면제할 수 있다.
〈개정 2005.7.29.〉
② 삭제 〈2005.7.29.〉
③ 競合犯에 依한 判決의 宣告를 받은 者가 競合犯 中의 어떤 罪에 對하여 赦免 또는 刑의 執行이 免除된 때에는 다른 罪에 對하여 다시 刑을 定한다.
④ 前 3항의 刑의 執行에 있어서는 이미 執行한 刑期를 通算한다.

제40조 (想像的 競合) 1個의 行爲가 數個의 罪에 該當하는 境遇에는 가장 重한 罪에 定한 刑으로 處罰한다.

第3章 刑

第1節 刑의 種類와 輕重

제41조 (刑의 種類) 刑의 種類는 다음과 같다.
1. 死刑
2. 懲役
3. 禁錮
4. 資格喪失
5. 資格停止
6. 罰金
7. 拘留
8. 科料
9. 沒收

제42조 (懲役 또는 禁錮의 期間) 懲役 또는 禁錮는 無期 또는 有期로 하고 有期는 1개월 以上 30년 以下로 한다. 但 有期 懲役 또는 有期禁錮에 對하여 刑을 加重하는 때에는 50년까지로 한다.
〈개정 2010.4.15.〉

제43조 ★(刑의 宣告와 資格喪失, 資格停止) ① 死刑, 無期懲役 또는 無期禁錮의 判決을 받은 者는 다음에 記載한 資格을 喪失한다.
1. 公務員이 되는 資格
2. 公法上의 選擧權과 被選擧權
3. 法律로 要件을 定한 公法上의 業務에 關한 資格
4. 法人의 理事, 監事 또는 支配人 其他 法人의 業務에 關한 檢査役이나 財産管理人이 되는 資格
② 有期懲役 또는 有期禁錮의 判決을

받은 者는 그 刑의 執行이 終了하거나 免除될 때까지 前項 제1호 乃至 제3號에 記載된 資格이 停止된다. 다만, 다른 법률에 특별한 규정이 있는 경우에는 그 법률에 따른다. 〈개정 2016.1.6.〉
[2016.1.6. 법률 제13719호에 의하여 2014.1.28. 헌법재판소에서 위헌 및 헌법불합치 결정된 이 조 제2항을 개정함.]

제44조 (資格停止) ① 前條에 記載한 資格의 全部 또는 一部에 對한 停止는 1年 以上 15年 以下로 한다.
② 有期懲役 또는 有期禁錮에 資格停止를 倂科한 때에는 懲役 또는 禁錮의 執行을 終了하거나 免除된 날로부터 停止期間을 起算한다.

제45조 (罰金) 罰金은 5萬원 以上으로 한다. 다만, 減輕하는 경우에는 5萬원 미만으로 할 수 있다.

제46조 (拘留) 拘留는 1日 以上 30日 未滿으로 한다.

제47조 (科料) 科料는 2千원 以上 5萬원 미만으로 한다.

제48조 (沒收의 對象과 追徵) ① 犯人以外의 者의 所有에 屬하지 아니하거나 犯罪後 犯人以外의 者가 情을 알면서 取得한 다음 記載의 物件은 全部 또는 一部를 沒收할 수 있다.
1. 犯罪行爲에 提供하였거나 提供하려고 한 物件.
2. 犯罪行爲로 因하여 生하였거나 이로 因하여 取得한 物件.
3. 前 2號의 對價로 取得한 物件.
② 前項에 記載한 物件을 沒收하기 不能한 때에는 그 價額을 追徵한다.
③ 文書, 圖畵, 電磁記錄등 特殊媒體記錄 또는 有價證券의 一部가 沒收에 該當하는 때에는 그 部分을 廢棄한다.

제49조 (沒收의 附加性) 沒收는 他刑에 附加하여 科한다. 但, 行爲者에게 有罪의 裁判을 아니할 때에도 沒收의 要件이 있는 때에는 沒收만을 宣告할 수 있다.

제50조 (刑의 輕重) ① 刑의 輕重은 제41조 記載의 順序에 依한다. 但, 無期禁錮와 有期懲役은 禁錮를 重한 것으로 하고 有期禁錮의 長期가 有期懲役의 長期를 超過하는 때에는 禁錮를 重한 것으로 한다.
② 同種의 刑은 長期의 긴 것과 多額의 많은 것을 重한 것으로 하고 長期 또는 多額이 同一한 때에는 그 短期의 긴 것과 少額의 많은 것을 重한 것으로 한다.
③ 前 2項의 規定에 依한 外에는 罪質과 犯情에 依하여 輕重을 定한다.

第2節 刑의 量定

제51조 (量刑의 條件) 刑을 定함에 있어서는 다음 事項을 參酌하여야 한다.
1. 犯人의 年齡, 性行, 知能과 環境
2. 被害者에 對한 關係

3. 犯行의 動機, 手段과 結果
4. 犯行 後의 情況

제52조(自首, 自服) ① 罪를 犯한 後 搜査 責任이 있는 官署에 自首한 때에는 그 刑을 減輕 또는 免除할 수 있다.
② 被害者의 意思에 反하여 處罰할 수 없는 罪에 있어서 被害者에게 自服한 때에도 前項과 같다.

제53조(酌量減輕) 犯罪의 情狀에 參酌할 만한 事由가 있는 때에는 酌量하여 그 刑을 減輕할 수 있다.

제54조(選擇刑과 酌量減輕) 1個의 罪에 定한 刑이 數種인 때에는 먼저 適用할 刑을 定하고 그 刑을 減輕한다.

제55조(法律上의 減輕) ① 法律上의 減輕은 다음과 같다. 〈개정 2010.4.15.〉
1. 死刑을 減輕할 때에는 無期 또는 20년 이상 50년 이하의 懲役 또는 禁錮로 한다.
2. 無期懲役 또는 無期禁錮를 減輕할 때에는 10년 이상 50년 이하의 懲役 또는 禁錮로 한다.
3. 有期懲役 또는 有期禁錮를 減輕할 때에는 그 刑期의 2분의 1로 한다.
4. 資格喪失을 減輕할 때에는 7年 以上의 資格停止로 한다.
5. 資格停止를 減輕할 때에는 그 刑期의 2분의 1로 한다.
6. 罰金을 減輕할 때에는 그 多額의 2분의 1로 한다.
7. 拘留를 減輕할 때에는 그 長期의 2분의 1로 한다.
8. 科料를 減輕할 때에는 그 多額의 2분의 1로 한다.
② 法律上 減輕할 事由가 數個있는 때에는 거듭 減輕할 수 있다.

제56조(加重減輕의 順序) 刑을 加重減輕할 事由가 競合된 때에는 다음 順序에 依한다.
1. 各則 本條에 依한 加重
2. 제34조제2항의 加重
3. 累犯加重
4. 法律上減輕
5. 競合犯加重
6. 酌量減輕

제57조(判決宣告前 拘禁日數의 通算) ① 判決宣告前의 拘禁日數는 그 전부를 有期懲役, 有期禁錮, 罰金이나 科料에 關한 留置 또는 拘留에 算入한다.
〈개정 2014.12.30.〉
② 前項의 境遇에는 拘禁日數의 1日은 懲役, 禁錮, 罰金이나 科料에 關한 留置 또는 拘留의 期間의 1日로 計算한다.[2014.12.30. 법률 제12898호에 의하여 2009.6.25. 위헌 결정된 제57조제1항을 개정함]

제58조(判決의 公示) ① 被害者의 利益을 爲하여 必要하다고 認定할 때에는 被害者의 請求가 있는 境遇에 限하여 被告人의 負擔으로 判決公示의 趣旨를 宣告

할 수 있다.

② 피고사건에 대하여 무죄의 판결을 선고하는 경우에는 무죄판결공시의 취지를 선고하여야 한다. 다만, 무죄판결을 받은 피고인이 무죄판결공시 취지의 선고에 동의하지 아니하거나 피고인의 동의를 받을 수 없는 경우에는 그러하지 아니하다. 〈개정 2014.12.30.〉

③ 피고사건에 대하여 면소의 판결을 선고하는 경우에는 면소판결공시의 취지를 선고할 수 있다. 〈신설 2014.12.30.〉

第3節 刑의 宣告猶豫

第59條 (宣告猶豫의 要件) ① 1年 以下의 懲役이나 禁錮, 資格停止 또는 罰金의 刑을 宣告할 境遇에 제51조의 事項을 參酌하여 改悛의 情狀이 顯著한 때에는 그 宣告를 猶豫할 수 있다. 但, 資格停止 以上의 刑을 받은 前科가 있는 者에 對하여는 例外로 한다.

② 刑을 倂科할 境遇에도 刑의 全部 또는 一部에 對하여 그 宣告를 猶豫할 수 있다.

第59條의2 (保護觀察) ① 刑의 宣告를 猶豫하는 경우에 再犯防止를 위하여 指導 및 援護가 필요한 때에는 保護觀察을 받을 것을 명할 수 있다.

② 제1항의 규정에 의한 保護觀察의 기간은 1年으로 한다.

第60條 (宣告猶豫의 效果) 刑의 宣告猶豫를 받은 날로부터 2年을 經過한 때에는 免訴된 것으로 看做한다.

第61條 (宣告猶豫의 失效) ① 刑의 宣告猶豫를 받은 者가 猶豫期間 中 資格停止 以上의 刑에 處한 判決이 確定되거나 資格停止 以上의 刑에 處한 前科가 發見된 때에는 猶豫한 刑을 宣告한다.

② 제59조의2의 規定에 의하여 保護觀察을 명한 宣告猶豫를 받은 者가 保護觀察期間中에 준수사항을 위반하고 그 정도가 무거운 때에는 猶豫한 刑을 宣告할 수 있다.

第4節 刑의 執行猶豫

第62條 ★ (執行猶豫의 要件) ① 3年 以下의 징역이나 금고 또는 500만원 이하의 벌금의 형을 宣告할 境遇에 제51조의 事項을 參酌하여 그 情狀에 參酌할 만한 事由가 있는 때에는 1年 以上 5年 以下의 期間 刑의 執行을 猶豫할 수 있다. 다만, 금고 이상의 형을 선고한 판결이 확정된 때부터 그 집행을 종료하거나 면제된 후 3년까지의 기간에 범한 죄에 대하여 형을 선고하는 경우에는 그러하지 아니하다.

〈개정 2016.1.6.〉[시행일 : 2018.1.7.]

② 刑을 倂科할 境遇에는 그 刑의 一部에 對하여 執行을 猶豫할 수 있다.

제62조의2 (保護觀察, 社會奉仕·受講命令) ① 刑의 執行을 猶豫하는 경우에는 保護觀察을 받을 것을 명하거나 社會奉仕 또는 受講을 명할 수 있다.
② 제1항의 規定에 의한 保護觀察의 기간은 執行을 猶豫한 기간으로 한다. 다만, 法院은 猶豫期間의 범위내에서 保護觀察期間을 정할 수 있다.
③ 社會奉仕命令 또는 受講命令은 執行猶豫期間내에 이를 執行한다.

제63조 (執行猶豫의 失效) 執行猶豫의 宣告를 받은 者가 유예기간 중 고의로 범한 죄로 금고 이상의 실형을 선고받아 그 判決이 確定된 때에는 執行猶豫의 宣告는 效力을 잃는다.〈개정 2005.7.29.〉

제64조 (執行猶豫의 取消) ① 執行猶豫의 宣告를 받은 後 제62조 但行의 事由가 發覺된 때에는 執行猶豫의 宣告를 取消한다.
② 제62조의2의 規定에 의하여 保護觀察이나 社會奉仕 또는 受講을 명한 執行猶豫를 받은 者가 준수사항이나 命令을 위반하고 그 정도가 무거운 때에는 執行猶豫의 宣告를 取消할 수 있다.

제65조 (執行猶豫의 效果) 執行猶豫의 宣告를 받은 後 그 宣告의 失效 또는 取消됨이 없이 猶豫期間을 經過한 때에는 刑의 宣告는 效力을 잃는다.

第5節 刑의 執行

제66조 (死刑) 死刑은 刑務所內에서 絞首하여 執行한다.

제67조 (懲役) 懲役은 刑務所內에 拘置하여 定役에 服務하게 한다.

제68조 (禁錮와 拘留) 禁錮와 拘留는 刑務所에 拘置한다.

제69조 (罰金과 科料) ① 罰金과 科料는 判決確定日로부터 30日內에 納入하여야 한다. 但, 罰金을 宣告할 때에는 同時에 그 金額을 完納할 때까지 勞役場에 留置할 것을 命할 수 있다.
② 罰金을 納入하지 아니한 者는 1日 以上 3年 以下, 科料를 納入하지 아니한 者는 1日 以上 30日 未滿의 期間 勞役場에 留置하여 作業에 服務하게 한다.

제70조 (勞役場留置) ① 罰金 또는 科料를 宣告할 때에는 納入하지 아니하는 境遇의 留置期間을 定하여 同時에 宣告하여야 한다.〈개정 2014.5.14.〉
② 선고하는 벌금이 1억원 이상 5억원 미만인 경우에는 300일 이상, 5억원 이상 50억원 미만인 경우에는 500일 이상, 50억원 이상인 경우에는 1,000일 이상의 유치기간을 정하여야 한다.
〈신설 2014.5.14.〉

제71조 (留置日數의 控除) 罰金 또는 科料의 宣告를 받은 者가 그 一部를 納入한 때에는 罰金 또는 科料額과 留置期間의

日數에 比例하여 納入金額에 相當한 日數를 除한다.

第6節 假釋放

제72조 (假釋放의 要件) ① 懲役 또는 禁錮의 執行 中에 있는 者가 그 行狀이 良好하여 改悛의 情이 顯著한 때에는 無期에 있어서는 20년, 有期에 있어서는 刑期의 3분의 1을 經過한 後 行政處分으로 假釋放을 할 수 있다.
〈개정 2010.4.15.〉
② 前項의 境遇에 罰金 또는 과료의 併科가 있는 때에는 그 金額을 完納하여야 한다.

제73조 (判決宣告前 拘禁과 假釋放) ① 刑期에 算入된 判決宣告前 拘禁의 日數는 假釋放에 있어서 執行을 經過한 期間에 算入한다.
② 罰金 또는 科料에 關한 留置期間에 算入된 判決宣告前 拘禁日數는 前條제2항의 境遇에 있어서 그에 該當하는 金額이 納入된 것으로 看做한다.

제73조의2 (假釋放의 기간 및 保護觀察) ① 假釋放의 기간은 無期刑에 있어서는 10年으로 하고, 有期刑에 있어서는 남은 刑期로 하되, 그 기간은 10年을 초과할 수 없다.
② 假釋放된 者는 假釋放期間중 保護觀察을 받는다. 다만, 假釋放을 許可한 行政官廳이 필요가 없다고 인정한 때에는 그러하지 아니하다.

제74조 (假釋放의 失效) 假釋放中 禁錮 以上의 刑의 宣告를 받아 그 判決이 確定된 때에는 假釋放處分은 效力을 잃는다. 但 過失로 因한 罪로 刑의 宣告를 받았을 때에는 例外로 한다.

제75조 (假釋放의 取消) 假釋放의 처분을 받은 者가 監視에 관한 規則을 違背하거나, 保護觀察의 준수사항을 위반하고 그 정도가 무거운 때에는 假釋放處分을 取消할 수 있다.

제76조 (假釋放의 效果) ① 假釋放의 처분을 받은 후 그 처분이 失效 또는 取消되지 아니하고 假釋放期間을 경과한 때에는 刑의 執行을 종료한 것으로 본다.
② 前2조의 境遇에는 假釋放中의 日數는 刑期에 算入하지 아니한다.

第7節 刑의 時效

제77조 (時效의 效果) 刑의 宣告를 받은 者는 時效의 완성으로 因하여 그 執行이 면제된다.

제78조 ★(時效의 期間) 時效는 刑을 宣告하는 裁判이 確定된 後 그 執行을 받음이 없이 다음의 期間을 經過함으로 因하여 完成된다. 〈개정 2017.12.12.〉
1. 死刑은 30年
2. 無期의 懲役 또는 禁錮는 20年

3. 10年 以上의 懲役 또는 禁錮는 15年

4. 3年 以上의 懲役이나 禁錮 또는 10年 以上의 資格停止는 10年

5. 3년 미만의 징역이나 금고 또는 5년 이상의 자격정지는 7년

6. 5년 미만의 자격정지, 벌금, 몰수 또는 추징은 5년

7. 拘留 또는 科料는 1年

제79조 (時效의 停止) ① 時效는 刑의 執行의 猶豫나 停止 또는 假釋放 其他 執行할 수 없는 期間은 進行되지 아니한다.

〈개정 2014.5.14.〉

② 시효는 형이 확정된 후 그 형의 집행을 받지 아니한 자가 형의 집행을 면할 목적으로 국외에 있는 기간 동안은 진행되지 아니한다. 〈신설 2014.5.14.〉

제80조 (時效의 中斷) 時效는 死刑, 懲役, 禁錮와 拘留에 있어서는 受刑者를 逮捕함으로, 罰金, 科料, 沒收와 追徵에 있어서는 强制處分을 開始함으로 因하여 中斷된다.

第8節 刑의 消滅

제81조 (刑의 失效) 懲役 또는 禁錮의 執行을 終了하거나 執行이 免除된 者가 被害者의 損害를 補償하고 資格停止 以上의 刑을 받음이 없이 7年을 經過한 때에는 本人 또는 檢事의 申請에 依하여 그 裁判의 失效를 宣告할 수 있다.

제82조 (復權) 資格停止의 宣告를 받은 者가 被害者의 損害를 補償하고 資格停止 以上의 刑을 받음이 없이 停止期間의 2分의 1을 經過한 때에는 本人 또는 檢事의 申請에 依하여 資格의 回復을 宣告할 수 있다.

第4章 期間

제83조 (期間의 計算) 年 또는 月로써 定한 期間은 曆數에 따라 計算한다.

제84조 (刑期의 起算) ① 刑期는 判決이 確定된 날로부터 起算한다.

② 懲役, 禁錮, 拘留와 留置에 있어서는 拘束되지 아니한 日數는 刑期에 算入하지 아니한다.

제85조 (刑의 執行과 時效期間의 初日) 刑의 執行과 時效期間의 初日은 時間을 計算함이 없이 1日로 算定한다.

제86조 (釋放日) 釋放은 刑期終了日에 하여야 한다.

第2編 各則

第1章 內亂의 罪

제87조 (內亂) 國土를 僭竊하거나 國憲을 紊亂할 目的으로 暴動한 者는 다음의 區別에 依하여 處斷한다.

1. 首魁는 死刑, 無期懲役 또는 無期禁

錮에 處한다.
2. 謀議에 參與하거나 指揮하거나 其他 重要한 任務에 從事한 者는 死刑, 無期 또는 5年 以上의 懲役이나 禁錮에 處한다. 殺傷, 破壞 또는 掠奪의 行爲를 實行한 者도 같다.
3. 附和隨行하거나 單純히 暴動에만 關與한 者는 5年 以下의 懲役 또는 禁錮에 處한다.

제88조 (內亂目的의 殺人) 國土를 僭竊하거나 國憲을 紊亂할 目的으로 사람을 殺害한 者는 死刑, 無期懲役 또는 無期禁錮에 處한다.

제89조 (未遂犯) 前2조의 未遂犯은 處罰한다.

제90조 (豫備, 陰謀, 煽動, 宣傳) ① 제87조 또는 제88조의 罪를 犯할 目的으로 豫備 또는 陰謀한 者는 3年 以上의 有期懲役이나 有期禁錮에 處한다. 但, 그 目的한 罪의 實行에 이르기 前에 自首한 때에는 그 刑을 減輕 또는 免除한다.
② 제87조 또는 제88조의 罪를 犯할 것을 煽動 또는 宣傳한 者도 前項의 刑과 같다.

제91조 (國憲紊亂의 定義) 本章에서 國憲을 紊亂할 目的이라 함은 다음 各號의 1에 該當함을 말한다.
1. 憲法 또는 法律에 정한 節次에 依하지 아니하고 憲法 또는 法律의 機能을 消滅시키는 것
2. 憲法에 依하여 設置된 國家機關을 强壓에 依하여 顚覆 또는 그 權能行使를 不可能하게 하는 것

第2章 外患의 罪

제92조 (外患誘致) 外國과 通謀하여 大韓民國에 對하여 戰端을 열게 하거나 外國人과 通謀하여 大韓民國에 抗敵한 者는 死刑 또는 無期懲役에 處한다.

제93조 (與敵) 敵國과 合勢하여 大韓民國에 抗敵한 者는 死刑에 處한다.

제94조 (募兵利敵) ① 敵國을 爲하여 募兵한 者는 死刑 또는 無期懲役에 處한다.
② 前項의 募兵에 應한 者는 無期 또는 5年 以上의 懲役에 處한다.

제95조 (施設提供利敵) ① 軍隊, 要塞, 陣營 또는 軍用에 供하는 船舶이나 航空機 其他 場所, 設備 또는 建造物을 敵國에 提供한 者는 死刑 또는 無期懲役에 處한다.
② 兵器 또는 彈藥 其他 軍用에 供하는 物件을 敵國에 提供한 者도 前項의 刑과 같다.

제96조 (施設破壞利敵) 敵國을 爲하여 前條에 記載한 軍用施設 其他 物件을 破壞하거나 使用할 수 없게 한 者는 死刑 또는 無期懲役에 處한다.

제97조 (物件提供利敵) 軍用에 供하지 아니하는 兵器, 彈藥 또는 戰鬪用에 供할

수 있는 物件을 敵國에 提供한 者는 無期 또는 5年 以上의 懲役에 處한다.

제98조 (間諜) ① 敵國을 爲하여 間諜하거나 敵國의 間諜을 幇助한 者는 死刑, 無期 또는 7年 以上의 懲役에 處한다.
② 軍事上의 機密을 敵國에 漏泄한 者도 前項의 刑과 같다.

제99조 (一般利敵) 前7조에 記載한 以外에 大韓民國의 軍事上 利益을 害하거나 敵國에 軍事上 利益을 供與한 者는 無期 또는 3年 以上의 懲役에 處한다.

제100조 (未遂犯) 前8조의 未遂犯은 處罰한다.

제101조 (豫備, 陰謀, 煽動, 宣傳) ① 제92조 乃至 제99조의 罪를 犯할 目的으로 豫備 또는 陰謀한 者는 2年 以上의 有期懲役에 處한다. 但 그 目的한 罪의 實行에 이르기 前에 自首한 때에는 그 刑을 減輕 또는 免除한다.
② 제92조 乃至 제99조의 罪를 煽動 또는 宣傳한 者도 前項의 刑과 같다.

제102조 (準敵國) 제93조 乃至 前條의 罪에 있어서는 大韓民國에 敵對하는 外國 또는 外國人의 團體는 敵國으로 看做한다.

제103조 (戰時軍需契約不履行) ① 戰爭 또는 事變에 있어서 正當한 理由없이 政府에 對한 軍需品 또는 軍用工作物에 關한 契約을 履行하지 아니한 者는 10年 以下의 懲役에 處한다.

② 前項의 契約履行을 妨害한 者도 前項의 刑과 같다.

제104조 (同盟國) 本章의 規定은 同盟國에 對한 行爲에 適用한다.

제104조의2 削除〈1988.12.31.〉

第3章 國旗에 關한 罪

제105조 (國旗, 國章의 冒瀆) 大韓民國을 侮辱할 目的으로 國旗 또는 國章을 損傷, 除去 또는 汚辱한 者는 5年 以下의 懲役이나 禁錮, 10年 以下의 資格停止 또는 700萬원 以下의 罰金에 處한다.

제106조 (國旗, 國章의 誹謗) 前條의 目的으로 國旗 또는 國章을 誹謗한 者는 1年 以下의 懲役이나 禁錮, 5年 以下의 資格停止 또는 200萬원 以下의 罰金에 處한다.

第4章 國交에 關한 罪

제107조 (外國元首에 對한 暴行 等) ① 大韓民國에 滯在하는 外國의 元首에 對하여 暴行 또는 脅迫을 加한 者는 7年 以下의 懲役이나 禁錮에 處한다.
② 前項의 外國元首에 對하여 侮辱을 加하거나 名譽를 毁損한 者는 5年 以下의 懲役이나 禁錮에 處한다.

제108조 (外國使節에 對한 暴行 等) ① 大韓民國에 派遣된 外國使節에 對하여 暴行 또는 脅迫을 加한 者는 5年 以下의

懲役이나 禁錮에 處한다.

② 前項의 外國使節에 對하여 侮辱을 加하거나 名譽를 毁損한 者는 3年 以下의 懲役이나 禁錮에 處한다

제109조 (外國의 國旗, 國章의 冒瀆) 外國을 侮辱할 目的으로 그 나라의 公用에 供하는 國旗 또는 國章을 損傷, 除去 또는 汚辱한 者는 2年 以下의 懲役이나 禁錮 또는 300萬원 以下의 罰金에 處한다.

제110조 (被害者의 意思) 제107조 내지 109조의 罪는 그 外國政府의 明示한 意思에 反하여 公訴를 제기할 수 없다.

제111조 (外國에 對한 私戰) ① 外國에 對하여 私戰한 者는 1年 以上의 有期禁錮에 處한다.

② 前項의 未遂犯은 處罰한다.

③ 제1항의 罪를 犯할 目的으로 豫備 또는 陰謀한 者는 3年 以下의 禁錮 또는 500萬원 以下의 罰金에 處한다. 但 그 目的한 罪의 實行에 이르기 前에 自首한 때에는 減輕 또는 免除한다.

제112조 (中立命令違反) 外國間의 交戰에 있어서 中立에 關한 命令에 違反한 者는 3年 以下의 禁錮 또는 500萬원 以下의 罰金에 處한다.

제113조 (外交上機密의 漏泄) ① 外交上의 機密을 漏泄한 者는 5年 以下의 懲役 또는 1千萬원 以下의 罰金에 處한다.

② 漏泄할 目的으로 外交上의 機密을

探知 또는 蒐集한 者도 前項의 刑과 같다.

제5장 공안(公安)을 해하는 죄

제114조 (범죄단체 등의 조직) 사형, 무기 또는 장기 4년 이상의 징역에 해당하는 범죄를 목적으로 하는 단체 또는 집단을 조직하거나 이에 가입 또는 그 구성원으로 활동한 사람은 그 목적한 죄에 정한 형으로 처벌한다. 다만, 형을 감경할 수 있다. [전문개정 2013.4.5.]

제115조 (騷擾) 多衆이 集合하여 暴行, 脅迫 또는 損壞의 行爲를 한 者는 1年 以上 10年 以下의 懲役이나 禁錮 또는 1千500萬원 以下의 罰金에 處한다.

제116조 (多衆不解散) 暴行, 脅迫 또는 損壞의 行爲를 할 目的으로 多衆이 集合하여 그를 團束할 權限이 있는 公務員으로부터 3回 以上의 解散命令을 받고 解散하지 아니한 者는 2年 以下의 懲役이나 禁錮 또는 300萬원 以下의 罰金에 處한다.

제117조 (戰時公需契約不履行) ① 戰爭, 天災 其他 事變에 있어서 國家 또는 公共團體와 締結한 食糧 其他 生活必需品의 供給契約을 正當한 理由없이 履行하지 아니한 者는 3年 以下의 懲役 또는 500萬원 以下의 罰金에 處한다.

② 前項의 契約履行을 妨害한 者도 前

項의 刑과 같다.
③ 前2항의 境遇에는 그 所定의 罰金을 併科할 수 있다.
제118조 (公務員資格의 詐稱) 公務員의 資格을 詐稱하여 그 職權을 行使한 者는 3年 以下의 懲役 또는 700萬원 以下의 罰金에 處한다.

第6章 爆發物에 關한 罪

제119조 (爆發物使用) ① 爆發物을 使用하여 사람의 生命, 身體 또는 財産을 害하거나 其他 公安을 紊亂한 者는 死刑, 無期 또는 7年 以上의 懲役에 處한다.
② 戰爭, 天災 其他 事變에 있어서 前項의 罪를 犯한 者는 死刑 또는 無期懲役에 處한다.
③ 前2항의 未遂犯은 處罰한다.

제120조 (豫備, 陰謀, 煽動) ① 前條제1항, 제2항의 罪를 犯할 目的으로 豫備 또는 陰謀한 者는 2年 以上의 有期懲役에 處한다. 但, 그 目的한 罪의 實行에 이르기 前에 自首한 때에는 그 刑을 減輕 또는 免除한다.
② 前條제1항, 제2항의 罪를 犯할 것을 煽動한 者도 前項의 刑과 같다.

제121조 (戰時爆發物製造 等) 戰爭 또는 事變에 있어서 正當한 理由없이 爆發物을 製造, 輸入, 授受 또는 所持한 者는 10年 以下의 懲役에 處한다.

第7章 公務員의 職務에 關한 罪

제122조 (職務遺棄) 公務員이 正當한 理由없이 그 職務遂行을 拒否하거나 그 職務를 遺棄한 때에는 1年 以下의 懲役이나 禁錮 또는 3年 以下의 資格停止에 處한다.

제123조 (職權濫用) 公務員이 職權을 濫用하여 사람으로 하여금 義務없는 일을 하게 하거나 사람의 權利行使를 妨害한 때에는 5年 以下의 懲役, 10年 이하의 資格停止 또는 1千萬원 이하의 罰金에 處한다.

제124조 (不法逮捕, 不法監禁) ① 裁判, 檢察, 警察 其他 人身拘束에 關한 職務를 行하는 者 또는 이를 補助하는 者가 그 職權을 濫用하여 사람을 逮捕 또는 監禁한 때에는 7年 以下의 懲役과 10年 以下의 資格停止에 處한다.
② 前項의 未遂犯은 處罰한다.

제125조 (暴行, 苛酷行爲) 裁判, 檢察, 警察 其他 人身拘束에 關한 職務를 行하는 者 또는 이를 補助하는 者가 그 職務를 行함에 當하여 刑事被疑者 또는 其他 사람에 對하여 暴行 또는 苛酷한 行爲를 加한 때에는 5年 以下의 懲役과 10年 以下의 資格停止에 處한다.

제126조 (被疑事實公表) 檢察, 警察 其他 犯罪搜査에 關한 職務를 行하는 者 또

는 이를 監督하거나 補助하는 者가 그 職務를 行함에 當하여 知得한 被疑事實을 公判請求前에 公表한 때에는 3年 以下의 懲役 또는 5年 以下의 資格停止에 處한다.

제127조(公務上 祕密의 漏泄) 公務員 또는 公務員이었던 者가 法令에 依한 職務上 祕密을 漏泄한 때에는 2年 以下의 懲役이나 禁錮 또는 5年 以下의 資格停止에 處한다.

제128조(選擧妨害) 檢察, 警察 또는 軍의 職에 있는 公務員이 法令에 依한 選擧에 關하여 選擧人, 立候補者 또는 立候補者되려는 者에게 脅迫을 加하거나 其他 方法으로 選擧의 自由를 妨害한 때에는 10年 以下의 懲役과 5年 以上의 資格停止에 處한다.

제129조(收賂, 事前收賂) ① 公務員 또는 仲裁人이 그 職務에 關하여 賂物을 收受, 要求 또는 約束한 때에는 5年 以下의 懲役 또는 10年 以下의 資格停止에 處한다.

② 公務員 또는 仲裁人이 될 者가 그 擔當할 職務에 關하여 請託을 받고 賂物을 收受, 要求 또는 約束한 後 公務員 또는 仲裁人이 된 때에는 3年 以下의 懲役 또는 7年 以下의 資格停止에 處한다.[한정위헌, 2011헌바117, 2012.12.27, 형법(1953. 9. 18. 법률 제293호로 제정된 것) 제129조 제1항의 '공무원'에 구 '제주특별자치도 설치 및 국제자유도시 조성을 위한 특별법'(2007. 7. 27. 법률 제8566호로 개정되기 전의 것) 제299조 제2항의 제주특별자치도통합영향평가심의위원회 심의위원 중 위촉위원이 포함되는 것으로 해석하는 한 헌법에 위반된다.]

제130조(第三者賂物提供) 公務員 또는 仲裁人이 그 職務에 關하여 不正한 請託을 받고 第3者에게 賂物을 供與하게 하거나 供與를 要求 또는 約束한 때에는 5年 以下의 懲役 또는 10年 以下의 資格停止에 處한다.

제131조(收賂後不正處事, 事後收賂) ① 公務員 또는 仲裁人이 前2조의 罪를 犯하여 不正한 行爲를 한 때에는 1年 以上의 有期懲役에 處한다.

② 公務員 또는 仲裁人이 그 職務上 不正한 行爲를 한 後 賂物을 收受, 要求 또는 約束하거나 第三者에게 이를 供與하게 하거나 供與를 要求 또는 約束한 때에도 前項의 刑과 같다.

③ 公務員 또는 仲裁人이었던 者가 그 在職 中에 請託을 받고 職務上 不正한 行爲를 한 後 賂物을 收受, 要求 또는 約束한 때에는 5年 以下의 懲役 또는 10年 以下의 資格停止에 處한다.

④ 前3항의 境遇에는 10年 以下의 資格停止를 倂科할 수 있다.

제132조(斡旋收賂) 公務員이 그 地位를 利用하여 다른 公務員의 職務에 屬한

事項의 斡旋에 關하여 賂物을 收受, 要求 또는 約束한 때에는 3年 以下의 懲役 또는 7年 以下의 資格停止에 處한다.

제133조 (賂物供與등) ① 제129조 乃至 제132조에 記載한 賂物을 約束, 供與 또는 供與의 意思를 表示한 者는 5年 以下의 懲役 또는 2千萬원 以下의 罰金에 處한다.
② 前項의 行爲에 供할 目的으로 第三者에게 금품을 交付하거나 그 情을 알면서 交付를 받은 者도 前項의 刑과 같다.

제134조 (沒收, 追徵) 犯人 또는 情을 아는 第三者가 받은 賂物 또는 賂物에 供할 금품은 沒收한다. 그를 沒收하기 不能한 때에는 그 價額을 追徵한다.

제135조 (公務員의 職務上 犯罪에 對한 刑의 加重) 公務員이 職權을 利用하여 本章 以外의 罪를 犯한 때에는 그 罪에 定한 刑의 2分의 1까지 加重한다. 但 公務員의 身分에 依하여 特別히 刑이 規定된 때에는 例外로 한다.

第8章 公務妨害에 關한 罪

제136조 (公務執行妨害) ① 職務를 執行하는 公務員에 對하여 暴行 또는 脅迫한 者는 5年 以下의 懲役 또는 1千萬원 以下의 罰金에 處한다.

② 公務員에 對하여 그 職務上의 行爲를 强要 또는 阻止하거나 그 職을 辭退하게 할 目的으로 暴行 또는 脅迫한 者도 前項의 刑과 같다.

제137조 (僞計에 依한 公務執行妨害) 僞計로써 公務員의 職務執行을 妨害한 者는 5年 以下의 懲役 또는 1千萬원 以下의 罰金에 處한다.

제138조 (法廷 또는 國會會議場侮辱) 法院의 裁判 또는 國會의 審議를 妨害 또는 威脅할 目的으로 法廷이나 國會會議場 또는 그 附近에서 侮辱 또는 騷動한 者는 3年 以下의 懲役 또는 700萬원 以下의 罰金에 處한다.

제139조 (人權擁護職務妨害) 警察의 職務를 行하는 者 또는 이를 補助하는 者가 人權擁護에 關한 檢事의 職務執行을 妨害하거나 그 命令을 遵守하지 아니한 때에는 5年 以下의 懲役 또는 10年 以下의 資格停止에 處한다.

제140조 (公務上秘密標示無效) ① 公務員이 그 職務에 關하여 實施한 封印 또는 押留 其他 强制處分의 標示를 損傷 또는 隱匿하거나 其他 方法으로 그 效用을 害한 者는 5年 以下의 懲役 또는 700萬원 以下의 罰金에 處한다.
② 公務員이 그 職務에 관하여 封緘 기타 秘密裝置한 文書 또는 圖畵를 開封한 者도 제1항의 刑과 같다.
③ 公務員이 그 職務에 관하여 封緘 기

타 秘密裝置한 文書, 圖畫 또는 電磁記錄등 特殊媒體記錄을 技術的 手段을 이용하여 그 내용을 알아낸 者도 제1항의 刑과 같다.

제140조의2 (不動産强制執行效用侵害) 强制執行으로 明渡 또는 引渡된 不動産에 侵入하거나 기타 방법으로 强制執行의 效用을 해한 者는 5년 이하의 懲役 또는 700萬원 이하의 罰金에 處한다.

제141조 (公用書類 等의 無效, 公用物의 破壞) ① 公務所에서 使用하는 書類 其他 물건 또는 電磁記錄등 特殊媒體記錄을 損傷 또는 隱匿하거나 其他 方法으로 그 效用을 害한 者는 7년 이하의 懲役 또는 1千萬원 以下의 罰金에 處한다.
② 公務所에서 使用하는 建造物, 船舶, 汽車 또는 航空機를 破壞한 者는 1년 以上 10년 以下의 懲役에 處한다.

제142조 (公務上 保管物의 無效) 公務所로부터 保管命令을 받거나 公務所의 命令으로 他人이 管理하는 自己의 物件을 損傷 또는 隱匿하거나 其他 方法으로 그 效用을 害한 者는 5년 이하의 懲役 또는 700萬원 以下의 罰金에 處한다.

제143조 (未遂犯) 제140조 乃至 前條의 未遂犯은 處罰한다.

제144조 (特殊公務妨害) ① 團體 또는 다중의 威力을 보이거나 危險한 物件을 휴대하여 제136조, 제138조와 제140조 乃至 前條의 罪를 犯한 때에는 各條에 定한 刑의 2분의 1까지 加重한다.
② 제1항의 罪를 犯하여 公務員을 傷害에 이르게 한 때에는 3년 이상의 有期懲役에 處한다. 死亡에 이르게 한 때에는 無期 또는 5년 이상의 懲役에 處한다.

第9章 逃走와 犯人隱匿의 罪

제145조 (逃走, 集合命令違反) ① 法律에 依하여 逮捕 또는 拘禁된 者가 逃走한 때에는 1년 以下의 懲役에 處한다.
② 前項의 拘禁된 者가 天災, 事變 其他 法令의 依하여 暫時 解禁된 境遇에 正當한 理由없이 그 集合命令에 違反한 때에도 前項의 刑과 같다.

제146조 (特殊逃走) 收容設備 또는 機具를 損壞하거나 사람에게 暴行 또는 脅迫을 加하거나 2人 以上이 合同하여 前條제1항의 罪를 犯한 者는 7년 以下의 懲役에 處한다.

제147조 (逃走援助) 法律에 依하여 拘禁된 者를 奪取하거나 逃走하게 한 者는 10년 以下의 懲役에 處한다.

제148조 (看守者의 逃走援助) 法律에 依하여 拘禁된 者를 看守 또는 護送하는 者가 이를 逃走하게 한 때에는 1년 以上 10년 以下의 懲役에 處한다.

제149조 (未遂犯) 前4조의 未遂犯은 處罰한다.

제150조 (豫備, 陰謀) 제147조와 제148조의 罪를 犯할 目的으로 豫備 또는 陰謀한 者는 3年 以下의 懲役에 處한다.

제151조 (犯人隱匿과 親族間의 特例) ① 罰金 以上의 刑에 該當하는 罪를 犯한 者를 隱匿 또는 逃避하게 한 者는 3年 以下의 懲役 또는 500萬원 以下의 罰金에 處한다.
② 친족 또는 동거의 가족이 本人을 爲하여 前項의 罪를 犯한 때에는 處罰하지 아니한다. 〈개정 2005.3.31.〉

第10章 僞證과 證據湮滅의 罪

제152조 (僞證, 謀害僞證) ① 法律에 依하여 宣誓한 證人이 虛僞의 陳述을 한 때에는 5年 以下의 懲役 또는 1千萬원 以下의 罰金에 處한다.
② 刑事事件 또는 懲戒事件에 關하여 被告人, 被疑者 또는 懲戒嫌疑者를 謀害할 目的으로 前項의 罪를 犯한 때에는 10年 以下의 懲役에 處한다.

제153조 (自白, 自首) 前條의 罪를 犯한 者가 그 供述한 事件의 裁判 또는 懲戒處分이 確定되기 前에 自白 또는 自首한 때에는 그 刑을 減輕 또는 免除한다.

제154조 (虛僞의 鑑定, 通譯, 飜譯) 法律에 依하여 宣誓한 鑑定人, 通譯人 또는 飜譯人이 虛僞의 鑑定, 通譯 또는 飜譯을 한 때에는 前2조의 例에 依한다.

제155조 (證據湮滅 등과 親族間의 特例) ① 他人의 刑事事件 또는 懲戒事件에 關한 證據를 湮滅, 隱匿, 僞造 또는 變造하거나 僞造 또는 變造한 證據를 使用한 者는 5年 以下의 懲役 또는 700萬원 以下의 罰金에 處한다.
② 他人의 刑事事件 또는 懲戒事件에 關한 證人을 隱匿 또는 逃避하게 한 者도 제1항의 刑과 같다.
③ 被告人, 被疑者 또는 懲戒嫌疑者를 謀害할 目的으로 前2항의 罪를 犯한 者는 10年 以下의 懲役에 處한다.
④ 친족 또는 동거의 가족이 本人을 爲하여 本條의 罪를 犯한 때에는 處罰하지 아니한다. 〈개정 2005.3.31.〉

第11章 誣告의 罪

제156조 (誣告) 他人으로 하여금 刑事處分 또는 懲戒處分을 받게 할 目的으로 公務所 또는 公務員에 對하여 虛僞의 事實을 申告한 者는 10年 以下의 懲役 또는 1千500萬원 이하의 罰金에 處한다.

제157조 (自白·自首) 제153조는 前條에 準用한다.

第12章 信仰에 關한 罪

제158조 (葬禮式등의 妨害) 葬禮式, 祭祀,

禮拜 또는 說敎를 妨害한 者는 3年 以下의 懲役 또는 500萬원 以下의 罰金에 處한다.

제159조 (死體 等의 汚辱) 死體, 遺骨 또는 遺髮을 汚辱한 者는 2年 以下의 懲役 또는 500萬원 以下의 罰金에 處한다.

제160조 (墳墓의 發掘) 墳墓를 發掘한 者는 5年 以下의 懲役에 處한다.

제161조 (死體 等의 領得) ① 死體, 遺骨, 遺髮 또는 棺內에 藏置한 物件을 損壞, 遺棄, 隱匿 또는 領得한 者는 7年 以下의 懲役에 處한다.
② 墳墓를 發掘하여 前項의 罪를 犯한 者는 10年 以下의 懲役에 處한다.

제162조 (未遂犯) 前2條의 未遂犯은 處罰한다.

제163조 (變死體檢視妨害) 變死者의 死體 또는 變死의 疑心있는 死體를 隱匿 또는 변경하거나 기타 방법으로 檢視를 방해한 者는 700萬원 이하의 罰金에 處한다.

第13章 放火와 失火의 罪

제164조 (現住建造物등에의 放火) ① 불을 놓아 사람이 住居로 사용하거나 사람이 現存하는 建造物, 汽車, 電車, 自動車, 船舶, 航空機 또는 鑛坑을 燒毁한 者는 無期 또는 3年 以上의 懲役에 處한다.
② 第1項의 罪를 犯하여 사람을 傷害에 이르게 한 때에는 無期 또는 5年 以上의 懲役에 處한다. 死亡에 이르게 한 때에는 死刑, 無期 또는 7年이상의 懲役에 處한다.

제165조 (公用建造物 等에의 放火) 불을 놓아 公用 또는 公益에 供하는 建造物, 汽車, 電車, 自動車, 船舶, 航空機 또는 鑛坑을 燒毁한 者는 無期 또는 3年 以上의 懲役에 處한다.

제166조 (一般建造物 等에의 放火) ① 불을 놓아 前2조에 記載한 以外의 建造物, 汽車, 電車, 自動車, 船舶, 航空機 또는 鑛坑을 燒毁한 者는 2年 以上의 有期懲役에 處한다.
② 自己所有에 屬하는 제1항의 物件을 燒毁하여 公共의 危險을 發生하게 한 者는 7年 以下의 懲役 또는 1千萬원 以下의 罰金에 處한다.

제167조 (一般物件에의 放火) ① 불을 놓아 前3조에 記載한 以外의 物件을 燒毁하여 公共의 危險을 發生하게 한 者는 1年 以上 10年 以下의 懲役에 處한다.
② 제1항의 物件이 自己의 所有에 屬한 때에는 3年 以下의 懲役 또는 700萬원 以下의 罰金에 處한다.

제168조 (延燒) ① 제166조제2항 또는 前條제2항의 罪를 犯하여 제164조, 제165조 또는 제166조제1항에 記載한 物件에 延燒한 때에는 1年 以上 10年 以下의 懲役에 處한다.

② 前條제2항의 罪를 犯하여 前條제1항에 記載한 物件에 延燒한 때에는 5年 以下의 懲役에 處한다.

제169조 (鎭火妨害) 火災에 있어서 鎭火用의 施設 또는 物件을 隱匿 또는 損壞하거나 其他 方法으로 鎭火를 妨害한 者는 10年 以下의 懲役에 處한다.

제170조 (失火) ① 過失로 因하여 제164조 또는 제165조에 記載한 物件 또는 他人의 所有에 屬하는 제166조에 記載한 物件을 燒毁한 者는 1千500萬원 以下의 罰金에 處한다.

② 過失로 因하여 自己의 所有에 屬하는 제166조 또는 제167조에 記載한 物件을 燒毁하여 公共의 危險을 發生하게 한 者도 前項의 刑과 같다.

제171조 (業務上失火, 重失火) 業務上過失 또는 重大한 過失로 因하여 제170조의 罪를 犯한 者는 3年 以下의 禁錮 또는 2千萬원 以下의 罰金에 處한다.

제172조 (爆發性物件破裂) ① 보일러, 高壓가스 기타 爆發性있는 물건을 破裂시켜 사람의 生命, 身體 또는 財産에 대하여 위험을 發生시킨 者는 1年 이상의 有期懲役에 處한다.

② 제1항의 罪를 犯하여 사람을 傷害에 이르게 한 때에는 無期 또는 3年 이상의 懲役에 處한다. 死亡에 이르게 한 때에는 無期 또는 5年 이상의 懲役에 處한다.

제172조의2 (가스・電氣등 放流) ① 가스, 電氣, 蒸氣 또는 放射線이나 放射性物質을 放出, 流出 또는 撒布시켜 사람의 生命, 身體 또는 財産에 대하여 위험을 발생시킨 者는 1年 이상 10年 이하의 懲役에 處한다.

② 제1항의 罪를 犯하여 사람을 傷害에 이르게 한 때에는 無期 또는 3年 이상의 懲役에 處한다. 死亡에 이르게 한 때에는 無期 또는 5年 이상의 懲役에 處한다.

제173조 (가스・電氣등 供給妨害) ① 가스, 電氣 또는 蒸氣의 工作物을 損壞 또는 除去하거나 其他 方法으로 가스, 電氣 또는 蒸氣의 供給이나 使用을 妨害하여 公共의 危險을 發生하게 한 者는 1年 以上 10年 以下의 懲役에 處한다.

② 公共用의 가스, 電氣 또는 蒸氣의 工作物을 損壞 또는 除去하거나 其他 方法으로 가스, 電氣 또는 蒸氣의 供給이나 使用을 妨害한 者도 前項의 刑과 같다.

③ 제1항 또는 제2항의 罪를 犯하여 사람을 傷害에 이르게 한 때에는 2年 이상의 有期懲役에 處한다. 死亡에 이르게 한 때에는 無期 또는 3年이상의 懲役에 處한다.

제173조의2 (過失爆發性物件破裂등) ① 過失로 제172조제1항, 제172조의2제1항, 제173조제1항과 제2항의 罪를 犯한 者

는 5年 이하의 禁錮 또는 1千500萬원 이하의 罰金에 處한다.
② 業務上過失 또는 중대한 過失로 제1항의 罪를 犯한 者는 7年 이하의 禁錮 또는 2千萬원 이하의 罰金에 處한다.

제174조 (未遂犯) 제164조제1항, 제165조, 제166조제1항, 제172조제1항, 제172조의2제1항, 제173조제1항과 제2항의 未遂犯은 處罰한다.

제175조 (豫備, 陰謀) 제164조제1항, 제165조, 제166조제1항, 제172조제1항, 제172조의2제1항, 제173조제1항과 제2항의 罪를 犯할 目的으로 豫備 또는 陰謀한 者는 5年 以下의 懲役에 處한다. 但 그 目的한 罪의 實行에 이르기 前에 自首한 때에는 刑을 減輕 또는 免除한다.

제176조 (他人의 權利對象이 된 自己의 物件) 自己의 所有에 屬하는 物件이라도 押留 其他 强制處分을 받거나 他人의 權利 또는 保險의 目的物이 된 때에는 本章의 規定의 適用에 있어서 他人의 物件으로 看做한다.

第14章 溢水와 水利에 關한 罪

제177조 (現住建造物등에의 溢水) ① 물을 넘겨 사람이 住居에 사용하거나 사람이 現存하는 建造物, 汽車, 電車, 自動車, 船舶, 航空機 또는 鑛坑을 浸害한 者는 無期 또는 3年 이상의 懲役에 處한다.
② 제1항의 罪를 犯하여 사람을 傷害에 이르게 한 때에는 無期 또는 5年 이상의 懲役에 處한다. 死亡에 이르게 한 때에는 無期 또는 7年 이상의 懲役에 處한다.

제178조 (公用建造物 等에의 溢水) 물을 넘겨 公用 또는 公益에 供하는 建造物, 汽車, 電車, 自動車, 船舶, 航空機 또는 鑛坑을 浸害한 者는 無期 또는 2年 以上의 懲役에 處한다.

제179조 (一般建造物 等에의 溢水) ① 물을 넘겨 前2조에 記載한 以外의 建造物, 汽車, 電車, 自動車, 船舶, 航空機 또는 鑛坑 其他 他人의 財産을 浸害한 者는 1年 以上 10年 以下의 懲役에 處한다.
② 自己의 所有에 屬하는 前項의 物件을 浸害하여 公共의 危險을 發生하게 한 때에는 3年 以下의 懲役 또는 700萬원 以下의 罰金에 處한다.
③ 제176조의 規定은 本條의 境遇에 準用한다.

제180조 (防水妨害) 水災에 있어서 防水用의 施設 또는 物件을 損壞 또는 隱匿하거나 其他 方法으로 防水를 妨害한 者는 10年 以下의 懲役에 處한다.

제181조 (過失溢水) 過失로 因하여 제177조 또는 제178조에 記載한 物件을 浸害한 者 또는 제179조에 記載한 物件을 浸害하여 公共의 危險을 發生하게 한

者는 1千萬원 以下의 罰金에 處한다.
제182조 (未遂犯) 제177조 乃至 제179조 제1항의 未遂犯은 處罰한다.
제183조 (豫備, 陰謀) 제177조 乃至 제179조제1항의 罪를 犯할 目的으로 豫備 또는 陰謀한 者는 3年 以下의 懲役에 處한다.
제184조 (水利妨害) 堤防을 決潰하거나 水門을 破壞하거나 其他 方法으로 水利를 妨害한 者는 5年 以下의 懲役 또는 700萬원 以下의 罰金에 處한다.

第15章 交通妨害의 罪

제185조 (一般交通妨害) 陸路, 水路 또는 橋梁을 損壞 또는 不通하게 하거나 其他 方法으로 交通을 妨害한 者는 10年 以下의 懲役 또는 1千500萬원 以下의 罰金에 處한다.
제186조 (汽車, 船舶 等의 交通妨害) 軌道, 燈臺 또는 標識를 損壞하거나 其他 方法으로 汽車, 電車, 自動車, 船舶 또는 航空機의 交通을 妨害한 者는 1年 以上의 有期懲役에 處한다.
제187조 (汽車 等의 顚覆 等) 사람의 現存하는 汽車, 電車, 自動車, 船舶 또는 航空機를 顚覆, 埋沒, 墜落 또는 破壞한 者는 無期 또는 3年 以上의 懲役에 處한다.
제188조 (交通妨害致死傷) 제185조 내지 제187조의 罪를 犯하여 사람을 傷害에 이르게 한 때에는 無期 또는 3年 以上의 懲役에 處한다. 死亡에 이르게 한 때에는 無期 또는 5年 以上의 懲役에 處한다.
제189조 (過失, 業務上過失, 重過失) ① 過失로 因하여 제185조 乃至 제187조의 罪를 犯한 者는 1千萬원 以下의 罰金에 處한다.
② 業務上過失 또는 重大한 過失로 因하여 제185조 乃至 제187조의 罪를 犯한 者는 3年 以下의 禁錮 또는 2千萬원 以下의 罰金에 處한다.
제190조 (未遂犯) 제185조 乃至 제187조의 未遂犯은 處罰한다.
제191조 (豫備, 陰謀) 제186조 또는 제187조의 罪를 犯할 目的으로 豫備 또는 陰謀한 者는 3年 以下의 懲役에 處한다.

第16章 飮用水에 關한 罪

제192조 (飮用水의 使用妨害) ① 日常飮用에 供하는 淨水에 汚物을 混入하여 飮用하지 못하게 한 者는 1年 以下의 懲役 또는 500萬원 以下의 罰金에 處한다.
② 前項의 飮用水에 毒物 其他 健康을 害할 物件을 混入한 者는 10年 以下의 懲役에 處한다.
제193조 (水道飮用水의 使用妨害) ① 水道에 依하여 公衆의 飮用에 供하는 淨水

또는 그 水源에 汚物을 混入하여 飮用하지 못하게 한 者는 1년 以上 10년 以下의 懲役에 處한다.
② 前項의 飮用水 또는 水源에 毒物 其他 健康을 害할 物件을 混入한 者는 2년 以上의 有期懲役에 處한다.

제194조 (飮用水混毒致死傷) 제192조제2항 또는 제193조제2항의 罪를 犯하여 사람을 傷害에 이르게 한 때에는 無期 또는 3년 이상의 懲役에 處한다. 死亡에 이르게 한 때에는 無期 또는 5년 이상의 懲役에 處한다.

제195조 (水道不通) 公衆의 飮用水를 供給하는 水道 其他 施設을 損壞 其他 方法으로 不通하게 한 者는 1년 以上 10년 以下의 懲役에 處한다.

제196조 (未遂犯) 제192조제2항, 제193조제2항과 前條의 未遂犯은 處罰한다.

제197조 (豫備, 陰謀) 제192조제2항, 제193조제2항 또는 제195조의 罪를 犯할 目的으로 豫備 또는 陰謀한 者는 2년 以下의 懲役에 處한다.

第17章 阿片에 關한 罪

제198조 (阿片 等의 製造 等) 阿片, 몰핀 또는 그 化合物을 製造, 輸入 또는 販賣하거나 販賣할 目的으로 所持한 者는 10년 以下의 懲役에 處한다.

제199조 (阿片吸食器의 製造 等) 阿片을 吸食하는 器具를 製造, 輸入 또는 販賣하거나 販賣할 目的으로 所持한 者는 5년 以下의 懲役에 處한다.

제200조 (稅關 公務員의 阿片 等의 輸入) 稅關의 公務員이 阿片, 몰핀이나 그 化合物 또는 阿片吸食器具를 輸入하거나 그 輸入을 許容한 때에는 1년 以上의 有期懲役에 處한다.

제201조 (阿片吸食 等, 同場所提供) ① 阿片을 吸食하거나 몰핀을 注射한 者는 5년 以下의 懲役에 處한다.
② 阿片吸食 또는 몰핀 注射의 場所를 提供하여 利益을 取한 者도 前項의 刑과 같다.

제202조 (未遂犯) 前4조의 未遂犯은 處罰한다.

제203조 (常習犯) 常習으로 前5조의 罪를 犯한 때에는 各條에 定한 刑의 2分의 1까지 加重한다.

제204조 (資格停止 또는 罰金의 倂科) 제198조 내지 제203조의 境遇에는 10년 以下의 資格停止 또는 2千萬원 以下의 罰金을 倂科할 수 있다.

제205조 (阿片 等의 所持) 阿片, 몰핀이나 그 化合物 또는 阿片吸食器具를 所持한 者는 1년 以下의 懲役 또는 500萬원 以下의 罰金에 處한다.

제206조 (沒收, 追徵) 本章의 罪에 提供한 阿片, 몰핀이나 그 化合物 또는 阿片吸食器具는 沒收한다. 그를 沒收하기 不

第18章 通貨에 關한 罪

제207조 (通貨의 僞造 等) ① 行使할 目的으로 通用하는 大韓民國의 貨幣, 紙幣 또는 銀行券을 僞造 또는 變造한 者는 無期 또는 2年 以上의 懲役에 處한다.

② 行使할 目的으로 內國에서 流通하는 外國의 貨幣, 紙幣 또는 銀行券을 僞造 또는 變造한 者는 1年 以上의 有期懲役에 處한다.

③ 行使할 目的으로 外國에서 通用하는 外國의 貨幣, 紙幣 또는 銀行券을 僞造 또는 變造한 者는 10年 以下의 懲役에 處한다.

④ 僞造 또는 變造한 前3항 記載의 通貨를 行使하거나 行使할 目的으로 輸入 또는 輸出한 者는 그 僞造 또는 變造의 各 罪에 定한 刑에 處한다.

제208조 (僞造通貨의 取得) 行使할 目的으로 僞造 또는 變造한 제207조 記載의 通貨를 取得한 者는 5年 以下의 懲役 또는 1千500萬원 이하의 罰金에 處한다.

제209조 (資格停止 또는 罰金의 倂科) 제207조 또는 제208조의 罪를 犯하여 有期懲役에 處할 境遇에는 10年 以下의 資格停止 또는 2千萬원 以下의 罰金을 倂科할 수 있다.

제210조 (偽造通貨取得後의 知情行使) 제207조記載의 通貨를 取得한 後 그 情을 알고 行使한 者는 2年 以下의 懲役 또는 500萬원 以下의 罰金에 處한다.

제211조 (通貨類似物의 製造 等) ① 販賣할 目的으로 內國 또는 外國에서 通用하거나 流通하는 貨幣, 紙幣 또는 銀行券에 類似한 物件을 製造, 輸入 또는 輸出한 者는 3年 以下의 懲役 또는 700萬원 以下의 罰金에 處한다.

② 前項의 物件을 販賣한 者도 前項의 刑과 같다.

제212조 (未遂犯) 제207조, 제208조와 前條의 未遂犯은 處罰한다.

제213조 (豫備, 陰謀) 제207조제1항 乃至 제3항의 罪를 犯할 目的으로 豫備 또는 陰謀한 者는 5年 以下의 懲役에 處한다. 但, 그 目的한 罪의 實行에 이르기 前에 自首한 때에는 그 刑을 減輕 또는 免除한다.

第19章 有價證券, 郵票와 印紙에 關한 罪

제214조 (有價證券의 僞造 等) ① 行使할 目的으로 大韓民國 또는 外國의 公債證書 其他 有價證券을 僞造 또는 變造한 者는 10年 以下의 懲役에 處한다.

② 行使할 目的으로 有價證券의 權利義務에 關한 記載를 僞造 또는 變造한 者

도 前項의 刑과 같다.

제215조 (資格冒用에 依한 有價證券의 作成) 行使할 目的으로 他人의 資格을 冒用하여 有價證券을 作成하거나 有價證券의 權利 또는 義務에 關한 事項을 記載한 者는 10年 以下의 懲役에 處한다.

제216조 (虛僞有價證券의 作成 等) 行使할 目的으로 虛僞의 有價證券을 作成하거나 有價證券에 虛僞事項을 記載한 者는 7年 以下의 懲役 또는 3千萬원 以下의 罰金에 處한다.

제217조 (僞造有價證券 等의 行使 等) 僞造, 變造, 作成 또는 虛僞記載한 前3조 記載의 有價證券을 行使하거나 行使할 目的으로 輸入 또는 輸出한 者는 10年 以下의 懲役에 處한다.

제218조 (印紙·郵票의 僞造등) ① 行使할 目的으로 大韓民國 또는 外國의 印紙, 郵票 기타 郵便料金을 表示하는 證票를 僞造 또는 變造한 者는 10年 以下의 懲役에 處한다.
② 僞造 또는 變造된 大韓民國 또는 外國의 印紙, 郵票 기타 郵便料金을 表示하는 證票를 行使하거나 行使할 目的으로 輸入 또는 輸出한 者도 제1항의 刑과 같다.

제219조 (僞造印紙·郵票등의 取得) 行使할 目的으로 僞造 또는 變造한 大韓民國 또는 外國의 印紙, 郵票 기타 郵便料金을 表示하는 證票를 取得한 者는 3年 以下의 懲役 또는 1千萬원 以下의 罰金에 處한다.

제220조 (資格停止 또는 罰金의 倂科) 제214조 내지 제219조의 罪를 犯하여 懲役에 處하는 경우에는 10年 以下의 資格停止 또는 2千萬원 以下의 罰金을 倂科할 수 있다.

제221조 (消印抹消) 행사할 目的으로 大韓民國 또는 外國의 印紙, 郵票 기타 郵便料金을 表示하는 證票의 消印 기타 사용의 標識를 抹消한 者는 1年 以下의 懲役 또는 300萬원 以下의 罰金에 處한다.

제222조 (印紙·郵票類似物의 製造 等) ① 販賣할 目的으로 大韓民國 또는 外國의 公債證書, 印紙, 郵票 기타 郵便料金을 表示하는 證票와 유사한 물건을 製造, 輸入 또는 輸出한 者는 2年 以下의 懲役 또는 500萬원 以下의 罰金에 處한다.
② 前項의 物件을 販賣한 者도 前項의 刑과 같다.

제223조 (未遂犯) 제214조 乃至 제219조와 前條의 未遂犯은 處罰한다.

제224조 (豫備, 陰謀) 제214조, 제215조와 제218조제1항의 罪를 犯할 目的으로 豫備 또는 陰謀한 者는 2年 以下의 懲役에 處한다.

第20章 文書에 關한 罪

제225조 (公文書등의 僞造·變造) 行使할 目的으로 公務員 또는 公務所의 文書 또는 圖畵를 僞造 또는 變造한 者는 10年 以下의 懲役에 處한다.

제226조 (資格冒用에 依한 公文書 等의 作成) 行使할 目的으로 公務員 또는 公務所의 資格을 冒用하여 文書 또는 圖畵를 作成한 者는 10年 以下의 懲役에 處한다.

제227조 (虛僞公文書作成등) 公務員이 행사할 目的으로 그 職務에 관하여 文書 또는 圖畵를 허위로 작성하거나 變改한 때에는 7年 이하의 懲役 또는 2千萬원 이하의 罰金에 處한다.

제227조의2 (公電磁記錄僞作·變作) 事務處理를 그르치게 할 目的으로 公務員 또는 公務所의 電磁記錄등 特殊媒體記錄을 僞作 또는 變作한 者는 10年 이하의 懲役에 處한다.

제228조 (公正證書原本 等의 不實記載) ① 公務員에 대하여 虛僞申告를 하여 公正證書原本 또는 이와 동일한 電磁記錄등 特殊媒體記錄에 不實의 사실을 기재 또는 記錄하게 한 者는 5年 이하의 懲役 또는 1千萬원 이하의 罰金에 處한다.
② 公務員에 對하여 虛僞申告를 하여 免許證, 許可證, 登錄證 또는 旅券에 不實의 事實을 記載하게 한 者는 3年 以下의 懲役 또는 700萬원 以下의 罰金에 處한다.

제229조 (僞造등 公文書의 行使) 제225조 내지 제228조의 罪에 의하여 만들어진 文書, 圖畵, 電磁記錄등 特殊媒體記錄, 公正證書原本, 免許證, 許可證, 登錄證 또는 旅券을 행사한 者는 그 각 罪에 정한 刑에 處한다.

제230조 (公文書 等의 不正行使) 公務員 또는 公務所의 文書 또는 圖畵를 不正行使한 者는 2年 以下의 懲役이나 禁錮 또는 500萬원 以下의 罰金에 處한다.

제231조 (私文書등의 僞造·變造) 行使할 目的으로 權利·義務 또는 事實證明에 關한 他人의 文書 또는 圖畵를 僞造 또는 變造한 者는 5年 以下의 懲役 또는 1千萬원 이하의 罰金에 處한다.

제232조 (資格冒用에 依한 私文書의 作成) 行使할 目的으로 他人의 資格을 冒用하여 權利·義務 또는 事實證明에 關한 文書 또는 圖畵를 作成한 者는 5年 以下의 懲役 또는 1千萬원 이하의 罰金에 處한다.

제232조의2 (私電磁記錄僞作·變作) 事務處理를 그르치게 할 目的으로 權利·義務 또는 사실증명에 관한 他人의 電磁記錄등 特殊媒體記錄을 僞作 또는 變作한 者는 5年 이하의 懲役 또는 1千萬원 이하의 罰金에 處한다.

제233조 (虛僞診斷書등의 作成) 醫師, 韓醫師, 齒科醫師 또는 助産師가 診斷書, 檢案書 또는 生死에 관한 證明書를 허

위로 작성한 때에는 3年 이하의 懲役이나 禁錮, 7年 이하의 資格停止 또는 3千萬원 이하의 罰金에 處한다.

제234조 (僞造私文書등의 행사) 제231조 내지 제233조의 罪에 의하여 만들어진 文書, 圖畵 또는 電磁記錄등 特殊媒體記錄을 행사한 者는 그 각 罪에 정한 刑에 處한다.

제235조 (未遂犯) 제225조 내지 제234조의 未遂犯은 處罰한다.

제236조 (私文書의 不正行使) 權利·義務 또는 事實證明에 關한 他人의 文書 또는 圖畵를 不正行使한 者는 1年 이하의 懲役이나 禁錮 또는 300萬원 이하의 罰金에 處한다.

제237조 (資格停止의 倂科) 제225조 乃至 제227조의2 및 그 行使罪를 犯하여 懲役에 處할 경우에는 10年 이하의 資格停止를 倂科할 수 있다.

제237조의2 (複寫文書등) 이 章의 罪에 있어서 電子複寫機, 模寫電送機 기타 이와 유사한 機器를 사용하여 複寫한 文書 또는 圖畵의 寫本도 文書 또는 圖畵로 본다.

第21章 印章에 關한 罪

제238조 (公印 等의 僞造, 不正使用) ① 行使할 目的으로 公務員 또는 公務所의 印章, 署名, 記名또는 記號를 僞造 또는 不正使用한 者는 5年 이하의 懲役에 處한다.
② 僞造 또는 不正使用한 公務員 또는 公務所의 印章, 署名, 記名 또는 記號를 行使한 者도 前項의 刑과 같다.
③ 前 2항의 境遇에는 7年 이하의 資格停止를 倂科할 수 있다.

제239조 (私印等의 僞造, 不正使用) ① 行使할 目的으로 他人의 印章, 署名, 記名 또는 記號를 僞造 또는 不正使用한 者는 3年 以下의 懲役에 處한다.
② 僞造 또는 不正使用한 他人의 印章, 署名, 記名 또는 記號를 行使한 때에도 前項의 刑과 같다.

제240조 (未遂犯) 本章의 未遂犯은 處罰한다.

第22章 性風俗에 관한 罪

제241조 삭제 〈2016.1.6.〉[2016.1.6. 법률 제13719호에 의하여 2015.2.26. 헌법재판소에서 위헌 결정된 이 조를 삭제함.]

제241조 삭제 〈2016.1.6.〉[2016.1.6. 법률 제13719호에 의하여 2015.2.26. 헌법재판소에서 위헌 결정된 이 조를 삭제함.]

제242조 (淫行媒介) 營利의 目的으로 사람을 媒介하여 姦淫하게 한 者는 3年 以下의 懲役 또는 1千500萬원 以下의 罰金에 處한다.

제243조 (淫畵頒布등) 淫亂한 文書, 圖畵,

필름 기타 물건을 頒布, 販賣 또는 賃貸하거나 公然히 展示 또는 上映한 者는 1年 이하의 懲役 또는 500萬원 이하의 罰金에 處한다.

제244조 (淫畫製造 등) 제243조의 行爲에 供할 目的으로 淫亂한 物件을 製造, 所持, 輸入 또는 輸出한 者는 1年 以下의 懲役 또는 500萬원 以下의 罰金에 處한다.

제245조 (公然淫亂) 公然히 淫亂한 行爲를 한 者는 1年 以下의 懲役, 500萬원 以下의 罰金, 拘留 또는 科料에 處한다.

제23장 도박과 복표에 관한 죄

제246조 (도박, 상습도박) ① 도박을 한 사람은 1천만원 이하의 벌금에 처한다. 다만, 일시오락 정도에 불과한 경우에는 예외로 한다.

② 상습으로 제1항의 죄를 범한 사람은 3년 이하의 징역 또는 2천만원 이하의 벌금에 처한다. [전문개정 2013.4.5.]

제247조 (도박장소 등 개설) 영리의 목적으로 도박을 하는 장소나 공간을 개설한 사람은 5년 이하의 징역 또는 3천만원 이하의 벌금에 처한다.[전문개정 2013.4.5.]

제248조 (복표의 발매 등) ① 법령에 의하지 아니한 복표를 발매한 사람은 5년 이하의 징역 또는 3천만원 이하의 벌금에 처한다.

② 제1항의 복표발매를 중개한 사람은 3년 이하의 징역 또는 2천만원 이하의 벌금에 처한다.

③ 제1항의 복표를 취득한 사람은 1천만원 이하의 벌금에 처한다. [전문개정 2013.4.5.]

제249조 (벌금의 병과) 제246조제2항, 제247조와 제248조제1항의 죄에 대하여는 1천만원 이하의 벌금을 병과할 수 있다. [전문개정 2013.4.5.]

第24章 殺人의 罪

제250조 (殺人, 尊屬殺害) ① 사람을 殺害한 者는 死刑, 無期 또는 5年 以上의 懲役에 處한다.

② 自己 또는 配偶者의 直系尊屬을 殺害한 者는 死刑, 無期 또는 7年 以上의 懲役에 處한다.

제251조 (嬰兒殺害) 直系尊屬이 恥辱을 隱蔽하기 爲하거나 養育할 수 없음을 豫想하거나 特히 參酌할 만한 動機로 因하여 分娩中 또는 分娩直後의 嬰兒를 殺害한 때에는 10年 以下의 懲役에 處한다.

제252조 (囑託, 承諾에 依한 殺人 等) ① 사람의 囑託 또는 承諾을 받아 그를 殺害한 者는 1年 以上 10年 以下의 懲役에 處한다.

② 사람을 敎唆 또는 幇助하여 自殺하게 한 者도 前項의 刑과 같다.

제253조 (僞計 等에 依한 囑託殺人 等) 前條의 境遇에 僞計 또는 威力으로써 囑託 또는 承諾하게 하거나 自殺을 決意하게 한 때에는 제250조의 例에 依한다.

제254조 (未遂犯) 前4조의 未遂犯은 處罰한다.

제255조 (豫備, 陰謀) 제250조와 제253조의 罪를 犯할 目的으로 豫備 또는 陰謀한 者는 10年 以下의 懲役에 處한다.

제256조 (資格停止의 倂科) 제250조, 제252조 또는 제253조의 境遇에 有期懲役에 處할 때에는 10年 以下의 資格停止를 倂科할 수 있다.

第25章 傷害와 暴行의 罪

제257조 (傷害, 尊屬傷害) ① 사람의 身體를 傷害한 者는 7年 以下의 懲役, 10年 以下의 資格停止 또는 1千萬원 以下의 罰金에 處한다.
② 自己 또는 配偶者의 直系尊屬에 對하여 제1항의 罪를 犯한 때에는 10年 以下의 懲役 또는 1千500萬원 以下의 罰金에 處한다.
③ 前 2항의 未遂犯은 處罰한다.

제258조 ★(重傷害, 尊屬重傷害) ① 사람의 身體를 傷害하여 生命에 對한 危險

을 發生하게 한 者는 1年 以上 10年 以下의 懲役에 處한다.
② 身體의 傷害로 因하여 不具 또는 不治나 難治의 疾病에 이르게 한 者도 前項의 刑과 같다.
③ 自己 또는 配偶者의 直系尊屬에 對하여 前2항의 罪를 犯한 때에는 2년 이상 15년 이하의 징역에 處한다.
〈개정 2016.1.6.〉

제258조의2 ★(특수상해) ① 단체 또는 다중의 위력을 보이거나 위험한 물건을 휴대하여 제257조제1항 또는 제2항의 죄를 범한 때에는 1년 이상 10년 이하의 징역에 처한다.
② 단체 또는 다중의 위력을 보이거나 위험한 물건을 휴대하여 제258조의 죄를 범한 때에는 2년 이상 20년 이하의 징역에 처한다.
③ 제1항의 미수범은 처벌한다.
[본조신설 2016.1.6.]

제259조 (傷害致死) ① 사람의 身體를 傷害하여 死亡에 이르게 한 者는 3年 以上의 有期懲役에 處한다.
② 自己 또는 配偶者의 直系尊屬에 對하여 前項의 罪를 犯한 때에는 無期 또는 5年 以上의 懲役에 處한다.

제260조 (暴行, 尊屬暴行) ① 사람의 身體에 對하여 暴行을 加한 者는 2年 以下의 懲役, 500萬원 以下의 罰金, 拘留 또는 科料에 處한다.

② 自己 또는 配偶者의 直系尊屬에 對하여 제1항의 罪를 犯한 때에는 5年 以下의 懲役 또는 700萬원 이하의 罰金에 處한다.
③ 제1항 및 제2항의 罪는 被害者의 明示한 意思에 反하여 公訴를 제기할 수 없다.

제261조 (特殊暴行) 團體 또는 多衆의 威力을 보이거나 危險한 物件을 携帶하여 제260조제1항 또는 제2항의 罪를 犯한 때에는 5年 以下의 懲役 또는 1千萬원 以下의 罰金에 處한다.

제262조 (暴行致死傷) 前2조의 罪를 犯하여 사람을 死傷에 이르게 한때에는 제257조 乃至 제259조의 例에 依한다.

제263조 (同時犯) 獨立行爲가 競合하여 傷害의 結果를 發生하게 한 境遇에 있어서 原因된 行爲가 判明되지 아니한 때에는 共同正犯의 例에 依한다.

제264조 ★(常習犯) 常習으로 제257조, 제258조, 제258조의2, 제260조 또는 제261조의 罪를 犯한 때에는 그 罪에 定한 刑의 2분의 1까지 加重한다.
〈개정 2016.1.6.〉

제265조 ★(資格停止의 倂科) 제257조제2항, 제258조, 제258조의2, 제260조제2항, 제261조 또는 前條의 境遇에는 10年 以下의 資格停止를 倂科할 수 있다.
〈개정 2016.1.6.〉

第26章 過失致死傷의 罪

제266조 (過失致傷) ① 過失로 因하여 사람의 身體를 傷害에 이르게 한 者는 500萬원 以下의 罰金, 拘留 또는 科料에 處한다.
② 제1항의 罪는 被害者의 明示한 意思에 反하여 公訴를 제기할 수 없다.

제267조 (過失致死) 過失로 因하여 사람을 死亡에 이르게 한 者는 2年 以下의 禁錮 또는 700萬원 以下의 罰金에 處한다.

제268조 (業務上過失・重過失 致死傷) 業務上過失 또는 重大한 過失로 因하여 사람을 死傷에 이르게 한者는 5年 以下의 禁錮 또는 2千萬원 以下의 罰金에 處한다.

第27章 落胎의 罪

제269조 (落胎) ① 婦女가 藥物 其他 方法으로 落胎한 때에는 1年 以下의 懲役 또는 200萬원 以下의 罰金에 處한다.
② 婦女의 囑託 또는 承諾을 받아 落胎하게 한 者도 제1항의 刑과 같다.
③ 제2항의 罪를 犯하여 婦女를 傷害에 이르게 한때에는 3年 以下의 懲役에 處한다. 死亡에 이르게 한때에는 7年 以下의 懲役에 處한다.〈改正 1995.12.29.〉

제270조 (醫師 等의 落胎, 不同意落胎) ① 醫師, 韓醫師, 助産師, 藥劑師 또는 藥

種商이 婦女의 囑託 또는 承諾을 받아 落胎하게 한 때에는 2年 以下의 懲役에 處한다.
② 婦女의 囑託 또는 承諾없이 落胎하게 한 者는 3年 以下의 懲役에 處한다
③ 제1항 또는 제2항의 罪를 犯하여 婦女를 傷害에 이르게 한때에는 5年 以下의 懲役에 處한다. 死亡에 이르게 한때에는 10年 以下의 懲役에 處한다.
④ 前 3항의 境遇에는 7年 以下의 資格停止를 倂科한다

第28章 遺棄와 虐待의 罪

제271조 (遺棄, 尊屬遺棄) ① 老幼, 疾病 其他 事情으로 因하여 扶助를 要하는 者를 保護할 法律上 또는 契約上義務 있는 者가 遺棄한 때에는 3年 以下의 懲役 또는 500萬원 이하의 罰金에 處한다.
② 自己 또는 配偶者의 直系尊屬에 對하여 제1항의 罪를 犯한 때에는 10年 以下의 懲役 또는 1千500萬원 이하의 罰金에 處한다.
③ 제1항의 罪를 犯하여 사람의 생명에 對한 危險을 發生하게 한 때에는 7年 以下의 懲役에 處한다.
④ 제2항의 罪를 犯하여 사람의 생명에 對하여 危險을 發生하게 한 때에는 2年 以上의 有期懲役에 處한다.

제272조 (嬰兒遺棄) 直系尊屬이 恥辱을 隱蔽하기 爲하거나 養育할 수 없음을 豫想하거나 特히 參酌할 만한 動機로 因하여 嬰兒를 遺棄한 때에는 2年 以下의 懲役 또는 300萬원 以下의 罰金에 處한다.

제273조 (虐待, 尊屬虐待) ① 自己의 保護 또는 監督을 받는 사람을 虐待한 者는 2年 以下의 懲役 또는 500萬원 以下의 罰金에 處한다.
② 自己 또는 配偶者의 直系尊屬에 對하여 前項의 罪를 犯한 때에는 5年 以下의 懲役 또는 700萬원 이하의 罰金에 處한다.

제274조 (兒童酷使) 自己의 保護 또는 監督을 받는 16歲 未滿의 者를 그 生命 또는 身體에 危險한 業務에 使用할 營業者 또는 그 從業者에게 引渡한 者는 5年 以下의 懲役에 處한다. 그 引渡를 받은 者도 같다.

제275조 (遺棄등 致死傷) ① 제271조 내지 제273조의 罪를 犯하여 사람을 傷害에 이르게 한 때에는 7年 이하의 懲役에 處한다. 死亡에 이르게 한 때에는 3年 이상의 有期懲役에 處한다.
② 자기 또는 配偶者의 直系尊屬에 대하여 제271조 또는 제273조의 罪를 犯하여 傷害에 이르게 한 때에는 3年 이상의 有期懲役에 處한다. 死亡에 이르게 한 때에는 無期 또는 5年 이상의 懲

役에 處한다.

第29章 逮捕와 監禁의 罪

제276조 (逮捕, 監禁, 尊屬逮捕, 尊屬監禁) ① 사람을 逮捕 또는 監禁한 者는 5年 以下의 懲役 또는 700萬원 이하의 罰金에 處한다.
② 自己 또는 配偶者의 直系尊屬에 對하여 제1항의 罪를 犯한 때에는 10年 以下의 懲役 또는 1千500萬원 이하의 罰金에 處한다.

제277조 (重逮捕, 重監禁, 尊屬重逮捕, 尊屬重監禁) ① 사람을 逮捕 또는 監禁하여 苛酷한 行爲를 加한 者는 7年 以下의 懲役에 處한다.
② 自己 또는 配偶者의 直系尊屬에 對하여 前項의 罪를 犯한 때에는 2年 以上의 有期懲役에 處한다.

제278조 (特殊逮捕, 特殊監禁) 團體 또는 多衆의 威力을 보이거나 危險한 物件을 携帶하여 前 2조의 罪를 犯한 때에는 그 罪에 定한 刑의 2分의 1까지 加重한다.

제279조 (常習犯) 常習으로 제276조 또는 제277조의 罪를 犯한 때에는 前條의 例에 依한다.

제280조 (未遂犯) 前4조의 未遂犯은 處罰한다.

제281조 (逮捕·監禁등의 致死傷) ① 제

276조 내지 제280조의 罪를 犯하여 사람을 傷害에 이르게 한 때에는 1年 以上의 有期懲役에 處한다. 死亡에 이르게 한 때에는 3年 以上의 有期懲役에 處한다.
② 自己 또는 配偶者의 直系尊屬에 對하여 제276조 내지 제280조의 罪를 犯하여 傷害에 이르게 한 때에는 2年 以上의 有期懲役에 處한다. 死亡에 이르게 한 때에는 無期 또는 5年이상의 懲役에 處한다.

제282조 (資格停止의 倂科) 本章의 罪에는 10年 以下의 資格停止를 倂科할 수 있다.

第30章 脅迫의 罪

제283조 (脅迫, 尊屬脅迫) ① 사람을 脅迫한 者는 3年 以下의 懲役, 500萬원 以下의 罰金, 拘留 또는 科料에 處한다.
② 自己 또는 配偶者의 直系尊屬에 對하여 제1항의 罪를 犯한 때에는 5年 以下의 懲役 또는 700萬원 以下의 罰金에 處한다.
③ 제1항 및 제2항의 罪는 被害者의 明示의 意思에 反하여 公訴를 제기할 수 없다.

제284조 (特殊脅迫) 團體 또는 多衆의 威力을 보이거나 危險한 物件을 携帶하여 前條제1항, 제2항의 罪를 犯한 때에는

7年 以下의 懲役 또는 1千萬원 以下의 罰金에 處한다.

제285조 (常習犯) 常習으로 제283조제1항, 제2항 또는 前條의 罪를 犯한 때에는 그 罪에 定한 刑의 2분의 1까지 加重한다.

제286조 (未遂犯) 前3조의 未遂犯은 處罰한다.

제31장 약취(略取), 유인(誘引) 및 인신매매의 죄

제287조 (미성년자의 약취, 유인) 미성년자를 약취 또는 유인한 사람은 10년 이하의 징역에 처한다. [전문개정 2013.4.5.]

제288조 (추행 등 목적 약취, 유인 등) ① 추행, 간음, 결혼 또는 영리의 목적으로 사람을 약취 또는 유인한 사람은 1년 이상 10년 이하의 징역에 처한다.

② 노동력 착취, 성매매와 성적 착취, 장기적출을 목적으로 사람을 약취 또는 유인한 사람은 2년 이상 15년 이하의 징역에 처한다.

③ 국외에 이송할 목적으로 사람을 약취 또는 유인하거나 약취 또는 유인된 사람을 국외에 이송한 사람도 제2항과 동일한 형으로 처벌한다.

[전문개정 2013.4.5]

제289조 (인신매매) ① 사람을 매매한 사람은 7년 이하의 징역에 처한다.

② 추행, 간음, 결혼 또는 영리의 목적으로 사람을 매매한 사람은 1년 이상 10년 이하의 징역에 처한다.

③ 노동력 착취, 성매매와 성적 착취, 장기적출을 목적으로 사람을 매매한 사람은 2년 이상 15년 이하의 징역에 처한다.

④ 국외에 이송할 목적으로 사람을 매매하거나 매매된 사람을 국외로 이송한 사람도 제3항과 동일한 형으로 처벌한다. [전문개정 2013.4.5.]

제290조 (약취, 유인, 매매, 이송 등 상해·치상) ① 제287조부터 제289조까지의 죄를 범하여 약취, 유인, 매매 또는 이송된 사람을 상해한 때에는 3년 이상 25년 이하의 징역에 처한다.

② 제287조부터 제289조까지의 죄를 범하여 약취, 유인, 매매 또는 이송된 사람을 상해에 이르게 한 때에는 2년 이상 20년 이하의 징역에 처한다.

[전문개정 2013.4.5.]

제291조 (약취, 유인, 매매, 이송 등 살인·치사) ① 제287조부터 제289조까지의 죄를 범하여 약취, 유인, 매매 또는 이송된 사람을 살해한 때에는 사형, 무기 또는 7년 이상의 징역에 처한다.

② 제287조부터 제289조까지의 죄를 범하여 약취, 유인, 매매 또는 이송된 사람을 사망에 이르게 한 때에는 무기 또는 5년 이상의 징역에 처한다.

[전문개정 2013.4.5.]

제292조 (약취, 유인, 매매, 이송된 사람의 수수·은닉 등) ① 제287조부터 제289조까지의 죄로 약취, 유인, 매매 또는 이송된 사람을 수수(授受) 또는 은닉한 사람은 7년 이하의 징역에 처한다.

② 제287조부터 제289조까지의 죄를 범할 목적으로 사람을 모집, 운송, 전달한 사람도 제1항과 동일한 형으로 처벌한다. [전문개정 2013.4.5.]

제293조 삭제 〈2013.4.5.〉

제294조 (미수범) 제287조부터 제289조까지, 제290조제1항, 제291조제1항과 제292조제1항의 미수범은 처벌한다.
[전문개정 2013.4.5.]

제295조 (벌금의 병과) 제288조부터 제291조까지, 제292조제1항의 죄와 그 미수범에 대하여는 5천만원 이하의 벌금을 병과할 수 있다.[전문개정 2013.4.5]

제295조의2 (형의 감경) 제287조부터 제290조까지, 제292조와 제294조의 죄를 범한 사람이 약취, 유인, 매매 또는 이송된 사람을 안전한 장소로 풀어준 때에는 그 형을 감경할 수 있다.
[전문개정 2013.4.5.]

제296조 (예비, 음모) 제287조부터 제289조까지, 제290조제1항, 제291조제1항과 제292조제1항의 죄를 범할 목적으로 예비 또는 음모한 사람은 3년 이하의 징역에 처한다. [전문개정 2013.4.5.]

제296조의2 (세계주의) 제287조부터 제292조까지 및 제294조는 대한민국 영역 밖에서 죄를 범한 외국인에게도 적용한다. [본조신설 2013.4.5.]

第32章 强姦과 醜行의 罪

제297조 (强姦) 暴行 또는 脅迫으로 사람을 强姦한 者는 3年 以上의 有期懲役에 處한다. 〈개정 2012.12.18.〉

제297조의2 (유사강간) 폭행 또는 협박으로 사람에 대하여 구강, 항문 등 신체(성기는 제외한다)의 내부에 성기를 넣거나 성기, 항문에 손가락 등 신체(성기는 제외한다)의 일부 또는 도구를 넣는 행위를 한 사람은 2년 이상의 유기징역에 처한다. [본조신설 2012.12.18.]

제298조 (强制醜行) 暴行 또는 脅迫으로 사람에 對하여 醜行을 한 者는 10年 以下의 懲役 또는 1千500萬원 以下의 罰金에 處한다.

제299조 (準强姦, 準强制醜行) 사람의 心身喪失 또는 抗拒不能의 狀態를 利用하여 姦淫 또는 醜行을 한 者는 제297조, 제297조의2 및 제298조의 例에 依한다.

제300조 (未遂犯) 제297조, 제297조의2, 제298조 및 제299조의 未遂犯은 處罰한다.

제301조 (强姦 등 傷害·致傷) 제297조,

제297조의2 및 제298조부터 제300조까지의 罪를 犯한 者가 사람을 傷害하거나 傷害에 이르게 한 때에는 無期 또는 5年 이상의 懲役에 處한다.

제301조의2 (强姦등 殺人·致死) 제297조, 제297조의2 및 제298조부터 제300조까지의 罪를 犯한 者가 사람을 殺害한 때에는 死刑 또는 無期懲役에 處한다. 死亡에 이르게 한 때에는 無期 또는 10年 이상의 懲役에 處한다.

제302조 (未成年者 等에 對한 姦淫) 未成年者 또는 心身微弱者에 對하여 僞計 또는 威力으로써 姦淫 또는 醜行을 한 者는 5年 以下의 懲役에 處한다.

제303조 ★ (業務上威力 等에 依한 姦淫) ① 業務, 雇傭 其他 關係로 因하여 자기의 保護 또는 監督을 받는 사람에 對하여 僞計 또는 威力으로써 姦淫한 者는 7년 이하의 징역 또는 3천만원 이하의 벌금에 處한다.
② 法律에 依하여 拘禁된 사람을 監護하는 者가 그 사람을 姦淫한 때에는 10년 이하의 징역에 處한다. 〈2018.10.16.〉

제304조 삭제 〈2012.12.18.〉

제305조 (未成年者에 對한 姦淫, 醜行) 13세 미만의 사람에 대하여 간음 또는 추행을 한 자는 제297조, 제297조의2, 제298조, 제301조 또는 제301조의2의 例에 依한다.

제305조의2 (상습범) 상습으로 제297조, 제297조의2, 제298조부터 제300조까지, 제302조, 제303조 또는 제305조의 죄를 범한 자는 그 죄에 정한 형의 2분의 1까지 가중한다.

제306조 삭제 〈2012.12.18.〉

第33章 名譽에 關한 罪

제307조 (名譽毀損) ① 公然히 事實을 摘示하여 사람의 名譽를 毀損한 者는 2年 以下의 懲役이나 禁錮 또는 500萬원 以下의 罰金에 處한다.
② 公然히 虛僞의 事實을 摘示하여 사람의 名譽를 毀損한 者는 5年 以下의 懲役, 10年 이하의 資格停止 또는 1千萬원 이하의 罰金에 處한다.

제308조 (死者의 名譽毀損) 公然히 虛僞의 事實을 摘示하여 死者의 名譽를 毀損한 者는 2年 以下의 懲役이나 禁錮 또는 500萬원 以下의 罰金에 處한다.

제309조 (出版物 等에 依한 名譽毀損) ① 사람을 誹謗할 目的으로 新聞, 雜誌 또는 라디오 其他 出版物에 依하여 제307조제1항의 罪를 犯한 者는 3年 以下의 懲役이나 禁錮 또는 700萬원 以下의 罰金에 處한다.
② 제1항의 方法으로 제307조제2항의 罪를 犯한 者는 7년 以下의 懲役, 10년 이하의 資格停止 또는 1千500萬원 이하의 罰金에 處한다.

제310조 (違法性의 阻却) 제307조제1항의

行爲가 眞實한 事實로서 오로지 公共의 利益에 關한 때에는 處罰하지 아니한다.

제311조 (侮辱) 公然히 사람을 侮辱한 者는 1年 以下의 懲役이나 禁錮 또는 200萬원 以下의 罰金에 處한다.

제312조 (告訴와 被害者의 意思) ① 제308조와 제311조의 罪는 告訴가 있어야 公訴를 제기할 수 있다.

② 제307조와 제309조의 罪는 被害者의 明示한 意思에 반하여 公訴를 제기할 수 없다.

第34章 信用, 業務와 競賣에 關한 罪

제313조 (信用毁損) 虛僞의 事實을 流布하거나 其他 僞計로써 사람의 信用을 毁損한 者는 5年 以下의 懲役 또는 1千500萬원 以下의 罰金에 處한다.

제314조 (業務妨害) ① 제313조의 方法 또는 威力으로써 사람의 業務를 妨害한 者는 5年 以下의 懲役 또는 1千500萬원 以下의 罰金에 處한다.

② 컴퓨터등 情報處理裝置 또는 電磁記錄등 特殊媒體記錄을 損壞하거나 情報處理裝置에 허위의 情報 또는 부정한 命令을 入力하거나 기타 방법으로 情報處理에 障碍를 발생하게 하여 사람의 業務를 妨害한 者도 第1項의 刑과 같다.

제315조 (競賣, 入札의 妨害) 僞計 또는 威力 其他 方法으로 競賣 또는 入札의 公正을 害한 者는 2年 以下의 懲役 또는 700萬원 以下의 罰金에 處한다.

第35章 祕密侵害의 罪

제316조 (祕密侵害) ① 封緘 其他 秘密裝置한 사람의 便紙, 文書 또는 圖畵를 開封한 者는 3年 以下의 懲役이나 禁錮 또는 500萬원 以下의 罰金에 處한다.

② 封緘 기타 秘密裝置한 사람의 便紙, 文書, 圖畵 또는 電磁記錄등 特殊媒體記錄을 技術的 手段을 이용하여 그 내용을 알아낸 者도 제1항의 刑과 같다.

제317조 (業務上祕密漏泄) ① 醫師, 韓醫師, 齒科醫師, 藥劑師, 藥種商, 助産師, 辯護士, 辨理士, 公認會計士, 公證人, 代書業者나 그 職務上 補助者 또는 此等의 職에 있던 者가 그 職務處理中 知得한 他人의 秘密을 漏泄한 때에는 3年 以下의 懲役이나 禁錮, 10年 以下의 資格停止 또는 700萬원 以下의 罰金에 處한다.

② 宗敎의 職에 있는 者 또는 있던 者가 그 職務上 知得한 사람의 秘密을 漏泄한 때에도 前項의 刑과 같다.

제318조 (告訴) 本章의 罪는 告訴가 있어야 公訴를 제기할 수 있다.

第36章 住居侵入의 罪

제319조 (住居侵入, 退去不應) ① 사람의 住居, 관리하는 建造物, 船舶이나 航空機 또는 占有하는 房室에 侵入한 者는 3年 以下의 懲役 또는 500萬원 以下의 罰金에 處한다.
② 前項의 場所에서 退去要求를 받고 應하지 아니한 者도 前項의 刑과 같다.

제320조 (特殊住居侵入) 團體 또는 多衆의 威力을 보이거나 危險한 物件을 携帶하여 前條의 罪를 犯한 때에는 5年 以下의 懲役에 處한다.

제321조 (住居·身體 搜索) 사람의 身體, 住居, 관리하는 建造物, 自動車, 船舶이나 航空機 또는 占有하는 房室을 搜索한 者는 3年 以下의 懲役에 處한다.

제322조 (未遂犯) 本章의 未遂犯은 處罰한다.

第37章 權利行使를 妨害하는 罪

제323조 (權利行使妨害) 他人의 占有 또는 權利의 目的이 된 自己의 물건 또는 電磁記錄등 特殊媒體記錄을 取去, 隱匿 또는 損壞하여 他人의 權利行使를 妨害한 者는 5年 以下의 懲役 또는 700萬원 以下의 罰金에 處한다.

제324조 ★(强要) ① 暴行 또는 脅迫으로 사람의 權利行使를 방해하거나 義務없는 일을 하게 한 者는 5년 이하의 징역 또는 3천만원 이하의 벌금에 處한다.
② 단체 또는 다중의 위력을 보이거나 위험한 물건을 휴대하여 제1항의 죄를 범한 자는 10년 이하의 징역 또는 5천만원 이하의 벌금에 처한다.
〈신설 2016.1.6.〉

제324조의2 (人質强要) 사람을 逮捕·監禁·略取 또는 誘引하여 이를 人質로 삼아 제3자에 대하여 權利行使를 방해하거나 義務없는 일을 하게 한 者는 3年 이상의 有期懲役에 處한다.

제324조의3 (人質傷害·致傷) 제324조의2의 罪를 犯한 者가 人質을 傷害하거나 傷害에 이르게 한 때에는 無期 또는 5年 이상의 懲役에 處한다.

제324조의4 (人質殺害·致死) 제324조의2의 罪를 犯한 者가 人質을 殺害한 때에는 死刑 또는 無期懲役에 處한다. 死亡에 이르게 한 때에는 無期 또는 10年 이상의 懲役에 處한다.

제324조의5 (未遂犯) 제324조 내지 제324조의4의 未遂犯은 處罰한다.

제324조의6 (刑의 減輕) 제324조의2 또는 제324조의3의 罪를 犯한 者 및 그 罪의 未遂犯이 人質을 安全한 場所로 풀어준 때에는 그 刑을 減輕할 수 있다.

제325조 (占有强取, 準占有强取) ① 暴行 또는 脅迫으로 他人의 占有에 屬하는

自己의 物件을 强取한 者는 7年 以下의 懲役 또는 10年 以下의 資格停止에 處한다.
② 他人의 占有에 屬하는 自己의 物件을 取去함에 當하여 그 奪還을 抗拒하거나 逮捕를 免脫하거나 罪跡을 湮滅할 目的으로 暴行 또는 脅迫을 加한 때에도 前項의 刑과 같다.
③ 前 2항의 未遂犯은 處罰한다.

제326조 (重權利行使妨害) 제324조 또는 제325조의 罪를 犯하여 사람의 生命에 對한 危險을 發生하게 한 者는 10年 以下의 懲役에 處한다.

제327조 (强制執行免脫) 强制執行을 免할 目的으로 財産을 隱匿, 損壞, 虛僞讓渡 또는 虛僞의 債務를 負擔하여 債權者를 害한 者는 3年 以下의 懲役 또는 1千萬원 以下의 罰金에 處한다.

제328조 (親族間의 犯行과 告訴) ① 直系血族, 配偶者, 동거친족, 동거가족 또는 그 配偶者間의 제323조의 罪는 그 刑을 免除한다.
② 제1항以外의 親族間에 제323조의 罪를 犯한 때에는 告訴가 있어야 公訴를 제기할 수 있다.
③ 前 2항의 身分關係가 없는 共犯에 對하여는 前 二항을 適用하지 아니한다.

第38章 竊盜와 强盜의 罪

제329조 (竊盜) 他人의 財物을 竊取한 者는 6年 以下의 懲役 또는 1千萬원 以下의 罰金에 處한다.

제330조 (夜間住居侵入竊盜) 夜間에 사람의 住居, 看守하는 邸宅, 建造物이나 船舶 또는 占有하는 房室에 侵入하여 他人의 財物을 竊取한 者는 10年 以下의 懲役에 處한다.

제331조 (特殊竊盜) ① 夜間에 門戶 또는 墻壁 其他 建造物의 一部를 損壞하고 前條의 場所에 侵入하여 他人의 財物을 竊取한 者는 1年 以上 10年 以下의 懲役에 處한다.
② 兇器를 携帶하거나 2人 以上이 合同하여 他人의 財物을 竊取한 者도 前項의 刑과 같다.

제331조의2 (自動車등 不法使用) 權利者의 同意없이 他人의 自動車, 船舶, 航空機 또는 原動機裝置自轉車를 一時 使用한 者는 3年 以下의 懲役, 500萬원 이하의 罰金, 拘留 또는 科料에 處한다.

제332조 (常習犯) 常習으로 제329조 내지 제331조의2의 罪를 犯한 者는 그 罪에 定한 刑의 2분의 1까지 加重한다.

제333조 (强盜) 暴行 또는 脅迫으로 他人의 財物을 强取하거나 其他 財産上의 利益을 取得하거나 第三者로 하여금 이를 取得하게 한 者는 3年 以上의 有期懲役에 處한다.

제334조 (特殊强盜) ① 夜間에 사람의 住

居, 관리하는 建造物, 船舶이나 航空機 또는 占有하는 房室에 侵入하여 제333조의 罪를 犯한 者는 無期 또는 5年 以上의 懲役에 處한다.
② 兇器를 携帶하거나 2人 以上이 合同하여 前條의 罪를 犯한 者도 前項의 刑과 같다.

제335조 (準强盜) 竊盜가 財物의 奪還을 抗拒하거나 逮捕를 免脫하거나 罪跡을 湮滅할 目的으로 暴行 또는 脅迫을 加한 때에는 前2조의 例에 依한다.

제336조 (人質强盜) 사람을 逮捕·監禁·略取 또는 誘引하여 이를 人質로 삼아 財物 또는 財産上의 이익을 취득하거나 제3자로 하여금 이를 취득하게 한 者는 3年 이상의 有期懲役에 處한다.

제337조 (强盜傷害, 致傷) 强盜가 사람을 傷害하거나 傷害에 이르게 한때에는 無期 또는 7年 以上의 懲役에 處한다.

제338조 (强盜殺人·致死) 强盜가 사람을 殺害한 때에는 死刑 또는 無期懲役에 處한다. 死亡에 이르게 한 때에는 無期 또는 10年 이상의 懲役에 處한다.

제339조 (强盜强姦) 强盜가 사람을 强姦한 때에는 無期 또는 10年 이상의 懲役에 處한다.

제340조 (海上强盜) ① 多衆의 威力으로 海上에서 船舶을 强取하거나 船舶內에 侵入하여 他人의 財物을 强取한 者는 無期 또는 7年 이상의 懲役에 處한다.
② 제1항의 罪를 犯한 者가 사람을 傷害하거나 傷害에 이르게 한때에는 無期 또는 10年 以上의 懲役에 處한다.
③ 제1항의 罪를 犯한 者가 사람을 殺害 또는 死亡에 이르게 하거나 강간한 때에는 死刑 또는 無期懲役에 處한다.

제341조 (常習犯) 常習으로 제333조, 제334조, 제336조 또는 前條제1항의 罪를 犯한 者는 無期 또는 10年 이상의 懲役에 處한다.

제342조 (未遂犯) 제329조 내지 제341조의 未遂犯은 處罰한다.

제343조 (豫備, 陰謀) 强盜할 目的으로 豫備 또는 陰謀한 者는 7年 以下의 懲役에 處한다.

제344조 (親族間의 犯行) 제328조의 規定은 제329조 乃至 제332조의 罪 또는 未遂犯에 準用한다.

제345조 (資格停止의 倂科) 本章의 罪를 犯하여 有期懲役에 處할 境遇에는 10年 以下의 資格停止를 倂科할 수 있다.

제346조 (動力) 本章의 罪에 있어서 관리할 수 있는 動力은 財物로 看做한다.

第39章 詐欺와 恐喝의 罪

제347조 (詐欺) ① 사람을 欺罔하여 財物의 交付를 받거나 財産上의 利益을 取得한 者는 10年 以下의 懲役 또는 2千萬원 以下의 罰金에 處한다.

② 前項의 方法으로 第三者로 하여금 財物의 交付를 받게 하거나 財産上의 利益을 取得하게 한 때에도 前項의 刑과 같다.

제347조의2 (컴퓨터등 사용사기) 컴퓨터등 정보처리장치에 허위의 정보 또는 부정한 명령을 입력하거나 권한 없이 정보를 입력·변경하여 정보처리를 하게 함으로써 재산상의 이익을 취득하거나 제3자로 하여금 취득하게 한 자는 10년 이하의 징역 또는 2천만원 이하의 벌금에 처한다.

제348조 (準詐欺) ① 未成年者의 知慮淺薄 또는 사람의 心神障碍를 利用하여 財物의 交付를 받거나 財産上의 利益을 取得한 者는 10年 以下의 懲役 또는 2千萬원 以下의 罰金에 處한다.
② 前項의 方法으로 第三者로 하여금 財物의 交付를 받게 하거나 財産上의 利益을 取得하게 한 때에도 前項의 刑과 같다.

제348조의2 (便宜施設不正利用) 부정한 방법으로 對價를 지급하지 아니하고 自動販賣機, 公衆電話 기타 有料自動設備를 이용하여 財物 또는 財産上의 이익을 취득한 者는 3年 이하의 懲役, 500萬원 이하의 罰金, 拘留 또는 과료에 處한다.

제349조 (不當利得) ① 사람의 窮迫한 狀態를 利用하여 顯著하게 不當한 利益을 取得한 者는 3年 以下의 懲役 또는 1千萬원 以下의 罰金에 處한다.
② 前項의 方法으로 第三者로 하여금 不當한 利益을 取得하게 한 때에도 前項의 刑과 같다.

제350조 (恐喝) ① 사람을 恐喝하여 財物의 交付를 받거나 財産上의 利益을 取得한 者는 10年 以下의 懲役 또는 2千萬원 以下의 罰金에 處한다.
② 前項의 方法으로 第三者로 하여금 財物의 交付를 받게 하거나 財産上의 利益을 取得하게 한 때에도 前項의 刑과 같다.

제350조의2 ★(특수공갈) 단체 또는 다중의 위력을 보이거나 위험한 물건을 휴대하여 제350조의 죄를 범한 자는 1년 이상 15년 이하의 징역에 처한다.
[본조신설 2016.1.6.]

제351조 (常習犯) 常習으로 제347조 乃至 前條의 罪를 犯한 者는 그 罪에 定한 刑의 2분의 1까지 加重한다.

제352조 ★(未遂犯) 제347조 내지 제348조의2, 제350조, 제350조의2와 제351조의 未遂犯은 處罰한다. 〈개정 2016.1.6〉

제353조 (資格停止의 併科) 本章의 罪에는 10年 以下의 資格停止를 併科할 수 있다.

제354조 (親族間의 犯行, 動力) 제328조와 제346조의 規定은 本章의 罪에 準用한다.

第40章 橫領과 背任의 罪

제355조 (橫領, 背任) ① 他人의 財物을 保管하는 者가 그 財物을 橫領하거나 그 返還을 拒否한 때에는 5年 以下의 懲役 또는 1千500萬원 以下의 罰金에 處한다.

② 他人의 事務를 處理하는 者가 그 任務에 違背하는 行爲로써 財産上의 利益을 取得하거나 第三者로 하여금 이를 取得하게 하여 本人에게 損害를 加한 때에도 前項의 刑과 같다.

제356조 (業務上의 橫領과 背任) 業務上의 任務에 違背하여 제355조의 罪를 犯한 者는 10年 以下의 懲役 또는 3千萬원 以下의 罰金에 處한다.

제357조 ★(배임수증재) ① 타인의 사무를 처리하는 자가 그 임무에 관하여 부정한 청탁을 받고 재물 또는 재산상의 이익을 취득하거나 제3자로 하여금 이를 취득하게 한 때에는 5년 이하의 징역 또는 1천만원 이하의 벌금에 처한다. 〈개정 2016.5.29.〉

② 제1항의 財物 또는 利益을 供與한 者는 2年 以下의 懲役 또는 500萬원 以下의 罰金에 處한다.

③ 범인 또는 정(情)을 아는 제3자가 취득한 제1항의 재물은 몰수한다. 그 재물을 몰수하기 불가능하거나 재산상의 이익을 취득한 때에는 그 가액을 추징한다. 〈개정 2016.5.29.〉

제358조 (資格停止의 倂科) 前3조의 罪에는 10年 以下의 資格停止를 倂科할 수 있다.

제359조 (未遂犯) 제355조 乃至 제357조의 未遂犯은 處罰한다.

제360조 (占有離脫物橫領) ① 遺失物, 漂流物 또는 他人의 占有를 離脫한 財物을 橫領한 者는 1年 以下의 懲役이나 300萬원 以下의 罰金 또는 科料에 處한다.

② 埋藏物을 橫領한 者도 前項의 刑과 같다.

제361조 (親族間의 犯行, 動力) 제328조와 제346조의 規定은 本章의 罪에 準用한다.

第41章 贓物에 關한 罪

제362조 (贓物의 取得, 斡旋 等) ① 贓物을 取得, 讓渡, 運搬 또는 保管한 者는 7年 以下의 懲役 또는 1千500萬원 以下의 罰金에 處한다.

② 前項의 行爲를 斡旋한 者도 前項의 刑과 같다.

제363조 (常習犯) ① 常習으로 前條의 罪를 犯한 者는 1年 以上 10年 以下의 懲役에 處한다.

② 제1항의 境遇에는 10年 以下의 資格停止 또는 1千500萬원 以下의 罰金을

倂科할 수 있다.

제364조 (業務上過失, 重過失) 業務上過失 또는 重大한 過失로 因하여 제362조의 罪를 犯한 者는 1年 以下의 禁錮 또는 500萬원 以下의 罰金에 處한다.

제365조 (親族間의 犯行) ① 前3조의 罪를 犯한 者와 被害者間에 제328조제1항, 제2항의 身分關係가 있는 때에는 同條의 規定을 準用한다.

② 前3조의 罪를 犯한 者와 本犯間에 제328조제1항의 身分關係가 있는 때에는 그 刑을 減輕 또는 免除한다. 但, 身分關係가 없는 共犯에 對하여는 例外로 한다.

第42章 損壞의 罪

제366조 (財物損壞등) 他人의 財物, 文書 또는 電磁記錄등 特殊媒體記錄을 損壞 또는 隱匿 其他 方法으로 其 效用을 害한 者는 3年以下의 懲役 또는 700萬원 以下의 罰金에 處한다.

제367조 (公益建造物破壞) 公益에 供하는 建造物을 破壞한 者는 10年 以下의 懲役 또는 2千萬원 以下의 罰金에 處한다.

제368조 (重損壞) ① 前2조의 罪를 犯하여 사람의 生命 또는 身體에 對하여 危險을 發生하게 한 때에는 1年 以上 10年 以下의 懲役에 處한다.

② 제366조 또는 제367조의 罪를 犯하여 사람을 傷害에 이르게 한 때에는 1年 以上의 有期懲役에 處한다. 死亡에 이르게 한 때에는 3年 以上의 有期懲役에 處한다.

제369조 (特殊損壞) ① 團體 또는 多衆의 威力을 보이거나 危險한 物件을 携帶하여 제366조의 罪를 犯한 때에는 5年 以下의 懲役 또는 1千萬원 以下의 罰金에 處한다.

② 제1항의 方法으로 제367조의 罪를 犯한 때에는 1年 以上의 有期懲役 또는 2千萬원 以下의 罰金에 處한다.

제370조 (境界侵犯) 境界標를 損壞, 移動 또는 除去하거나 其他 方法으로 土地의 境界를 認識 不能하게 한 者는 3年 以下의 懲役 또는 500萬원 以下의 罰金에 處한다.

제371조 (未遂犯) 제366조, 제367조와 제369조의 未遂犯은 處罰한다.

제372조 (動力) 本章의 罪에는 제346조를 準用한다.

부칙 〈제15163호, 2017.12.12.〉

제1조 (시행일) 이 법은 공포한 날부터 시행한다.

제2조 (시효의 기간에 관한 적용례) 제78조제5호 및 제6호의 개정규정은 이 법 시행 후 최초로 재판이 확정되는 경우부터 적용한다.

대한민국헌법

[시행 1988.2.25.]

[헌법 제10호, 1987.10.29. 전부개정]

前文

悠久한 歷史와 傳統에 빛나는 우리 大韓國民은 3·1運動으로 建立된 大韓民國臨時政府의 法統과 不義에 抗拒한 4·19民主理念을 계승하고, 祖國의 民主改革과 平和的 統一의 使命에 입각하여 正義·人道와 同胞愛로써 民族의 團結을 공고히 하고, 모든 社會的 弊習과 不義를 타파하며, 自律과 調和를 바탕으로 自由民主的 基本秩序를 더욱 확고히 하여 政治·經濟·社會·文化의 모든 領域에 있어서 各人의 機會를 균등히 하고, 能力을 最高度로 발휘하게 하며, 自由와 權利에 따르는 責任과 義務를 완수하게 하여, 안으로는 國民生活의 균등한 향상을 기하고 밖으로는 항구적인 世界平和와 人類共榮에 이바지함으로써 우리들과 우리들의 子孫의 安全과 自由와 幸福을 영원히 확보할 것을 다짐하면서 1948년 7월 12일에 制定되고 8차에 걸쳐 改正된 憲法을 이제 國會의 議決을 거쳐 國民投票에 의하여 改正한다.

第1章 總綱

第1條 ① 大韓民國은 民主共和國이다.

② 大韓民國의 主權은 國民에게 있고, 모든 權力은 國民으로부터 나온다.

제2조 ① 大韓民國의 國民이 되는 요건은 法律로 정한다.

② 國家는 法律이 정하는 바에 의하여 在外國民을 보호할 義務를 진다.

제3조 大韓民國의 領土는 韓半島와 그 附屬島嶼로 한다.

제4조 大韓民國은 統一을 指向하며, 自由民主的 基本秩序에 입각한 平和的 統一政策을 수립하고 이를 추진한다.

제5조 ① 大韓民國은 國際平和의 유지에 노력하고 侵略的 戰爭을 否認한다.

② 國軍은 國家의 안전보장과 國土防衛의 神聖한 義務를 수행함을 使命으로 하며, 그 政治的 中立性은 준수된다.

제6조 ① 憲法에 의하여 체결·公布된 條約과 一般的으로 승인된 國際法規는 國內法과 같은 效力을 가진다.

② 外國人은 國際法과 條約이 정하는 바에 의하여 그 地位가 보장된다.

제7조 ① 公務員은 國民全體에 대한 奉仕者이며, 國民에 대하여 責任을 진다.

② 公務員의 身分과 政治的 中立性은 法律이 정하는 바에 의하여 보장된다.

제8조 ① 政黨의 設立은 自由이며, 複數政黨制는 보장된다.

② 政黨은 그 目的·組織과 活動이 民主的이어야 하며, 國民의 政治的 意思形成에 참여하는데 필요한 組織을 가져야

한다.
③ 政黨은 法律이 정하는 바에 의하여 國家의 보호를 받으며, 國家는 法律이 정하는 바에 의하여 政黨運營에 필요한 資金을 補助할 수 있다.
④ 政黨의 目的이나 活動이 民主的 基本秩序에 違背될 때에는 政府는 憲法裁判所에 그 解散을 提訴할 수 있고, 政黨은 憲法裁判所의 審判에 의하여 解散된다.
제9조 國家는 傳統文化의 계승·발전과 民族文化의 暢達에 노력하여야 한다.

第2章 國民의 權利와 義務

제10조 모든 國民은 人間으로서의 尊嚴과 價値를 가지며, 幸福을 追求할 權利를 가진다. 國家는 개인이 가지는 不可侵의 基本的 人權을 확인하고 이를 보장할 義務를 진다.
제11조 ① 모든 國民은 法 앞에 平等하다. 누구든지 性別·宗敎 또는 社會的 身分에 의하여 政治的·經濟的·社會的·文化的 生活의 모든 領域에 있어서 차별을 받지 아니한다.
② 社會的 特殊階級의 制度는 인정되지 아니하며, 어떠한 形態로도 이를 創設할 수 없다.
③ 勳章등의 榮典은 이를 받은 者에게만 效力이 있고, 어떠한 特權도 이에 따르지 아니한다.

제12조 ① 모든 國民은 身體의 自由를 가진다. 누구든지 法律에 의하지 아니하고는 逮捕·拘束·押收·搜索 또는 審問을 받지 아니하며, 法律과 適法한 節次에 의하지 아니하고는 處罰·保安處分 또는 强制勞役을 받지 아니한다.
② 모든 國民은 拷問을 받지 아니하며, 刑事上 자기에게 不利한 陳述을 强要당하지 아니한다.
③ 逮捕·拘束·押收 또는 搜索을 할 때에는 適法한 節次에 따라 檢事의 申請에 의하여 法官이 발부한 令狀을 제시하여야 한다. 다만, 現行犯人인 경우와 長期 3年 이상의 刑에 해당하는 罪를 범하고 逃避 또는 證據湮滅의 염려가 있을 때에는 事後에 令狀을 請求할 수 있다.
④ 누구든지 逮捕 또는 拘束을 당한 때에는 즉시 辯護人의 助力을 받을 權利를 가진다. 다만, 刑事被告人이 스스로 辯護人을 구할 수 없을 때에는 法律이 정하는 바에 의하여 國家가 辯護人을 붙인다.
⑤ 누구든지 逮捕 또는 拘束의 이유와 辯護人의 助力을 받을 權利가 있음을 告知받지 아니하고는 逮捕 또는 拘束을 당하지 아니한다. 逮捕 또는 拘束을 당한 者의 家族등 法律이 정하는 者에게는 그 이유와 日時·場所가 지체없이 통지되어야 한다.
⑥ 누구든지 逮捕 또는 拘束을 당한 때

에는 適否의 審査를 法院에 請求할 權利를 가진다.

⑦ 被告人의 自白이 拷問·暴行·脅迫·拘束의 부당한 長期化 또는 欺罔 기타의 방법에 의하여 自意로 陳述된 것이 아니라고 인정될 때 또는 正式裁判에 있어서 被告人의 自白이 그에게 不利한 유일한 증거일 때에는 이를 有罪의 증거로 삼거나 이를 이유로 處罰할 수 없다.

제13조 ① 모든 國民은 行爲時의 法律에 의하여 犯罪를 구성하지 아니하는 행위로 訴追되지 아니하며, 동일한 犯罪에 대하여 거듭 處罰받지 아니한다.

② 모든 國民은 遡及立法에 의하여 參政權의 제한을 받거나 財産權을 剝奪당하지 아니한다.

③ 모든 國民은 자기의 행위가 아닌 親族의 행위로 인하여 불이익한 處遇를 받지 아니한다.

제14조 모든 國民은 居住·移轉의 自由를 가진다.

제15조 모든 國民은 職業選擇의 自由를 가진다.

제16조 모든 國民은 住居의 自由를 침해받지 아니한다. 住居에 대한 押收나 搜索을 할 때에는 檢事의 申請에 의하여 法官이 발부한 令狀을 제시하여야 한다.

제17조 모든 國民은 私生活의 秘密과 自由를 침해받지 아니한다.

제18조 모든 國民은 通信의 秘密을 침해받지 아니한다.

제19조 모든 國民은 良心의 自由를 가진다.

제20조 ① 모든 國民은 宗敎의 自由를 가진다.

② 國敎는 인정되지 아니하며, 宗敎와 政治는 分離된다.

제21조 ① 모든 國民은 言論·出版의 自由와 集會·結社의 自由를 가진다.

② 言論·出版에 대한 許可나 檢閱과 集會·結社에 대한 許可는 인정되지 아니한다.

③ 通信·放送의 施設基準과 新聞의 機能을 보장하기 위하여 필요한 사항은 法律로 정한다.

④ 言論·出版은 他人의 名譽나 權利 또는 公衆道德이나 社會倫理를 침해하여서는 아니된다. 言論·出版이 他人의 名譽나 權利를 침해한 때에는 被害者는 이에 대한 被害의 賠償을 請求할 수 있다.

제22조 ① 모든 國民은 學問과 藝術의 自由를 가진다.

② 著作者·發明家·科學技術者와 藝術家의 權利는 法律로써 보호한다.

제23조 ① 모든 國民의 財産權은 보장된다. 그 내용과 限界는 法律로 정한다.

② 財産權의 행사는 公共福利에 적합하

도록 하여야 한다.
③ 公共必要에 의한 財産權의 收用·사용 또는 제한 및 그에 대한 補償은 法律로써 하되, 정당한 補償을 支給하여야 한다.
제24조 모든 國民은 法律이 정하는 바에 의하여 選擧權을 가진다.
제25조 모든 國民은 法律이 정하는 바에 의하여 公務擔任權을 가진다.
제26조 ① 모든 國民은 法律이 정하는 바에 의하여 國家機關에 文書로 請願할 權利를 가진다.
② 國家는 請願에 대하여 審査할 義務를 진다.
제27조 ① 모든 國民은 憲法과 法律이 정한 法官에 의하여 法律에 의한 裁判을 받을 權利를 가진다.
② 軍人 또는 軍務員이 아닌 國民은 大韓民國의 領域안에서는 중대한 軍事上 機密·哨兵·哨所·有毒飮食物供給·捕虜·軍用物에 관한 罪중 法律이 정한 경우와 非常戒嚴이 宣布된 경우를 제외하고는 軍事法院의 裁判을 받지 아니한다.
③ 모든 國民은 신속한 裁判을 받을 權利를 가진다. 刑事被告人은 상당한 이유가 없는 한 지체없이 公開裁判을 받을 權利를 가진다.
④ 刑事被告人은 有罪의 判決이 확정될 때까지는 無罪로 推定된다.
⑤ 刑事被害者는 法律이 정하는 바에 의하여 당해 事件의 裁判節次에서 陳述할 수 있다.
제28조 刑事被疑者 또는 刑事被告人으로서 拘禁되었던 者가 法律이 정하는 不起訴處分을 받거나 無罪判決을 받은 때에는 法律이 정하는 바에 의하여 國家에 정당한 補償을 請求할 수 있다.
제29조 ① 公務員의 職務上 不法行爲로 損害를 받은 國民은 法律이 정하는 바에 의하여 國家 또는 公共團體에 정당한 賠償을 請求할 수 있다. 이 경우 公務員 자신의 責任은 免除되지 아니한다.
② 軍人·軍務員·警察公務員 기타 法律이 정하는 者가 戰鬪·訓鍊등 職務執行과 관련하여 받은 損害에 대하여는 法律이 정하는 報償외에 國家 또는 公共團體에 公務員의 職務上 不法行爲로 인한 賠償은 請求할 수 없다.
제30조 他人의 犯罪行爲로 인하여 生命·身體에 대한 被害를 받은 國民은 法律이 정하는 바에 의하여 國家로부터 救助를 받을 수 있다.
제31조 ① 모든 國民은 能力에 따라 균등하게 敎育을 받을 權利를 가진다.
② 모든 國民은 그 보호하는 子女에게 적어도 初等敎育과 法律이 정하는 敎育을 받게 할 義務를 진다.
③ 義務敎育은 無償으로 한다.
④ 敎育의 自主性·專門性·政治的 中立

性 및 大學의 自律性은 法律이 정하는 바에 의하여 보장된다.
⑤ 國家는 平生教育을 振興하여야 한다.
⑥ 學校教育 및 平生教育을 포함한 教育制度와 그 운영, 教育財政 및 教員의 地位에 관한 基本的인 사항은 法律로 정한다.

제32조 ① 모든 國民은 勤勞의 權利를 가진다. 國家는 社會的·經濟的 방법으로 勤勞者의 雇傭의 增進과 適正賃金의 보장에 노력하여야 하며, 法律이 정하는 바에 의하여 最低賃金制를 施行하여야 한다.
② 모든 國民은 勤勞의 義務를 진다. 國家는 勤勞의 義務의 내용과 조건을 民主主義原則에 따라 法律로 정한다.
③ 勤勞條件의 基準은 人間의 尊嚴性을 보장하도록 法律로 정한다.
④ 女子의 勤勞는 특별한 보호를 받으며, 雇傭·賃金 및 勤勞條件에 있어서 부당한 차별을 받지 아니한다.
⑤ 年少者의 勤勞는 특별한 보호를 받는다.
⑥ 國家有功者·傷痍軍警 및 戰歿軍警의 遺家族은 法律이 정하는 바에 의하여 優先的으로 勤勞의 機會를 부여받는다.

제33조 ① 勤勞者는 勤勞條件의 향상을 위하여 自主的인 團結權·團體交涉權 및 團體行動權을 가진다.

② 公務員인 勤勞者는 法律이 정하는 者에 한하여 團結權·團體交涉權 및 團體行動權을 가진다.
③ 法律이 정하는 主要防衛産業體에 종사하는 勤勞者의 團體行動權은 法律이 정하는 바에 의하여 이를 제한하거나 인정하지 아니할 수 있다.

제34조 ① 모든 國民은 人間다운 生活을 할 權利를 가진다.
② 國家는 社會保障·社會福祉의 增進에 노력할 義務를 진다.
③ 國家는 女子의 福祉와 權益의 향상을 위하여 노력하여야 한다.
④ 國家는 老人과 靑少年의 福祉向上을 위한 政策을 실시할 義務를 진다.
⑤ 身體障碍者 및 疾病·老齡 기타의 사유로 生活能力이 없는 國民은 法律이 정하는 바에 의하여 國家의 보호를 받는다.
⑥ 國家는 災害를 豫防하고 그 위험으로부터 國民을 보호하기 위하여 노력하여야 한다.

제35조 ① 모든 國民은 건강하고 快適한 環境에서 生活할 權利를 가지며, 國家와 國民은 環境保全을 위하여 노력하여야 한다.
② 環境權의 내용과 행사에 관하여는 法律로 정한다.
③ 國家는 住宅開發政策등을 통하여 모든 國民이 快適한 住居生活을 할 수 있

도록 노력하여야 한다.
제36조 ① 婚姻과 家族生活은 개인의 尊嚴과 兩性의 平等을 기초로 成立되고 유지되어야 하며, 國家는 이를 보장한다.
② 國家는 母性의 보호를 위하여 노력하여야 한다.
③ 모든 國民은 保健에 관하여 國家의 보호를 받는다.
제37조 ① 國民의 自由와 權利는 憲法에 열거되지 아니한 이유로 輕視되지 아니한다.
② 國民의 모든 自由와 權利는 國家安全保障·秩序維持 또는 公共福利를 위하여 필요한 경우에 한하여 法律로써 제한할 수 있으며, 제한하는 경우에도 自由와 權利의 本質的인 내용을 침해할 수 없다.
제38조 모든 國民은 法律이 정하는 바에 의하여 納稅의 義務를 진다.
제39조 ① 모든 國民은 法律이 정하는 바에 의하여 國防의 義務를 진다.
② 누구든지 兵役義務의 이행으로 인하여 불이익한 處遇를 받지 아니한다.

第3章 國會

제40조 立法權은 國會에 속한다.
제41조 ① 國會는 國民의 普通·平等·直接·秘密選擧에 의하여 選出된 國會議員으로 구성한다.

② 國會議員의 數는 法律로 정하되, 200人 이상으로 한다.
③ 國會議員의 選擧區와 比例代表制 기타 選擧에 관한 사항은 法律로 정한다.
제42조 國會議員의 任期는 4年으로 한다.
제43조 國會議員은 法律이 정하는 職을 겸할 수 없다.
제44조 ① 國會議員은 現行犯人인 경우를 제외하고는 會期中 國會의 同意없이 逮捕 또는 拘禁되지 아니한다.
② 國會議員이 會期전에 逮捕 또는 拘禁된 때에는 現行犯人이 아닌 한 國會의 요구가 있으면 會期中 釋放된다.
제45조 國會議員은 國會에서 職務上 행한 發言과 表決에 관하여 國會외에서 責任을 지지 아니한다.
제46조 ① 國會議員은 淸廉의 義務가 있다.
② 國會議員은 國家利益을 우선하여 良心에 따라 職務를 행한다.
③ 國會議員은 그 地位를 濫用하여 國家·公共團體 또는 企業體와의 契約이나 그 處分에 의하여 財産上의 權利·이익 또는 職位를 취득하거나 他人을 위하여 그 취득을 알선할 수 없다.
제47조 ① 國會의 定期會는 法律이 정하는 바에 의하여 매년 1回 集會되며, 國會의 臨時會는 大統領 또는 國會在籍議員 4分의 1 이상의 요구에 의하여 集會된다.

② 定期會의 會期는 100日을, 臨時會의 會期는 30日을 초과할 수 없다.

③ 大統領이 臨時會의 集會를 요구할 때에는 期間과 集會要求의 이유를 명시하여야 한다.

제48조 國會는 議長 1人과 副議長 2人을 選出한다.

제49조 國會는 憲法 또는 法律에 특별한 規定이 없는 한 在籍議員 過半數의 출석과 出席議員 過半數의 贊成으로 議決한다. 可否同數인 때에는 否決된 것으로 본다.

제50조 ① 國會의 會議는 公開한다. 다만, 出席議員 過半數의 贊成이 있거나 議長이 國家의 安全保障을 위하여 필요하다고 인정할 때에는 公開하지 아니할 수 있다.

② 公開하지 아니한 會議內容의 公表에 관하여는 法律이 정하는 바에 의한다.

제51조 國會에 제출된 法律案 기타의 議案은 會期중에 議決되지 못한 이유로 폐기되지 아니한다. 다만, 國會議員의 任期가 만료된 때에는 그러하지 아니하다.

제52조 國會議員과 政府는 法律案을 제출할 수 있다.

제53조 ① 國會에서 議決된 法律案은 政府에 移送되어 15日 이내에 大統領이 公布한다.

② 法律案에 異議가 있을 때에는 大統領은 제1항의 期間내에 異議書를 붙여 國會로 還付하고, 그 再議를 요구할 수 있다. 國會의 閉會중에도 또한 같다.

③ 大統領은 法律案의 일부에 대하여 또는 法律案을 修正하여 再議를 요구할 수 없다.

④ 再議의 요구가 있을 때에는 國會는 再議에 붙이고, 在籍議員過半數의 출석과 出席議員 3分의 2 이상의 贊成으로 前과 같은 議決을 하면 그 法律案은 法律로서 확정된다.

⑤ 大統領이 제1항의 期間내에 公布나 再議의 요구를 하지 아니한 때에도 그 法律案은 法律로서 확정된다.

⑥ 大統領은 제4항과 제5항의 規定에 의하여 확정된 法律을 지체없이 公布하여야 한다. 제5항에 의하여 法律이 확정된 후 또는 제4항에 의한 確定法律이 政府에 移送된 후 5日 이내에 大統領이 公布하지 아니할 때에는 國會議長이 이를 公布한다.

⑦ 法律은 특별한 規定이 없는 한 公布한 날로부터 20日을 경과함으로써 效力을 발생한다.

제54조 ① 國會는 國家의 豫算案을 審議·확정한다.

② 政府는 會計年度마다 豫算案을 編成하여 會計年度 開始 90日전까지 國會에 제출하고, 國會는 會計年度 開始 30日 전까지 이를 議決하여야 한다.

③ 새로운 會計年度가 開始될 때까지 豫算案이 議決되지 못한 때에는 政府는 國會에서 豫算案이 議決될 때까지 다음의 目的을 위한 經費는 前年度 豫算에 準하여 執行할 수 있다.
1. 憲法이나 法律에 의하여 設置된 機關 또는 施設의 유지·운영
2. 法律上 支出義務의 이행
3. 이미 豫算으로 승인된 事業의 계속

제55조 ① 한 會計年度를 넘어 계속하여 支出할 필요가 있을 때에는 政府는 年限을 정하여 繼續費로서 國會의 議決을 얻어야 한다.
② 豫備費는 總額으로 國會의 議決을 얻어야 한다. 豫備費의 支出은 次期國會의 승인을 얻어야 한다.

제56조 政府는 豫算에 變更을 加할 필요가 있을 때에는 追加更正豫算案을 編成하여 國會에 제출할 수 있다.

제57조 國會는 政府의 同意없이 政府가 제출한 支出豫算 各항의 金額을 增加하거나 새 費目을 設置할 수 없다.

제58조 國債를 모집하거나 豫算외에 國家의 부담이 될 契約을 체결하려 할 때에는 政府는 미리 國會의 議決을 얻어야 한다.

제59조 租稅의 種目과 稅率은 法律로 정한다.

제60조 ① 國會는 相互援助 또는 安全保障에 관한 條約, 중요한 國際組織에 관한 條約, 友好通商航海條約, 主權의 制約에 관한 條約, 講和條約, 國家나 國民에게 중대한 財政的 부담을 지우는 條約 또는 立法事項에 관한 條約의 체결·批准에 대한 同意權을 가진다.
② 國會는 宣戰布告, 國軍의 外國에의 派遣 또는 外國軍隊의 大韓民國 領域안에서의 駐留에 대한 同意權을 가진다.

제61조 ① 國會는 國政을 監査하거나 특정한 國政事案에 대하여 調査할 수 있으며, 이에 필요한 書類의 提出 또는 證人의 출석과 證言이나 의견의 陳述을 요구할 수 있다.
② 國政監査 및 調査에 관한 節次 기타 필요한 사항은 法律로 정한다.

제62조 ① 國務總理·國務委員 또는 政府委員은 國會나 그 委員會에 출석하여 國政處理狀況을 보고하거나 의견을 陳述하고 質問에 응답할 수 있다.
② 國會나 그 委員會의 요구가 있을 때에는 國務總理·國務委員 또는 政府委員은 출석·답변하여야 하며, 國務總理 또는 國務委員이 出席要求를 받은 때에는 國務委員 또는 政府委員으로 하여금 출석·답변하게 할 수 있다.

제63조 ① 國會는 國務總理 또는 國務委員의 解任을 大統領에게 建議할 수 있다.
② 제1항의 解任建議는 國會在籍議員 3분의 1 이상의 發議에 의하여 國會在籍

議員 過半數의 贊成이 있어야 한다.

제64조 ① 國會는 法律에 저촉되지 아니하는 범위안에서 議事와 內部規律에 관한 規則을 制定할 수 있다.
② 國會는 議員의 資格을 審査하며, 議員을 懲戒할 수 있다.
③ 議員을 除名하려면 國會在籍議員 3분의 2 이상의 贊成이 있어야 한다.
④ 제2항과 제3항의 處分에 대하여는 法院에 提訴할 수 없다.

제65조 ① 大統領·國務總理·國務委員·行政各部의 長·憲法裁判所 裁判官·法官·中央選擧管理委員會 委員·監査院長·監査委員 기타 法律이 정한 公務員이 그 職務執行에 있어서 憲法이나 法律을 違背한 때에는 國會는 彈劾의 訴追를 議決할 수 있다.
② 제1항의 彈劾訴追는 國會在籍議員 3분의 1 이상의 發議가 있어야 하며, 그 議決은 國會在籍議員 過半數의 贊成이 있어야 한다. 다만, 大統領에 대한 彈劾訴追는 國會在籍議員 過半數의 發議와 國會在籍議員 3분의 2 이상의 贊成이 있어야 한다.
③ 彈劾訴追의 議決을 받은 者는 彈劾審判이 있을 때까지 그 權限行使가 정지된다.
④ 彈劾決定은 公職으로부터 罷免함에 그친다. 그러나, 이에 의하여 民事上이나 刑事上의 責任이 免除되지는 아니한

다.

第4章 政府

第1節 大統領

제66조 ① 大統領은 國家의 元首이며, 外國에 대하여 國家를 代表한다.
② 大統領은 國家의 獨立·領土의 保全·國家의 繼續性과 憲法을 守護할 責務를 진다.
③ 大統領은 祖國의 平和的 統一을 위한 성실한 義務를 진다.
④ 行政權은 大統領을 首班으로 하는 政府에 속한다.

제67조 ① 大統領은 國民의 普通·平等·直接·秘密選擧에 의하여 選出한다.
② 제1항의 選擧에 있어서 最高得票者가 2人 이상인 때에는 國會의 在籍議員 過半數가 출석한 公開會議에서 多數票를 얻은 者를 當選者로 한다.
③ 大統領候補者가 1人일 때에는 그 得票數가 選擧權者 總數의 3분의 1 이상이 아니면 大統領으로 當選될 수 없다.
④ 大統領으로 選擧될 수 있는 者는 國會議員의 被選擧權이 있고 選擧日 현재 40歲에 達하여야 한다.
⑤ 大統領의 選擧에 관한 사항은 法律로 정한다.

제68조 ① 大統領의 任期가 만료되는 때에는 任期滿了 70日 내지 40日전에 後

任者를 選擧한다.

② 大統領이 闕位된 때 또는 大統領 當選者가 死亡하거나 判決 기타의 사유로 그 資格을 喪失한 때에는 60日 이내에 後任者를 選擧한다.

제69조 大統領은 就任에 즈음하여 다음의 宣誓를 한다.

"나는 憲法을 준수하고 國家를 保衛하며 祖國의 平和的 統一과 國民의 自由와 福利의 增進 및 民族文化의 暢達에 노력하여 大統領으로서의 職責을 성실히 수행할 것을 國民 앞에 엄숙히 宣誓합니다."

제70조 大統領의 任期는 5年으로 하며, 重任할 수 없다.

제71조 大統領이 闕位되거나 事故로 인하여 職務를 수행할 수 없을 때에는 國務總理, 法律이 정한 國務委員의 順序로 그 權限을 代行한다.

제72조 大統領은 필요하다고 인정할 때에는 外交·國防·統一 기타 國家安危에 관한 重要政策을 國民投票에 붙일 수 있다.

제73조 大統領은 條約을 체결·批准하고, 外交使節을 信任·접수 또는 派遣하며, 宣戰布告와 講和를 한다.

제74조 ① 大統領은 憲法과 法律이 정하는 바에 의하여 國軍을 統帥한다.

② 國軍의 組織과 編成은 法律로 정한다.

제75조 大統領은 法律에서 구체적으로 범위를 정하여 委任받은 사항과 法律을 執行하기 위하여 필요한 사항에 관하여 大統領令을 발할 수 있다.

제76조 ① 大統領은 內憂·外患·天災·地變 또는 중대한 財政·經濟上의 危機에 있어서 國家의 安全保障 또는 公共의 安寧秩序를 유지하기 위하여 긴급한 措置가 필요하고 國會의 集會를 기다릴 여유가 없을 때에 한하여 최소한으로 필요한 財政·經濟上의 處分을 하거나 이에 관하여 法律의 效力을 가지는 命令을 발할 수 있다.

② 大統領은 國家의 安危에 관계되는 중대한 交戰狀態에 있어서 國家를 保衛하기 위하여 긴급한 措置가 필요하고 國會의 集會가 불가능한 때에 한하여 法律의 效力을 가지는 命令을 발할 수 있다.

③ 大統領은 제1항과 제2항의 處分 또는 命令을 한 때에는 지체없이 國會에 보고하여 그 승인을 얻어야 한다.

④ 제3항의 승인을 얻지 못한 때에는 그 處分 또는 命令은 그때부터 效力을 喪失한다. 이 경우 그 命令에 의하여 改正 또는 廢止되었던 法律은 그 命令이 승인을 얻지 못한 때부터 당연히 效力을 회복한다.

⑤ 大統領은 제3항과 제4항의 사유를 지체없이 公布하여야 한다.

제77조 ① 大統領은 戰時·事變 또는 이에 準하는 國家非常事態에 있어서 兵力으로써 軍事上의 필요에 응하거나 公共의 安寧秩序를 유지할 필요가 있을 때에는 法律이 정하는 바에 의하여 戒嚴을 宣布할 수 있다.
② 戒嚴은 非常戒嚴과 警備戒嚴으로 한다.
③ 非常戒嚴이 宣布된 때에는 法律이 정하는 바에 의하여 令狀制度, 言論·出版·集會·結社의 自由, 政府나 法院의 權限에 관하여 특별한 措置를 할 수 있다.
④ 戒嚴을 宣布한 때에는 大統領은 지체없이 國會에 통고하여야 한다.
⑤ 國會가 在籍議員 過半數의 贊成으로 戒嚴의 해제를 요구한 때에는 大統領은 이를 解除하여야 한다.

제78조 大統領은 憲法과 法律이 정하는 바에 의하여 公務員을 任免한다.

제79조 ① 大統領은 法律이 정하는 바에 의하여 赦免·減刑 또는 復權을 命할 수 있다.
② 一般赦免을 命하려면 國會의 同意를 얻어야 한다.
③ 赦免·減刑 및 復權에 관한 사항은 法律로 정한다.

제80조 大統領은 法律이 정하는 바에 의하여 勳章 기타의 榮典을 수여한다.

제81조 大統領은 國會에 출석하여 發言하거나 書翰으로 의견을 표시할 수 있다.

제82조 大統領의 國法上 행위는 文書로써 하며, 이 文書에는 國務總理와 관계 國務委員이 副署한다. 軍事에 관한 것도 또한 같다.

제83조 大統領은 國務總理·國務委員·行政各部의 長 기타 法律이 정하는 公私의 職을 겸할 수 없다.

제84조 大統領은 內亂 또는 外患의 罪를 범한 경우를 제외하고는 在職중 刑事上의 訴追를 받지 아니한다.

제85조 前職大統領의 身分과 禮遇에 관하여는 法律로 정한다.

第2節 行政府

第1款 國務總理와 國務委員

제86조 ① 國務總理는 國會의 同意를 얻어 大統領이 任命한다.
② 國務總理는 大統領을 補佐하며, 行政에 관하여 大統領의 命을 받아 行政各部를 統轄한다.
③ 軍人은 現役을 免한 후가 아니면 國務總理로 任命될 수 없다.

제87조 ① 國務委員은 國務總理의 提請으로 大統領이 任命한다.
② 國務委員은 國政에 관하여 大統領을 補佐하며, 國務會議의 構成員으로서 國政을 審議한다.
③ 國務總理는 國務委員의 解任을 大統領에게 건의할 수 있다.

④ 軍人은 現役을 免한 후가 아니면 國務委員으로 任命될 수 없다.

第2款 國務會議

제88조 ① 國務會議는 政府의 權限에 속하는 중요한 政策을 審議한다.
② 國務會議는 大統領·國務總理와 15人 이상 30人 이하의 國務委員으로 구성한다.
③ 大統領은 國務會議의 議長이 되고, 國務總理는 副議長이 된다.

제89조 다음 사항은 國務會議의 審議를 거쳐야 한다.
1. 國政의 基本計劃과 政府의 一般政策
2. 宣戰·講和 기타 중요한 對外政策
3. 憲法改正案·國民投票案·條約案·法律案 및 大統領令案
4. 豫算案·決算·國有財産處分의 基本計劃·國家의 부담이 될 契約 기타 財政에 관한 중요사항
5. 大統領의 緊急命令·緊急財政經濟處分 및 命令 또는 戒嚴과 그 解除
6. 軍事에 관한 중요사항
7. 國會의 臨時會 集會의 요구
8. 榮典授與
9. 赦免·減刑과 復權
10. 行政各部間의 權限의 劃定
11. 政府안의 權限의 委任 또는 配定에 관한 基本計劃
12. 國政處理狀況의 評價·分析
13. 行政各部의 중요한 政策의 수립과 調整
14. 政黨解散의 提訴
15. 政府에 제출 또는 회부된 政府의 政策에 관계되는 請願의 審査
16. 檢察總長·合同參謀議長·各軍參謀總長·國立大學校總長·大使 기타 法律이 정한 公務員과 國營企業體管理者의 任命
17. 기타 大統領·國務總理 또는 國務委員이 제출한 사항

제90조 ① 國政의 중요한 사항에 관한 大統領의 諮問에 응하기 위하여 國家元老로 구성되는 國家元老諮問會議를 둘 수 있다.
② 國家元老諮問會議의 議長은 直前大統領이 된다. 다만, 直前大統領이 없을 때에는 大統領이 指名한다.
③ 國家元老諮問會議의 組織·職務範圍 기타 필요한 사항은 法律로 정한다.

제91조 ① 國家安全保障에 관련되는 對外政策·軍事政策과 國內政策의 수립에 관하여 國務會議의 審議에 앞서 大統領의 諮問에 응하기 위하여 國家安全保障會議를 둔다.
② 國家安全保障會議는 大統領이 主宰한다.
③ 國家安全保障會議의 組織·職務範圍 기타 필요한 사항은 法律로 정한다.

제92조 ① 平和統一政策의 수립에 관한

大統領의 諮問에 응하기 위하여 民主平和統一諮問會議를 둘 수 있다.
② 民主平和統一諮問會議의 組織·職務範圍 기타 필요한 사항은 法律로 정한다.

제93조 ① 國民經濟의 발전을 위한 重要政策의 수립에 관하여 大統領의 諮問에 응하기 위하여 國民經濟諮問會議를 둘 수 있다.
② 國民經濟諮問會議의 組織·職務範圍 기타 필요한 사항은 法律로 정한다.

第3款 行政各部

제94조 行政各部의 長은 國務委員 중에서 國務總理의 提請으로 大統領이 任命한다.

제95조 國務總理 또는 行政各部의 長은 所管事務에 관하여 法律이나 大統領令의 委任 또는 職權으로 總理令 또는 部令을 發할 수 있다.

제96조 行政各部의 設置·組織과 職務範圍는 法律로 정한다.

第4款 監査院

제97조 國家의 歲入·歲出의 決算, 國家 및 法律이 정한 團體의 會計檢査와 行政機關 및 公務員의 職務에 관한 監察을 하기 위하여 大統領 所屬下에 監査院을 둔다.

제98조 ① 監査院은 院長을 포함한 5人 이상 11人 이하의 監査委員으로 구성한다.
② 院長은 國會의 同意를 얻어 大統領이 任命하고, 그 任期는 4年으로 하며, 1次에 한하여 重任할 수 있다.
③ 監査委員은 院長의 提請으로 大統領이 任命하고, 그 任期는 4年으로 하며, 1次에 한하여 重任할 수 있다.

제99조 監査院은 歲入·歲出의 決算을 매년 檢査하여 大統領과 次年度國會에 그 결과를 보고하여야 한다.

제100조 監査院의 組織·職務範圍·監査委員의 資格·監査對象公務員의 범위 기타 필요한 사항은 法律로 정한다.

第5章 法院

제101조 ① 司法權은 法官으로 구성된 法院에 속한다.
② 法院은 最高法院인 大法院과 各級法院으로 組織된다.
③ 法官의 資格은 法律로 정한다.

제102조 ① 大法院에 部를 둘 수 있다.
② 大法院에 大法官을 둔다. 다만, 法律이 정하는 바에 의하여 大法官이 아닌 法官을 둘 수 있다.
③ 大法院과 各級法院의 組織은 法律로 정한다.

제103조 法官은 憲法과 法律에 의하여 그 良心에 따라 獨立하여 審判한다.

제104조 ① 大法院長은 國會의 同意를 얻

어 大統領이 任命한다.
② 大法官은 大法院長의 提請으로 國會의 同意를 얻어 大統領이 任命한다.
③ 大法院長과 大法官이 아닌 法官은 大法官會議의 同意를 얻어 大法院長이 任命한다.

제105조 ① 大法院長의 任期는 6年으로 하며, 重任할 수 없다.
② 大法官의 任期는 6年으로 하며, 法律이 정하는 바에 의하여 連任할 수 있다.
③ 大法院長과 大法官이 아닌 法官의 任期는 10年으로 하며, 法律이 정하는 바에 의하여 連任할 수 있다.
④ 法官의 停年은 法律로 정한다.

제106조 ① 法官은 彈劾 또는 禁錮 이상의 刑의 宣告에 의하지 아니하고는 罷免되지 아니하며, 懲戒處分에 의하지 아니하고는 停職·減俸 기타 不利한 處分을 받지 아니한다.
② 法官이 중대한 心身上의 障害로 職務를 수행할 수 없을 때에는 法律이 정하는 바에 의하여 退職하게 할 수 있다.

제107조 ① 法律이 憲法에 위반되는 여부가 裁判의 前提가 된 경우에는 法院은 憲法裁判所에 제청하여 그 審判에 의하여 裁判한다.
② 命令·規則 또는 處分이 憲法이나 法律에 위반되는 여부가 裁判의 前提가 된 경우에는 大法院은 이를 最終的으로

審査할 權限을 가진다.
③ 裁判의 前審節次로서 行政審判을 할 수 있다. 行政審判의 節次는 法律로 정하되, 司法節次가 準用되어야 한다.

제108조 大法院은 法律에 저촉되지 아니하는 범위안에서 訴訟에 관한 節次, 法院의 內部規律과 事務處理에 관한 規則을 制定할 수 있다.

제109조 裁判의 審理와 判決은 公開한다. 다만, 審理는 國家의 安全保障 또는 安寧秩序를 방해하거나 善良한 風俗을 해할 염려가 있을 때에는 法院의 決定으로 公開하지 아니할 수 있다.

제110조 ① 軍事裁判을 관할하기 위하여 特別法院으로서 軍事法院을 둘 수 있다.
② 軍事法院의 上告審은 大法院에서 관할한다.
③ 軍事法院의 組織·權限 및 裁判官의 資格은 法律로 정한다.
④ 非常戒嚴下의 軍事裁判은 軍人·軍務員의 犯罪나 軍事에 관한 間諜罪의 경우와 哨兵·哨所·有毒飮食物供給·捕虜에 관한 罪中 法律이 정한 경우에 한하여 單審으로 할 수 있다. 다만, 死刑을 宣告한 경우에는 그러하지 아니하다.

第6章 憲法裁判所

제111조 ① 憲法裁判所는 다음 사항을 管掌한다.

1. 法院의 提請에 의한 法律의 違憲與否 審判
2. 彈劾의 審判
3. 政黨의 解散 審判
4. 國家機關 相互間, 國家機關과 地方自治團體間 및 地方自治團體 相互間의 權限爭議에 관한 審判
5. 法律이 정하는 憲法訴願에 관한 審判

② 憲法裁判所는 法官의 資格을 가진 9人의 裁判官으로 구성하며, 裁判官은 大統領이 任命한다.

③ 제2항의 裁判官중 3人은 國會에서 選出하는 者를, 3人은 大法院長이 指名하는 者를 任命한다.

④ 憲法裁判所의 長은 國會의 同意를 얻어 裁判官중에서 大統領이 任命한다.

제112조 ① 憲法裁判所 裁判官의 任期는 6年으로 하며, 法律이 정하는 바에 의하여 連任할 수 있다.

② 憲法裁判所 裁判官은 政黨에 加入하거나 政治에 관여할 수 없다.

③ 憲法裁判所 裁判官은 彈劾 또는 禁錮 이상의 刑의 宣告에 의하지 아니하고는 罷免되지 아니한다.

제113조 ① 憲法裁判所에서 法律의 違憲決定, 彈劾의 決定, 政黨解散의 決定 또는 憲法訴願에 관한 認容決定을 할 때에는 裁判官 6人 이상의 贊成이 있어야 한다.

② 憲法裁判所는 法律에 저촉되지 아니하는 범위안에서 審判에 관한 節次, 內部規律과 事務處理에 관한 規則을 制定할 수 있다.

③ 憲法裁判所의 組織과 운영 기타 필요한 사항은 法律로 정한다.

第7章 選擧管理

제114조 ① 選擧와 國民投票의 공정한 管理 및 政黨에 관한 事務를 처리하기 위하여 選擧管理委員會를 둔다.

② 中央選擧管理委員會는 大統領이 任命하는 3人, 國會에서 選出하는 3人과 大法院長이 指名하는 3人의 委員으로 구성한다. 委員長은 委員중에서 互選한다.

③ 委員의 任期는 6年으로 한다.

④ 委員은 政黨에 加入하거나 政治에 관여할 수 없다.

⑤ 委員은 彈劾 또는 禁錮 이상의 刑의 宣告에 의하지 아니하고는 罷免되지 아니한다.

⑥ 中央選擧管理委員會는 法令의 범위안에서 選擧管理·國民投票管理 또는 政黨事務에 관한 規則을 制定할 수 있으며, 法律에 저촉되지 아니하는 범위안에서 內部規律에 관한 規則을 制定할 수 있다.

⑦ 各級 選擧管理委員會의 組織·職務範圍 기타 필요한 사항은 法律로 정한다.

제115조 ① 各級 選擧管理委員會는 選擧人名簿의 작성등 選擧事務와 國民投票事務에 관하여 관계 行政機關에 필요한 指示를 할 수 있다.
② 제1항의 指示를 받은 당해 行政機關은 이에 응하여야 한다.

제116조 ① 選擧運動은 各級 選擧管理委員會의 管理下에 法律이 정하는 범위안에서 하되, 균등한 機會가 보장되어야 한다.
② 選擧에 관한 經費는 法律이 정하는 경우를 제외하고는 政黨 또는 候補者에게 부담시킬 수 없다.

第8章 地方自治

제117조 ① 地方自治團體는 住民의 福利에 관한 事務를 처리하고 財産을 관리하며, 法令의 범위안에서 自治에 관한 規定을 制定할 수 있다.
② 地方自治團體의 종류는 法律로 정한다.

제118조 ① 地方自治團體에 議會를 둔다.
② 地方議會의 組織·權限·議員選擧와 地方自治團體의 長의 選任方法 기타 地方自治團體의 組織과 운영에 관한 사항은 法律로 정한다.

第9章 經濟

제119조 ① 大韓民國의 經濟秩序는 개인과 企業의 經濟上의 自由와 創意를 존중함을 基本으로 한다.
② 國家는 균형있는 國民經濟의 成長 및 安定과 적정한 所得의 分配를 유지하고, 市場의 支配와 經濟力의 濫用을 방지하며, 經濟主體間의 調和를 통한 經濟의 民主化를 위하여 經濟에 관한 規制와 調整을 할 수 있다.

제120조 ① 鑛物 기타 중요한 地下資源·水産資源·水力과 經濟上 이용할 수 있는 自然力은 法律이 정하는 바에 의하여 일정한 期間 그 採取·開發 또는 이용을 特許할 수 있다.
② 國土와 資源은 國家의 보호를 받으며, 國家는 그 균형있는 開發과 이용을 위하여 필요한 計劃을 수립한다.

제121조 ① 國家는 農地에 관하여 耕者有田의 원칙이 達成될 수 있도록 노력하여야 하며, 農地의 小作制度는 금지된다.
② 農業生産性의 提高와 農地의 合理的인 이용을 위하거나 불가피한 事情으로 발생하는 農地의 賃貸借와 委託經營은 法律이 정하는 바에 의하여 인정된다.

제122조 國家는 國民 모두의 生産 및 生活의 基盤이 되는 國土의 효율적이고 균형있는 이용·開發과 보전을 위하여 法律이 정하는 바에 의하여 그에 관한 필요한 제한과 義務를 課할 수 있다.

제123조 ① 國家는 農業 및 漁業을 보호·

육성하기 위하여 農·漁村綜合開發과 그 지원등 필요한 計劃을 수립·施行하여야 한다.
② 國家는 地域間의 균형있는 발전을 위하여 地域經濟를 육성할 義務를 진다.
③ 國家는 中小企業을 보호·육성하여야 한다.
④ 國家는 農水産物의 需給均衡과 流通構造의 개선에 노력하여 價格安定을 도모함으로써 農·漁民의 이익을 보호한다.
⑤ 國家는 農·漁民과 中小企業의 自助組織을 육성하여야 하며, 그 自律的 活動과 발전을 보장한다.

제124조 國家는 건전한 消費行爲를 啓導하고 生産品의 品質向上을 촉구하기 위한 消費者保護運動을 法律이 정하는 바에 의하여 보장한다.

제125조 國家는 對外貿易을 육성하며, 이를 規制·調整할 수 있다.

제126조 國防上 또는 國民經濟上 緊切한 필요로 인하여 法律이 정하는 경우를 제외하고는, 私營企業을 國有 또는 公有로 移轉하거나 그 경영을 統制 또는 관리할 수 없다.

제127조 ① 國家는 科學技術의 革新과 情報 및 人力의 開發을 통하여 國民經濟의 발전에 노력하여야 한다.
② 國家는 國家標準制度를 확립한다.

③ 大統領은 제1항의 目的을 達成하기 위하여 필요한 諮問機構를 둘 수 있다.

第10章 憲法改正

제128조 ① 憲法改正은 國會在籍議員 過半數 또는 大統領의 發議로 提案된다.
② 大統領의 任期延長 또는 重任變更을 위한 憲法改正은 그 憲法改正 提案 당시의 大統領에 대하여는 效力이 없다.

제129조 提案된 憲法改正案은 大統領이 20日 이상의 期間 이를 公告하여야 한다.

제130조 ① 國會는 憲法改正案이 公告된 날로부터 60日 이내에 議決하여야 하며, 國會의 議決은 在籍議員 3분의 2 이상의 贊成을 얻어야 한다.
② 憲法改正案은 國會가 議決한 후 30日 이내에 國民投票에 붙여 國會議員選擧權者 過半數의 投票와 投票者 過半數의 贊成을 얻어야 한다.
③ 憲法改正案이 제2항의 贊成을 얻은 때에는 憲法改正은 확정되며, 大統領은 즉시 이를 公布하여야 한다.

부칙 〈제10호, 1987.10.29.〉

제1조 이 憲法은 1988년 2월 25일부터 施行한다. 다만, 이 憲法을 施行하기 위하여 필요한 法律의 制定·改正과 이 憲法에 의한 大統領 및 國會議員의 選擧 기타 이 憲法施行에 관한 準備는 이 憲法

施行 전에 할 수 있다.

제2조 ① 이 憲法에 의한 최초의 大統領選擧는 이 憲法施行日 40日 전까지 실시한다.

② 이 憲法에 의한 최초의 大統領의 任期는 이 憲法施行日로부터 開始한다.

제3조 ① 이 憲法에 의한 최초의 國會議員選擧는 이 憲法公布日로부터 6月 이내에 실시하며, 이 憲法에 의하여 選出된 최초의 國會議員의 任期는 國會議員選擧후 이 憲法에 의한 國會의 최초의 集會日로부터 開始한다.

② 이 憲法公布 당시의 國會議員의 任期는 제1항에 의한 國會의 최초의 集會日 前日까지로 한다.

제4조 ① 이 憲法施行 당시의 公務員과 政府가 任命한 企業體의 任員은 이 憲法에 의하여 任命된 것으로 본다. 다만, 이 憲法에 의하여 選任方法이나 任命權者가 변경된 公務員과 大法院長 및 監査院長은 이 憲法에 의하여 後任者가 選任될 때까지 그 職務를 행하며, 이 경우 前任者인 公務員의 任期는 後任者가 選任되는 前日까지로 한다.

② 이 憲法施行 당시의 大法院長과 大法院判事가 아닌 法官은 제1항 但書의 규정에 불구하고 이 憲法에 의하여 任命된 것으로 본다.

③ 이 憲法중 公務員의 任期 또는 重任制限에 관한 규정은 이 憲法에 의하여 그 公務員이 최초로 選出 또는 任命된 때로부터 適用한다.

제5조 이 憲法施行 당시의 法令과 條約은 이 憲法에 違背되지 아니하는 한 그 效力을 지속한다.

제6조 이 憲法施行 당시에 이 憲法에 의하여 새로 設置될 機關의 權限에 속하는 職務를 행하고 있는 機關은 이 憲法에 의하여 새로운 機關이 設置될 때까지 存續하며 그 職務를 행한다.

한문 위 한글 기본3법전 민법·형법·헌법

발 행 일 : 2018년 1월 22일 (5쇄)
편 저 자 : 수북 법전연구회
발 행 인 : 곽 낙 규
발 행 처 : 도서출판 수북
주   소 : 인천 남동구 문화로89번길 19, 3층(구월동)
전   화 : 070-4135-7417
팩   스 : 0504-226-7417
전자우편 : subookz@naver.com
출판등록 : 2017.12.19. 제 353-2017-000037호

저자와 협의하여
인지를 생략함

파본은 바꿔드립니다. 본서의 무단전제·복제 행위를 금합니다.

정가 : 10,000원   ISBN :979-11-962751-0-5 (93360)

이 도서의 국립중앙도서관 출판시도서목록(CIP)은 서지정보유통지원시스템 홈페이지
(http://seoji.nl.go.kr)와 국가자료공동목록시스템(http://www.nl.go.kr/kolisnet)
에서 이용하실 수 있습니다. (CIP제어번호: 2018001997)